Espen Haavardsholm

Eine Liebe in den Tagen des Lichts

Roman um Edvard Munch

Aus dem Norwegischen von
Gabriele Haefs und
Andreas Brunstermann

Osburg Verlag

Titel der norwegischen Originalausgabe:
Besøk på Ekely

This translation has been published
with the financial support of NORLA.

www.osburgverlag.de
Lektorat: Bernd Henninger, Heidelberg
Umschlaggestaltung: Rothfos & Gabler GbR, Hamburg
Satz: Dörlemann Satz, Lemförde
Druck und Bindung: GGP Media GmbH, Pößneck
Printed in Germany
ISBN 978-3-95510-020-9

1

Dreiundzwanzigster Januar, Morgendämmerung.

Wie sonderbar, dass noch immer Leben in ihm ist. Ganz oben im Hals hat sich der Katarrh festgesetzt, er hat Fieber- und Hustenanfälle, zu allem Überfluss noch eine Bronchitis.

Wie jeden Winter.

Nur schlimmer! Jahr für Jahr wird es schlimmer!

Mit einer hastigen Bewegung zieht Herr M. die Jalousien hoch. Er kneift die Augen zusammen und blinzelt benommen auf einen schmalen Streifen Gelb und Zinnoberrot, der zwischen den mit Raureif überzogenen Baumkronen zum Vorschein kommt.

Finster und erbärmlich. So sieht es in ihm aus.

Er zieht Pantoffeln an und wirft sich Ulster, Schal und Morgenrock über den Schlafanzug. Während er ein paar alte Zeitungen zusammensucht, um damit Feuer zu machen, fällt sein Blick auf eine Bekanntmachung, die besagt, dass allen norwegischen Juden jetzt ein »J« in den Pass gestempelt wird.

»Pah!«

Er verzieht das Gesicht, reißt die Zeitungsseiten entzwei und knüllt sie zusammen. Dann stopft er das Papier in den rußigen Ofenschlund und legt Späne und Kleinholz dazu. Schließlich hält er ein Streichholz an das Ganze.

»Na, also!«

Schon lange klingt seine Stimme nur wie ein krächzendes Flüstern. Sobald die Flammen aufzüngeln, stellt er das Ofenventil ein und lässt die Luft durch einen schmalen Spalt an der Aschenschublade eindringen. Die Geräusche aus der Küche verraten ihm, dass seine Haushälterin da draußen schon eingeheizt hat, hier drinnen jedoch kümmert er sich um so etwas lieber selbst.

Dies hier ist seine Seite des Hauses. Die Haushälterin soll ihm nicht zu nahe kommen.

Nicht jeder Raum, in dem es Bilder gibt, bedarf des Ofenfeuers – hier unten allerdings, wo seine Utensilien sind, will er es etwas behaglicher haben. Denn die elektrische Heizung allein kann gegen die Eiseskälte nicht genügend ausrichten. Diese Arbeitszimmer sind sein Zuhause, hier hängen all seine Bilder und auch Briefe an den Wänden. Graphische Blätter, Skizzen und unfertige Entwürfe liegen über den Fußboden verstreut – hier laufen alle Fäden zusammen.

Der gebrechliche Hausherr von Ekely erhebt sich mühsam von den Knien und blickt umher, bevor er mit schleppenden Schritten den Nebenraum betritt, um auch dort den Ofen anzuheizen. Es knackt in seinem dünnen Leib.

»Scheiße!«

So lange hatte er in Deutschland gewohnt, dass Deutsch zu seiner zweiten Muttersprache wurde. Wochen und Monate sind vergangen, seit er zuletzt der eigenen Stimme trauen konnte.

Der Krieg verbreitet sich von Ozean zu Ozean, von Kontinent zu Kontinent. Bald gibt es wohl keinen Fleck mehr auf Erden, der unberührt ist. Allenfalls in Landstrichen, die sich den Fängen der Zivilisation bisher entzogen haben, bei den Polynesiern in Tahiti, zum Beispiel; oder den wilden Indianerstämmen irgendwo am Amazonas.

Doch andererseits – wer weiß? Vielleicht wird die Blutspur aus dem Schlachthof des Zweiten Weltkriegs sogar bis zu solch entlegenen Orten führen?

Womöglich endet alles mit diesem Krieg.

Denn zweifelsohne gibt es Umstände, die darauf hinweisen, dass es sich um die alles verschlingende Apokalypse handeln könnte – die Endzeitkatastrophe, die sein alternder Vater den Kindern in dunklen Stunden ausmalte.

Gleichwohl gilt es, die düsteren Gedanken im Zaum zu halten.

Sein Freund, Doktor Schreiner, gemahnt ihn ständig daran. Der Anatom! Der Pathologe! Der Totendoktor! Sein Hausarzt, den der alte Maler vor einer geöffneten Leiche im Obduktionssaal porträtiert hat und zu dem er ein gewisses Vertrauen hegt.

Sobald Herr M. die Öfen versorgt hat, geht er ein Stück an der Wand entlang, mit geschlossenen Augen. Ein kleiner Trick, den er manchmal anwendet – zumindest wenn er ein wenig Aufmunterung braucht. Wie ein Blinder bewegt er sich vorwärts, bevor er schließlich stehen bleibt und die Augen öffnet. Er darf nicht mogeln. Das ist ja gerade der Witz an diesen Morgenspaziergängen. ›Marats Tod‹ ist das Bild, vor dem er heute landet. Er blickt auf und nickt.

»Guten Morgen, Herr Graf«, sagt er.

Allein die Bronchitis in seinem Hals antwortet mit einem Pfeifen.

»Guten Tag, Frau Gräfin«, murmelt er dann, ein wenig verlegen, und sieht sie direkt an.

Verblüffend offenherzig erwidert sie seinen Blick. Doch auch von ihr erhält er keine Antwort. Das hätte er auch nicht erwartet – natürlich nicht.

Ein passendes Bild, um den Tag zu beginnen, wie er gleich merkt. Denn die Schwermut lichtet sich ein wenig, wenn er an die Unterhaltung zurückdenkt, die er – auf stockendem, aber halbwegs brauchbarem Deutsch – vor einer Ewigkeit dort unten in Berlin mit seinen Modellen, dem Ehepaar mit dem adelig klingenden Nachnamen Grävenitz führte.

Ob sie sich vielleicht vorstellen könnten, ihm für ein bestimmtes historisches Motiv Modell zu stehen?

»Aber natürlich!«

Jung waren sie zu jener Zeit – und schienen auch den starken Wunsch zu hegen, sich ein Bild zu kaufen.

Er erklärte seine Idee. Der hochwohlgeborene Herr Grävenitz war gleich bereit, die Rolle des erstochenen Marat zu spielen, zögerte jedoch, als der Maler die Notwendigkeit erklärte, dass sie beide – er und seine Frau – in einer möglichst natürlichen Situation posieren müssten, was bedeuten würde, dass …

Die beiden blickten einander an. Fast unmerklich nickte sie. Er tat dasselbe und fragte dann:

»Wann?«

»Morgen früh um zehn?«

Die Eheleute sahen sich wieder an und nickten.

Im Grunde hatte er damit gerechnet, dass das junge Patrizierpaar Bedenken haben und nicht auftauchen würde. Doch das taten sie, genau wie vereinbart. Verlegen rief er:

»Ich habe das Gefühl, dass es nicht richtig ist, Sie um so etwas zu bitten.«

»Unsinn.«

»Ich werde versuchen, so schnell wie möglich zu arbeiten, aber Sie sind einverstanden, wenn es etwas Zeit in Anspruch nimmt?«

»Natürlich sind wir einverstanden.«

»Gut, dann …«

»Ja?«

»Ich bitte vielmals um Verzeihung, aber dort drüben steht ein Wandschirm, wenn die Herrschaften tatsächlich …«

Sogleich verschwanden sie hinter dem Wandschirm und machten sich bereit. Etwas Freimütiges und Robustes strahlten sie aus. Er hatte schon altgediente Berufsmodelle gesehen, die in solchen Augenblicken viel befangener waren als diese beiden.

Er – der Skandalmaler aus Kristiania im hohen Norden – hatte die vornehme Frau Grävenitz überreden können, sich völlig schutz- und hüllenlos in der Rolle der Mörderin Charlotte Corday zu zeigen! Stundenlang hatte sie so dastehen müssen, mit ihrem langen, rotblonden Haar und den geröteten Wangen. Ihr distinguierter Mann hatte nicht nur das akzeptiert, sondern war sogar einverstanden, dass er selbst, im Bett liegend, die Rolle des nackten, verratenen und ermordeten französischen Revolutionshelden übernahm! Von all den erstaunlichen Erlebnissen, die er mit Modellen hatte, kommt ihm jenes an diesem eiskalten Januarmorgen auf Ekely besonders denkwürdig vor.

Ein ungewöhnliches Ehepaar. Aber hochwohlgeboren! Und so kunstinteressiert!

Er, der Skandalmaler, war damals jung und stark gewesen. So viele Einfälle waren ihm gekommen. Doch das war vor dem Nervenzusammenbruch gewesen, vor den alkoholfreien Malereien, den nikotinfreien Zigarren und den giftfreien Damen – bevor er es vorgezogen hatte, sich hinter dem hohen Bretterzaun hier in der Villa zu verstecken.

Vor Urzeiten also. Viele seiner stärksten Bilder wurden vor Urzeiten geschaffen. Manchmal denkt er, das Geheimnisvolle seiner Malerexistenz sei in Wahrheit darin zu suchen, dass es einen Zusammenhang gibt zwischen unheilverkündenden Geschehnissen in seinem eigenen Leben und den Dingen, die sich da draußen in der Welt ereignen.

Unerklärlich? Mag sein. Aber ein bildender Künstler muss oft abseits des rein Logischen arbeiten.

Er muss in der Lage sein, die unsichtbaren Fäden zu erahnen, die alles zu einer Einheit verbinden. Dies betrifft nicht nur die entscheidenden Ereignisse in der Gegenwart. Auf einer eher intuitiven Ebene gilt das auch für den Einklang mit den großen Wellenbewegungen des Daseins, den Stoffwechsel der Natur – den rhythmischen Wechsel zwischen Knospe und Blüte, Nuss und Baum, Hochsommer und Frostwinter, dem Fließenden und Kristallinen, Lust und Abscheu, schwimmenden Samenzellen im Dunkel der Gebärmutter und alten, verblichenen Knochen.

All das hat er in seinen Bildern zu schildern versucht.

Sein persönliches Schicksal allerdings hat ihn niemals an einer dieser Wellenbewegungen des Daseins teilhaben lassen – er ist der letzte Ast an einem einstmals starken und üppigen, doch immer wurmstichiger gewordenen Stammbaum; eine mächtige Eiche, die ihre Fruchtbarkeit eingebüßt hat.

Mit einundzwanzig, als er mit seinem Vater und seinen Schwestern in Åsgårdstrand Ferien machte, erlebte er seinen ersten verliebten Sommer.

Sie allerdings war verheiratet und hatte nicht die Absicht, ihren Ehemann zu verlassen. Für sie war er – der keusche junge Maler – nicht mehr als ein romantisches Abenteuer, ein lustiger kleiner Zeitvertreib, der im Spätherbst ein Ende fand. Nach dieser Erfahrung glaubte er, sich nie wieder erholen zu können. Er fühlte sich gelähmt, verletzt bis ins Mark. Doch das Ganze führte zu einer Abhärtung.

»Was dich nicht umbringt, macht dich nur stärker!«, lautete der Rat, mit dem ihn sein Freund aufzumuntern pflegte.

Der mutterlose Sohn des Armenarztes entschied sich nach der Affaire mit Frau Thaulow, nie wieder etwas mit Frauen anzufangen. Doch dies erwies sich als zeitlich begrenzter Entschluss – denn später im Leben war er von so vielen besessen.

Im Augenblick der Ekstase nutzte er seine Beobachtungsgabe und nannte das Bild ›Madonna‹. Eine Idee, die ihm schon auf der Studienreise nach Frankreich gekommen war – ein Bild zu erschaffen, das die Menschen zwingt, das Geheiligte in dieser Art von Hingabe zu erkennen, und davor den Hut zu ziehen, wie in der Kirche.

Nach der Verlobung mit der Weinhändlertochter Tulla, die mit dem Revolverschuss in Åsgårdstrand endete, hatte er in Paris ein aufreibendes Liebesverhältnis mit der dunkelhaarigen Geigerin Eva – und verlor schließlich, nach weiteren Jahren des Nomadentums, den Boden unter den Füßen und landete in Doktor Jacobsons Privatklinik in Kopenhagen.

Das Ende seiner Jugend war gekommen. Später im Leben wurde vieles so anders. Ekely wurde zu einer Art sicherem Hafen. Ein Zufluchtsort. Ein mit Bildern geschmücktes Gefängnis.

Unter den Modellen an den Wänden von Ekely finden sich die blutjunge Ingeborg, das reife Fräulein Helga, die schlagfertige Frøydis, das geschmeidige Kätzchen Annie, das Tag und Nacht bei ihm war, die strenge Hildur, die gotisch edle Birgitta und die scheue Hanna mit dem klangvollen Akzent aus dem Norden. Alle unterschieden sich voneinander – einige waren für ihn mehr als nur Modelle, doch mit allen hat er in der Phantasie Hochzeit gefeiert.

Ist das so ungewöhnlich?

Ein Heiliger ist er nie gewesen. Zwar hat ihn das Schicksal zu einem Leben in Einsamkeit verurteilt; aber er darf doch wohl Gefühle haben?

All diese jungen Frauen haben ihn auf ihre Weise berührt. Ein paar von ihnen drohten förmlich, Macht über ihn zu gewinnen – auch wenn er alles versuchte, dies nicht zuzugeben.

Früh hat er gelernt, eine Maske zu tragen. Eine seiner speziellen Fähigkeiten. Unwillkommene auf Abstand zu halten und niemanden erkennen zu lassen, was wirklich geschieht. Hier hängen sie jedenfalls in Rahmen, bekleidet oder unbekleidet, eine nach der anderen. Er hat seine Modelle so gemalt, wie er sie erlebt hat, und noch immer leuchten sie ihm mit ihrer jugendlichen Vitalität entgegen. Nie ist er es müde geworden, sie um sich zu haben.

Doch jedes Mal, wenn aus dem Spiel Ernst zu werden drohte, zog er sich rechtzeitig wieder zurück. Jedes Mal, wenn er Gefahr lief, völlig den Kopf zu verlieren – und er verliebte sich in einige von ihnen, es wäre töricht, dies zu leugnen – überkam ihn wieder die Erinnerung an den Pakt, den die hinterbliebenen Geschwister eingegangen waren, nachdem ihr Bruder, der Arzt, an einer Lungenentzündung starb, nur wenige Monate, bevor sein Kind geboren wurde. Eine geheime Abmachung. Seitdem haben sich alle drei an den Pakt gehalten, sowohl seine Schwestern als auch er selbst.

Jäh kommt ihm die Frist für die Steuererklärung in den Sinn.

Einunddreißigster Januar! Nur noch acht Tage!

Er muss unbedingt ein neues Schreiben aufsetzen, um diesen Dummköpfen im Finanzamt zu erklären, wie ein Künstler eigentlich arbeitet – zumindest muss er bald einen Brief schreiben, in dem er, aus gesundheitlichen Gründen, um eine Fristverlängerung für die Abgabe bittet!

Vor lauter Angst angesichts der Maßnahmen, mit denen die Behörden ihn dieses Mal womöglich schikanieren könnten, läuft ihm sogleich der Schweiß über den Rücken – bis ihm plötzlich aufgeht, dass er das Ganze in den letzten Jahren ja seinem neuen Anwalt überlassen hat, diesem gesegneten Stockfisch von einem Juristen, dem nun alles an Steuerirrsinn,

Zahlen und Rechenschaftsunterlagen zugeschickt wird. Der alte Meister schreibt einen Zettel, den er mit einer Reißzwecke an der Tafel über dem Telefon befestigt: »Aker/Borre/Vestby. Fristverlängerung!!!«

Erneut bleibt er vor ›Marats Tod‹ stehen. In seinem Hals beginnt es zu kratzen. Er bekommt einen Hustenanfall.

»Herr M.?«

Im ersten Augenblick verschlägt es dem Alten die Sprache – ist das etwa so zu verstehen, dass die junge Frau Grävenitz jetzt anfängt, mit ihm zu reden?

Doch diese Einbildung währt nur ganz kurz, dann erkennt er die Stimme von Fräulein Berg und schüttelt beschämt den Kopf über seine idiotischen Altmännerphantasien. M. geht zur Küchentür und öffnet sie vorsichtig einen Spalt.

»Sind Sie schon auf, Herr Kunstmaler?«

»Ich habe nur Feuer gemacht.«

»Können Sie wieder sprechen?«

»Es geht so.«

»Der Arzt hat gesagt …«

»Ja, ich weiß, was der Arzt gesagt hat.«

»Ich habe Ihre Morgenzeitung.«

»Vielen Dank, Fräulein Berg.«

Liv Berg, mit ihr hat er sich jedenfalls keine Hochzeit vorgestellt! Und ebenso wenig hat er sie gebeten, Modell zu stehen.

Nein, da malt er sich lieber selbst. Der Spiegel ist ein Ausweg, dessen er sich in unregelmäßigen Abständen bedient, falls es ihm an Motiven mangelt. Wie viele Bilder dieser Art hat er wohl im Laufe des Jahres gemalt? Vierzig? Oder vielleicht fünfzig?

Viele wurden verworfen, natürlich. Herr M. hält sich nicht für einen ichbezogenen Mann – zumindest nicht mehr, als es in seinem Metier erforderlich ist –, aber in fast keinem Jahr hat er versäumt, seine Selbstporträts zu malen. Das aus der Hölle beruht vielleicht am ehesten auf persönlichen Erfahrungen. Im Schein der glühenden Flammen steht er da mit nacktem Oberkörper.

Auf einem Bild, das hier auf Ekely entstanden ist, hat er sich selbst als einsamen und schlaflosen Wanderer gemalt, übermüdet, rastlos, mit dunklen Augen und gebeugtem Nacken, halbwegs an den Betrachter gewandt – mit einem Ausdruck, als habe er eben am Fenster ein Gespenst gesehen. Das war kurz vor Kriegsausbruch. ›Der Nachtwanderer‹, hat er das Porträt genannt. Auf einem anderen Bild hat er sich selbst als alten Mann in einsamem Rausch gemalt, umgeben von einem Meer aus Flaschen.

Danach hat er die Flaschen weggeräumt. Bekommt er Besuch, kann er immer etwas anbieten, doch für gewöhnlich gibt es nicht viel. Nein, nur selten trinkt er mehr als zwei Gläser, solange es sich nicht um einen besonderen Anlass handelt. Er hat genügend Künstler gesehen, die zielbewusst ihre Seele, ihre Leber, ihre Fähigkeit zu lieben zerstört haben, oder was sich sonst noch zertrümmern lässt. Er misstraut Menschen, die es darauf abgesehen haben, sich selbst zu vernichten. Es erscheint ihm wie eine Verhöhnung ihrer eigenen Mütter, die so viele Lebensjahre geopfert haben, um sie großzuziehen. Indirekt werden wir alle dadurch verhöhnt.

Herr M. hält sich in dieser Hinsicht für urteilsfähig, denn zehn Jahre lang erlebte er selbst diese Verwüstung.

Er ist zwar kein junger Mann mehr, aber noch immer lodert tief in seinem Innern das Leben, wenn auch nur wie halberloschene Glut. In all den Jahren fühlte er sich bei seiner Arbeit allein dadurch stimuliert, etwas Konkretes sehen zu können – vielleicht am liebsten, wenn er es direkt vor Augen hatte, sei es nun ein flacher Kieselstrand am Fjord, ein aufgescheuchtes Pferd, ein Paar unter einem Apfelbaum oder ein unbekleideter Mensch.

Seitdem er es sich leisten konnte, hat er sich an Modelle gehalten; unregelmäßige Besucherinnen oder manchmal auch Hausgenossinnen. Unleugbar haben diese jungen Frauen ihm geholfen, das Leben besser auszuhalten.

Doch Hanna aus Senja ist jetzt in Troms – hier auf Ekely malte er Hanna in ihrem Luchspelz unter dem blühenden Kastanienbaum, und in Åsgårdstrand ließ er sie Fausts Gretchen spielen –, zurückgekehrt in die nördliche Heimat, um dort zu heiraten, nachdem sie fast ein ganzes Jahrzehnt für ihn gearbeitet hat.

Natürlich ist es schon früher passiert, dass eine junge Frau auf diese Weise aus seinem Leben verschwand – weil ein anderer Mann, entschlossener als Herr M., in ihr Dasein trat.

Aber bis ganz hinauf nach Nordnorwegen?

War es wirklich nötig, so weit fortzugehen?

In Wirklichkeit ist das wohl ein Zeichen. Alles ist vorbei, soll es bedeuten. Die Arbeit ist beendet, und das Leben verebbt, mit jedem Winter etwas mehr.

Nein, es gibt nur noch wenig Anzeichen von Vitalität in ihm. In Wirklichkeit ist es wohl nur sein alter Freund Gottfried Tod, der jetzt noch auf ihn wartet und zwischen den Fledermäusen im Ulmenwald herumspioniert, stets bereit, Schluss zu machen, sobald er sich auch nur einen winzigen Fehltritt leistet – und ihn in Stücke zu reißen und den Würmern und Maden zum Fraß vorzuwerfen, bis nur noch abgenagte Knochen übrig sind.

Schon immer ist Gevatter Tod dort irgendwo in der Dämmerung bei ihm gewesen, wie ein treuer, aber unsichtbarer Gefährte. Jahr für Jahr. Jahrzehnt für Jahrzehnt. Wie seltsam, dass er diesen Gottfried mit dem unsichtbaren roten Umhang so lange überlisten konnte. Ein so argloser Mann wie er!

Etwas muss es dennoch gegeben haben – eine innere Zähigkeit –, die ihn zu einem Überlebenden machte.

Er wirft einen Blick auf den eisernen Ofen. Schon immer wusste er das brüllende Geräusch der Flammen in einem Holzofen zu schätzen. Etwas Anheimelndes und Tröstendes geht davon aus, ein Geräusch, das ihn an die Wohnung unten in der Quadratur hinter der Festung Akershus erinnert, als seine Mutter noch lebte.

So viele Jahre sind seitdem vergangen. Und dennoch passiert es, dass er sie vor sich sieht, so, als lebte sie noch – jede kleine Falte um ihren Mund, jede Nuance der Stimme, jeden noch so kleinen Rest des Akzentes von Krakerøy, der dann und wann hervorbrach, jede Strafpredigt, jedes Lächeln, jedes ernste Wort und jeden Blick. Und auch das straff zurückgekämmte Haar über dem marmorweißen Gesicht, als ihr der Atem ausging, ist schwer zu vergessen.

Dass nun ausgerechnet er zu so einem uralten Mann werden sollte! Wer hätte das damals gedacht? Er nicht, und auch nicht die anderen. Wäre das Schicksal gerecht gewesen, dann hätte er damals in Kristiania von Herrn Gottfried Tod geholt werden müssen – und nicht sie, seine Schwester.

Wurde Sofie in Wirklichkeit an seiner statt geholt?

Das ist ein Verdacht, von dem er sich nie so ganz befreien konnte. Im Alter von zwölf Jahren verlor er seinen Platz in der Domschule, weil er wegen seiner schwachen Lunge so häufig dem Unterricht ferngeblieben war. Zu Weihnachten, als er dreizehn und sie vierzehn war, lag er mit Fieber im Bett und starrte auf die Lichter des geschmückten Baums. Verschwitzt und unruhig wandte er sich flüsternd an seinen Vater:

»Papa?«

»Ja.«

»Was ich da ausspucke, ist so dunkel.«

»Wirklich, mein Junge?«

Sein Vater arbeitete als Truppenarzt und Armenarzt. Die biblische Denkweise nahm er ernst und brachte es oftmals nicht übers Herz, seinen Patienten Geld abzuverlangen. Im Laufe der Jahre zogen sie innerhalb der Stadt von einem Ort an den anderen, erst von der Nedre Slottsgate in die Pilestredet, dann von der Thorvald Meyers gate in den Fossveien – insgesamt acht verschiedene Wohnungen.

Sein lieber Vater mit den grauen Locken holte eine Kerze, nahm das Taschentuch, knüllte es zusammen und verbarg es vor ihm. Beim nächsten Mal spie der Dreizehnjährige aufs Laken, um nachzuprüfen, was der Vater ihn nicht sehen lassen wollte.

»Es ist Blut, Papa.«

Sein Vater strich ihm übers Haar.

»Hab keine Angst, mein Junge.«

Es verging eine Weile. Vielleicht war er für einen Augenblick eingedöst. Er erwachte, als sein Vater die Hand auf seinen Kopf legte und sagte:

»Ich will dich segnen, mein Junge.«

Inmitten des Fiebers dämmerte ihm, dass wohl auch er die Schwindsucht hatte, genau wie seine Mutter. Von jetzt an würde vielleicht nur noch ein mageres Schattenleben auf ihn warten. Wieder schlief er für ein paar Minuten ein. Doch dann war sein Vater wieder da, strich ihm übers Haar und sagte:

Der Herr segne dich.
Der Herr lasse sein Angesicht leuchten über dir.
Der Herr gebe dir Frieden.

Im Laufe des Abends wurde das Fieber schlimmer. Ein weiterer Arzt wurde herbeigerufen. Er horchte die Brust des Patienten ab und verordnete Eis, um ihn abzukühlen. Als der Junge am nächsten Morgen erwachte, spürte er, wie es jedes Mal beim Luftholen in seiner Lunge rumorte. Ein neuer Hustenanfall füllte das ganze weiße Taschentuch mit Blut, wie ein rotes Banner. Zu Tode erschrocken jammerte er:

»Jesus hilf mir, ich sterbe – ich kann doch jetzt nicht sterben.«

»Du darfst nicht so laut reden, mein Junge. Das ist nicht gut für dich«, erwiderte sein Vater.

Seine ein Jahr ältere Schwester Sofie legte sich neben ihn auf das Bett. Sie weinte und betete. Die anderen versammelten sich um das Krankenlager, ihre Gesichter waren bleich und ernst. Von der Jacobskirche ertönten die Glocken, im Nebenzimmer stand der funkelnde Weihnachtsbaum. In Lappen eingewickelte Eisklumpen lagen auf der Brust des Jungen. Er schaute seinen Vater an und verspürte eine Art Scham für das, was er sagen wollte, wagte aber nicht zu schweigen. Mit gesenktem Blick stellte er die Frage, die an ihm nagte, die banale freimütige Frage, wo er, nach Ansicht seines Vaters, landen würde, falls er diesen Winter nicht überleben sollte – ob der Vater wirklich glaubte, dass er in den Himmel käme?

»Das wirst du bestimmt, mein Junge – solange dein Glaube unerschütterlich ist. Mein lieber Sohn, glaubst du an Gottvater, Gottes Sohn und den Heiligen Geist?«

»Ja, Vater«, erwiderte er mit matter Stimme, obgleich er keineswegs wusste, ob dies die richtige Antwort war. Es gab Dinge in der Bibel, die einfach nicht stimmen konnten.

Jäh durchfuhr ihn ein Schrecken. Er sollte vor den Richtertisch des Herrn gestellt werden und wusste doch, dass Zweifler verurteilt waren, für immer und ewig in der Hölle zu brennen.

Draußen auf der Straße fing ein Hund an zu heulen. In der Küche hörte er eine Frauenstimme fragen:

»Wie geht es dem Jungen?«

Die Antwort verstand er nicht. Doch dann hörte er die Frauenstimme sagen:

»Mein Sohn ist auch krank. Einen von beiden holt wohl der Tod, und deshalb heult der Hund.«

Etwas später erwachte er aus dem Halbschlaf und sah seinen Doktorpapa mit gefalteten Händen neben dem Bett knien.

»Herr, ich bitte Dich – ich fordere von Dir – lass ihn heute nicht sterben – er ist noch nicht bereit – ich bitte Dich, hab Erbarmen mit uns, lass ihn leben – er wird Dir immer dienen, das hat er mir versprochen.«

Inmitten des Fieberwahns sah der Junge, wie weiß die krampfartig gefalteten Hände des Vaters waren.

»Ich flehe Dich an, Herr, ich fordere es von Dir – in Namen von Jesu Christi Blut, mach ihn wieder gesund.«

Ein paar Jahre später schrieb er das alles auf, deswegen erinnert er sich so gut daran – er weiß noch jedes einzelne Wort, das an jenem Dezembertag in Grünerløkken gesagt wurde.

Aber niemand wurde an diesem Weihnachtsfest geholt. Nicht der andere Junge. Nicht er. In seiner Erinnerung ist es das Weihnachtsfest mit dem blutroten Banner. In seiner Erinnerung ist es das Weihnachtsfest, an dem er befürchtet hatte, womöglich für immer und ewig in der Hölle zu brennen – aber es ist auch der Winter, in dem er den Entschluss fasste, überleben zu wollen.

Von der Thorvald Meyers gate zogen sie in ein Mietshaus, in dem es weniger zugig sein sollte. Doch im November desselben Jahres gelang es dem teuflischen Herrn Tod dennoch, die Treppen dieses im Osten der Stadt gelegenen Hauses hinaufzuschleichen, um seine ältere Schwester zu holen.

Welche Art von Gerechtigkeit konnte hierin gelegen haben – dass seine Schwester so früh auf dem Friedhof landete, und nicht er?

Tage und Nächte rätselte er während seiner Jugend darüber. Und noch immer kann es passieren, dass er sich diese Frage stellt.

Ihre Knochen kann er vor sich sehen, dort unten im Grab.

Wie mager sie zum Schluss wurde! So stumm und scheu und fast durchsichtig dünn!

In seinen Kindertagen gab es nur zwei Menschen, denen er sich tief verbunden fühlte, die dunkelhaarige Mutter und die rothaarige ältere Schwester. Nachdem seine Mutter der rachsüchtigen Tuberkulose erlegen war, wurde sie, seine ältere Schwester, zur großen Liebe seines Lebens. Eine ganz besondere Nähe entstand zwischen ihnen.

Als seine Mutter starb, waren die anderen Geschwister noch so klein, dass sie sich kaum an sie erinnerten. Sofie und er waren diejenigen, die die Mutter wirklich gekannt hatten und Geschichten über sie erzählen konnten – wie lieb sie zu ihnen gewesen war, wie kurzatmig sie damals auf der Treppe in der Nedre Slottsgate geworden war, und wie sie in der Pilestredet alle zu sich gerufen und kurzerhand erklärt hatte, was der Arzt gesagt habe, und dass sie sich alle im Himmel wiedertreffen würden, wenn sie nur bereit wären, ein gottesfürchtiges Leben zu führen.

Er war fünf, als die Mutter fortgerissen wurde. Als seine ältere Schwester Sofie ihr nachfolgte, war er dreizehneinhalb. Sein erstes wirklich umstrittenes Bild zeigte die große Schwester mit den roten Haaren; wie sie sich, als sie fürchtete, er müsse sterben, neben ihn auf das Bett legte, stattdessen aber selbst von dem rachsüchtigen Herrn Tod mitgenommen wurde.

Mit dem Pinsel kratzte er an dem Bild von Sofie herum, ritzte Streifen in die Farbe, änderte, entfernte und übermalte – eine Weile kämpfte er mit dem Bild, als handele es sich um einen Feind, nahm alles Überflüssige weg, machte die Details undeutlicher, verstärkte das Kolorit, vereinfachte und konzentrierte den Ausdruck. Für die Arbeit benutzte er ein junges Modell mit langen roten Haaren. In gewisser Weise half ihm dieses Bild, sich mit dem Schicksal seiner Schwester abzufinden. Doch wirklich versöhnen konnte er sich niemals.

»Aufschneider!«, nannte ihn einer der bekanntesten norwegischen Künstler, mit höhnischer Fratze, als der Debütant auf der Herbstausstellung das Bild seiner schwindsüchtigen Schwester zeigte.

War es wirklich Aufschneiderei, die er da betrieb?

Trickste er? Pfuschte er?

Nein, er tat das, was ihm nötig schien, er folgte seinem eigenen Weg. Wie elend, ratlos und dumm du dich auch fühlen magst, wenn du von den anderen verhöhnt wirst; folge deinem eigenen kleinen Trampelpfad in die Wildnis der Selbständigkeit, stehe zu deinen Gefühlen und dem, was du selbst erfahren hast. Das ist der einzige Rat, den er weitergeben kann – das begriff er, nachdem er mit dem Bild seiner sterbenden Schwester die Mauer des öffentlichen Schweigens durchbrochen hatte; und diesem Pfad muss er noch immer folgen.

Jetzt geht sein Leben dem Ende zu; kein Gebet kann das verhindern. Brummend schleppt sich der von Bronchitis Geplagte zurück ins Bett, um wieder etwas Wärme in die Glieder zu bekommen.

»Lehre uns bedenken, dass wir sterben müssen, auf dass wir klug werden.«

Wie ein Schlag in die Magengrube trafen ihn die Worte aus dem protestantischen Begräbnisritual, als er einmal, ein paar

Jahre nach seinem Umzug nach Ekely, einer Einäscherung beiwohnte. Seitdem lehnt M. es ab, an Begräbnissen teilzunehmen. Nicht einmal, als seine heißgeliebte Tante starb – die sich der mutterlosen Kinderschar angenommen hatte und all die Jahre anstatt ihrer Schwester für sie dagewesen war –, konnte er es über sich bringen, die Kapelle aufzusuchen.

Einen hübschen Kranz schickte er. Doch von der Trauerfeier hielt er sich fern und beobachtete das Ganze gut versteckt aus der Entfernung.

Nein, er konnte einfach an keinen Begräbnissen mehr teilnehmen. Sie waren ihm zu viel geworden. Er konnte die Predigten im Stil von Pastor Manders nicht ertragen und hasste es, bei den Trauernden zu sein.

Das war zu der Zeit, als er fürchtete, blind zu werden.

Das Sehvermögen des linken, schwächeren Auges war bereits zuvor immer schlechter geworden. Nach einem furchteinflößenden Zahnarztbesuch bekam er einen Bluterguss, der sich wie eine Krebsgeschwulst über die Netzhaut des anderen, guten Auges legte. Da hatte er schon das Ende vor sich gesehen. Wie, um alles in der Welt, sollte er weiterleben, wenn er nichts mehr sehen könnte?

»Verdammte Scheiße!«

Er räuspert sich und hustet Schleim.

Von jedem wichtigen Bildmotiv gibt es zwei Versionen, manchmal sogar acht, neun oder noch mehr – in verschiedenen Techniken. Es gibt ein paar malerische Schlüsselsituationen, zu denen er immer wieder, manchmal im Zeitraum von zehn Jahren, zurückkehrt.

›Marats Tod‹ ist eines dieser Themen, mit denen er nie ganz fertig geworden ist. Beim letzten Mal hat er sich hier auf Ekely daran versucht, mit einem jungen dunkelhaarigen Modell als Charlotte Corday. Doch es glückte ihm nicht recht. Die Mörderin in ›Marats Tod‹ muss rothaarig sein. Sonst scheint das Motiv ein wenig seiner expressiven Kraft einzubüßen.

Da sind die dunkelhaarigen Frauen und die rothaarigen. Es ist wie in Monte Carlo – es gibt die schwarzen Todesmarken und die roten Liebessteine. Schon damals in Südfrankreich dachte er so, während er seine Notizen machte und nach der Strategie suchte, die ihn im filzgrünen Halbdunkel der Spielhalle zum Sieger machen könnte.

Es war ihm nicht gelungen, weder in Monte Carlo noch bei den Frauen.

Er ist ein Mann der Niederlage. Seine besten Bilder handeln davon – Trauer, Tod, Eifersucht, Verzweiflung, Erniedrigung, Irrsinn und Niederlage.

Dreck!

So ist sein Leben gewesen.

Scheiße! Krankheit! Leere! Niederlage!

Allzu lange hat das Leben gedauert.

Und jetzt ist bald endlich alles vorbei.

2

Der Atem der Geschichte umweht Dorothys altehrwürdigen englischen Doppelnamen, aber sie ist in Norwegen zur Schule gegangen und ihre Freunde nennen sie einfach Doffy.

Sie studiert Jura und hat außerdem eine halbe Stelle in einem mausoleumähnlichen Büro in der Quadratur – und sie versucht, dort durchzuhalten, weil sie das Geld braucht. An diesem Abend trägt sie Rock, Strickjacke, Mütze, Handschuhe, alles aus Wolle, und kniehohe Stiefel. Blond und blauäugig geht sie vorbei an den winterschwarzen Bäumen des Droningpark und schaut sich aufmerksam nach allen Seiten um.

Es wird dunkel. Sie will in ein Konzert.

Dorothys Zimmergenossin Kari besucht an diesem Tag ihre Mutter in Homansbyen zu einem Versöhnungsessen. Doffy und Kari wollen sich danach beim U-Bahn-Eingang Nationaltheater treffen, eine halbe Stunde vor Konzertbeginn. Das bedeutet, dass Doffy noch ein wenig Zeit totschlagen muss – nachdem sie die beiden Eintrittskarten abgeholt hat.

Im Schloss residieren jetzt die neuen Herren des Landes. Nach Wochen mit klirrendem Frost ist die Temperatur über Null gestiegen, und Schneematsch bedeckt den Weg. Quer vor dem Parlament hängt etwas Weißes und Widerliches, auf dem geschrieben steht: »Deutschland siegt an allen Fronten!« Das Abstoßendste an dem überdimensionalen Banner ist, dass man es nicht einmal als direkte Lüge betrachten kann.

Früher oder später wird sich das Blatt wenden, da ist sich Doffy sicher. Aber der Krieg dauert schon so lange, und noch ist es nicht so weit.

»Vielleicht nie!«

Es kommt ihr vor wie eine Art Tabubruch, das vor sich hinzumurmeln, während sie ziellos durch die Straßen schlendert. Aber es geschieht bisweilen, dass sie so empfindet – und in letzter Zeit ist es häufiger vorgekommen.

In der Stortingsgate liegt das Rekrutierungsbüro der Norwegischen Legion. Doffy presst die Lippen aufeinander und schaut weg. Ein Jugendfreund aus ihrem Heimatort hat sich anwerben lassen, einer, dem sie so etwas niemals zugetraut hätte. Unvorhersagbar ist dieser Krieg geworden, unbegreiflich, wer wo gelandet ist – bei Überläufern, Widerstandskämpfern oder den Angepassten. Die meisten ihrer Familienangehörigen sind deutschfeindlich, aber auch in ihrer Verwandtschaft gibt es diese drei Menschengruppen; und die Anpassungsfähigen sind bei weitem die größte.

Möglicherweise ist es so in allen besetzten Ländern, in diesem Winter, in dem fast ganz Europa unter dem, wie Kari es mit einer Grimasse nennt, »schwarzen Stiefelabsatz« gelandet ist, und die militärisch tadellos gelaufene Expansion, die in den dreißiger Jahren mit dem Sudetenland, dem Anschluss und den Zusammenstößen zwischen deutschen Panzern und polnischer Kavallerie im Tiefland bei Danzig begonnen hatte, scheint sich jetzt in den vierziger Jahren mit unverminderter Kraft fortzusetzen.

Wird Moskau besiegt werden? Wird Nordafrika den Achsenmächten in die Hände fallen? Wird der japanische Gottkaiser ganz Südostasien unterwerfen? Es kommt ihr wie ein Frevel vor, sich solche Fragen zu stellen, aber in einer Stimmung wie jetzt ist es trotzdem schwierig, sie zu ignorieren.

Ein grauer Wintertag in der von Deutschen besetzten Provinzhauptstadt, voller nebelhafter Menschen mit ausweichendem Blick und gebeugtem Nacken. Die Gesichter, die ihr auf Karl Johan begegnen, kommen ihr ebenso kalt, weiß und gespenstisch vor wie ihr eigenes Gesicht an diesem Abend.

Aber die Söhne der Witwe in Nachbarhaus in Frogner, wo Doffy und Kari ein Zimmer gemietet haben, scheinen jedenfalls in der Widerstandsarbeit gelandet zu sein. Was sie genau machen, weiß Doffy nicht. Einmal in diesem Winter konnte sie Kåre, dem älteren Bruder, aus einer Klemme helfen. Seit Doffy ihm in einer gefährlichen Situation ein Alibi verschafft hat, weiß er immerhin, dass er in der Not mit ihr rechnen, und sie weiß, dass sie sich auf ihn verlassen kann.

Dass im Februar auf den beiden Bahnhöfen der Stadt Bomben hochgingen, in der Nacht, nachdem der überhebliche norwegische Führer Quisling in der Festung Akershus seinen Staatsakt durchgeführt hatte – könnten die Brüder aus dem Nachbarhaus damit etwas zu tun gehabt haben?

Nein, so viel Mut haben sie nicht. Aber Doffy ist aufgefallen, dass die beiden trotz ihrer Jugend ziemlich viel zu wissen scheinen, wenn sie mit aller gebotenen Vorsicht ihre Fragen stellt. Vielleicht kennen sie in der Nähe jemanden, der ein heimliches Radio besitzt – oder sie helfen bei der Produktion einer illegalen Zeitung?

Ein blonder deutscher Offizier mit auffallend stechendem blaugrünem Blick spricht sie an:

»Entschuldigen Sie, gnädiges Fräulein? … Darf ich fragen, warum Sie heute Abend so melancholisch sind?«

Doffy starrt ihn eiskalt an, schüttelt den Kopf und läuft weiter.

Durch diese Episode fühlt sie sich – besudelt.

Auch die Spazierwege in Studenterlunden kommen ihr an diesem Abend widerlich vor – es wimmelt von gelben Flecken in Schneewehen und Eisbuckeln, von weggeworfenem Papier, Zigarettenstummeln, Erbrochenem und anderen Scheußlichkeiten. Wenn sie den Blick hebt, sieht sie, wie viele im Vorüberlaufen ihrem Blick ausweichen. Oslo scheint zu einem Wechselbalg von Hauptstadt verkommen zu sein, einer Stadt, um die sich niemand kümmert und auf die niemand stolz ist.

In der Stadt wimmelt es ja auch von diesen Deutschen in ihren schmutziggrünen Uniformen. Sie sind weit weg von ihren Schwestern, Freundinnen und Müttern – und ihre Augen scheinen um weibliche Aufmerksamkeit zu flehen, und sie sind auch nicht so plump wie viele junge Norweger, sie treten mit einer gewissen Eleganz auf. Es ist natürlich möglich, sich ihnen gegenüber korrekt zu verhalten. Viele sind sicher nicht einmal Nazis, unter ihren Uniformen sind auch sie Menschen. Aber ihnen deshalb ein Lächeln oder Freundlichkeit zu schenken, das wäre etwas anderes.

Plötzlich schaut ein junger Deutscher ihr ins Gesicht. Es sind dieselben blaugrünen Augen wie vorhin, oder nicht? Sie wendet sich eilig von ihm ab, tritt in ihrer Verwirrung in einen halbgefrorenen Hundehaufen, schneidet eine wütende Grimasse und eilt weiter.

Hinter einem Baum am anderen Ende von Studenterlunden versucht sie errötend, den Hundekot zu entfernen, indem sie immer wieder mit dem Stiefeln in eine Schneewehe tritt. Dann läuft sie durch eine Pfütze nach der anderen, und am Ende abermals durch zwei Schneewehen – um den widerlichen Gestank loszuwerden.

Schwerer, feuchter Schnee fällt jetzt vom tiefhängenden Himmel. Endlich erscheint Kari beim vereinbarten Treffpunkt. Sie umarmen einander.

»Tut mir leid, Doffy.«

»Macht doch nichts. Hier ist deine Eintrittskarte.«

»Danke, was bin ich dir schuldig?«

»Eins fünfzig.«

»Mehr nicht?«

»Die zu zwei Kronen waren ausverkauft. Riechst du etwas?«

»Wieso das denn?«

»Ich bin in einen Hundehaufen getreten.«

»Lass mal sehen.«

Verlegen hält Dorothy ihr den Stiefel hin. Die Freundin beugt sich darüber, mustert ihn, schnuppert.

»Ich glaube, das ist in Ordnung.«

»Nichts?«

»Ich rieche jedenfalls nichts.«

Sie überqueren Karl Johan, um sich der langen Schlange anzuschließen, die sich schon unterhalb der Säulen von Domus Media im Schneegestöber aufgestellt hat. Doffy murmelt:

»Mir ist ein Mann nachgestiegen.«

»Wer denn?«

»Ein deutscher Offizier, igitt.«

Kari nickt und mustert sie aufmerksam. Um das Thema zu wechseln, fragt Dorothy:

»Na, hast du dich mit deiner Mutter und deinem Stiefvater versöhnt?«

»Irgendwie schon.«

»Wie geht es denn deiner Mutter?«

»Ach, sie wird jetzt ganz schön umfangreich.«

»Was für eine Vorstellung, schwanger zu sein, in ihrem Alter!«

»Sie war ja erst achtzehn, als ich mich angemeldet habe.«

»Trotzdem. Noch ein Kind zu bekommen, nach so langer Zeit …«

»Jetzt hör aber auf, Doffy. Da höre ich mich doch furchtbar alt an.«

Sie sehen einander an und lachen.

»Aber das bist du doch nicht, Kari. Alt bist du nicht. Das ist das Letzte, was ich über dich sagen würde. Dein Vater, gibt es über den was Neues?«

»Er kommt jedenfalls nicht zurück.«

»Wissen sie denn mehr drüber, was passiert ist?«

Kari schüttelt den Kopf und wirft sich Dorothy in die Arme. Auch ihr, Doffy, treten Tränen in die Augen. Die Menschen in ihrer Nähe blicken zu Boden. Dicke Schneeflocken legen sich auf Mützen und Schultern.

»Verzeih mir, Kari. Das war eine so dumme Frage.«

»Wer hier dumm ist, das bin ich, Doffy.«

»Es ist ja wohl nicht dumm, dass du um deinen Vater trauerst.«

»Ich wünschte nur, er wäre nicht so mutig gewesen.«

Weit vorn werden jetzt die Türen der Aula geöffnet. Unter dem Vordach schütteln sie den Schnee ab. Beim Eingang zeigen sie dem Kontrolleur ihre Karten, dann dürfen sie den vollbesetzten Saal betreten. Wie beim vorigen Besuch hier kommen ihnen die nackten Wände seltsam fremd vor – ohne Alma Mater, den Eichbaum mit dem Großvater und dem Knaben, und ohne das farbensprühende Sonnenbild an der Rückwand hinter dem Orchester. Alle die mächtigen Wandgemälde hier wurden zusammengerollt und weggebracht, nachdem die Deutschen in Oslo einmarschiert waren. Die Aula wirkt seltsam kahl und ausgeraubt ohne die Monumentalgemälde. Warum wurden diese Bilder entfernt? Gerüchte wollen wissen, dass sie an irgendeinem unzugänglichen Ort versteckt worden sind, um nicht zu riskieren, dass sie beschädigt oder von der Besatzungsmacht als »entartete Kunst« beschlagnahmt werden.

Kari und Doffy gehen zu ihren Plätzen weiter hinten im Saal.

An diesem Abend sind drei große Klassiker aus Deutschland und Österreich angekündigt. Zuerst kommt Johann Sebastian Bachs feierliche »Suite in C-Dur«. Dann Wolfgang Amadeus Mozarts bekannte Perle »Eine kleine Nachtmusik«. Danach die dramatische fünfte Symphonie von Ludwig van Beethoven, angesetzt als musikalische Schlussfanfare – die sogenannte »Schicksalssymphonie«. Im aufgeregt tuschelnden Saal, der sich erst beruhigt, als der Dirigent den Taktstock hebt, gibt es so viele unterschiedliche Menschen. Was ihnen gemeinsam ist, allen gemeinsam, ist ihre Liebe zur klassischen Musik. Zugleich gibt es im Programm dieses Abends Dinge, die die verschiedenen Teile des Publikums ganz unterschiedlich deuten werden.

Alle hören zu. Man kann den Rücken der Zuhörer ansehen, wie aufmerksam sie lauschen.

Manches davon, was in einem besetzten Land vor sich geht, spielt sich ab in dem gefährlichen Spielraum zwischen dem Angedeuteten und dem Ungesagten – so kommt es doch oft?

Bei Dorothy ist es an diesem Abend jedenfalls, als öffnete das Orchesterbrausen bei Bachs Suite ihre Ohren auf eine aufmerksamere Weise als zuvor. Bei Mozarts elfentanzhafter Nachtmusik schließt sie die Augen und lässt sich einfangen, wie von einem schönen Traum. Aber der alternde, halbtaube Beethoven lässt sie rein körperlich zusammenfahren.

Ta-ta-ta-dam!

Satz für Satz lässt sie sich mitreißen von der guten alten Schicksalssymphonie, die sich durch das, was in Europa geschehen ist, verändert und doch wieder nicht verändert hat.

Weg, sie wünscht sich weg. So weit weg wie möglich aus diesem trostlosen Winteroslo mit Eisbuckeln, verstohlenen

Blicken, deutschen Soldaten, geknechteten Norwegern, Ruß, Hundedreck und Pissflecken in den Schneewehen. Einige Minuten lang hat sie das Gefühl, in der Musik zu verschwinden – fort aus ihrem Leben, so, wie es ist, und hinein in das, was sein könnte.

Die Symphonie erhebt sie.

Und dann passiert etwas Seltsames.

Je länger sie die Rückwand hinter dem Philharmonischen Orchester anstarrt, um so klarer sieht sie das Bild vor sich, das früher hier gehangen hat – nicht nur in großen Zügen, sondern mit einer Reihe von kleinen und großen Details, die lebensspendende Sonne da draußen am Horizont, die kleinen und großen Inseln in dem unbewohnten Teil des Schärengürtels, das Licht, in dem die vielen Farben sich brechen, die schnurgeraden Linien, die auf die Zuschauerin zuführen.

Es ist wie eine Vision – sie hat das Gefühl, das Bild haargenau neu erschaffen zu können, so wie es ist, oder jedenfalls mit einem so großen Grad der Genauigkeit, dass es wirklich erscheint.

Im selben Moment scheint durch die Musik eine Stimme zu ihr zu sprechen.

»Gib dich nicht mit Kleinigkeiten zufrieden«, flüstert diese Stimme.

Woher kommt sie?

Kann das leise Flüstern von Kari stammen, die neben ihr sitzt? Nein, so kommt es ihr nicht vor, möglicherweise ist es gar keine menschliche Stimme, vielleicht ist es ihr Schutzengel, der ihr diesen Rat gibt, oder ein anderes Wesen, irdisch oder nicht-irdisch.

Das alles füllt ihre Brust – der letzte triumphierende Satz der Schicksalssymphonie, das prachtvolle Bild der Sonne im

Schärengürtel, das durch die Kraft ihrer eigenen Phantasie die Rückwand füllt, die flüsternde Stimme.

Als sie wieder zu sich kommt, hat sie das Gefühl, dass der Entschluss gefasst worden ist – nicht so sehr von ihrem alltäglichen Selbst wie von der stolzen Dorothy, zu der sie zu werden schien, als sie sich von dieser kraftvollen inneren Welle erheben ließ.

»Bravo!«, ruft sie spontan, als in der Aula der Applaus losbricht und die Menschen in ihrer Begeisterung aufspringen. Kari und Doffy wechseln einen Blick, als sie dort stehen, mit Schweißperlen auf der Oberlippe und glühenden Wangen.

Die Temperaturen draußen sind inzwischen unter Null gesunken. Eine neue Schneeschicht hat sich auf das Eis gelegt und alles ist etwas glatter geworden. Als sie Slottsbakken hochgehen, wendet Doffy sich zu Kari um und murmelt durch den blaugrauen Stadtnebel:

»Weißt du, was?«

»Nein?«

»Da drinnen ist etwas passiert.«

Der Nebel hängt jetzt so tief über dem Park, dass sie kaum vom einen Baum zum anderen sehen können.

»Was denn?«

»Naja, ich weiß nicht, wie ich das sagen soll. In diesem Winter hatte ich das Gefühl, das Leben sei so ungeheuer grau geworden, und gegen Ende des Konzerts wurde ich irgendwie von mir selbst weggerissen.«

»Wie denn das?«

»Hast du mir da drinnen etwas zugeflüstert?«

»Wann denn?«

»Beim letzten Satz?

»Nein.«

»Dann muss das eine Art Halluzination gewesen sein. Ein Trugbild, wie das unser alter Klassenlehrer genannt hat.«

Kari lacht ihr perlendes Lachen und fragt mit Norwegischlehrerstimme:

»Hast du tatsächlich ein Trugbild erlitten, Dorothy?«

»So kam es mir jedenfalls vor. Eine flüsternde Stimme und eine Vision von etwas, das nicht da war.«

Die beiden jungen Studentinnen wechseln einen raschen Blick.

»Ta-ta-ta-tam!«

»Ta-ta-ta-tam!«

Für einen Moment singen sie zusammen und dann brechen sie beide in überschäumendes Gelächter aus.

Spontan berührt Dorothy Karis Hände mit ihren behandschuhten Fingern, jetzt, da sie den dunkelsten Teil des Schlossparks erreicht haben. Das tun sie ab und zu – ein Ausdruck der Wärme und Vertraulichkeit. Außerdem fällt es Doffy leichter, das zu sagen, was sie sagen will, seit sie die Aula verlassen haben, jetzt, wo ihre Gesichter im Schatten liegen.

»Sowie es Frühling wird, finde ich, sollten wir zum Großmeister fahren. Oder was sagst du?«

»Welchen Großmeister meinst du denn?«

»Den in Skøyen natürlich.«

»Und was wollen wir da?«

»Modell stehen. Darüber haben wir doch geredet.«

»Geredet, ja.«

»War das denn nicht dein Ernst?«

Die beiden Freundinnen schauen verlegen ihre Stiefelspitzen an. Sie rutschen auf dem eisglatten Schnee aus und packen einander, um nicht zu stürzen. Sie schweigen, während sie den Straßenbahnschienen der Riddervoldsgate folgen, dann murmelt Kari:

»Das ist vielleicht leichter gesagt als getan, Doffy.«

»Warum sagst du das?«

»Das war doch nur Gedankenspinnerei. Glaubst du, er kann überhaupt noch malen?«

»Kann er bestimmt.«

»Na, ich bin mir nicht so sicher.«

»Willst du damit sagen, dass du dich nicht traust?«

»Was heißt schon, nicht traust.«

»Er wird im Dezember neunundsiebzig. Es muss in diesem Frühling passieren, oder nie, Kari. Das ist dir doch auch klar, oder?«

»Er wird uns doch nur vor die Tür setzen, Doffy.«

»Na und? Wenn wir es jetzt nicht versuchen, werden wir es unser Leben lang bereuen. Das ist unsere letzte Chance, oder was?«

»Naja, mal sehen …«

Sie gehen schweigend weiter, durch den Briskebyveien. Bei der Ecke Eilert Sundts gate ruft Doffy:

»Ich tu es, egal, was du sagst.«

»Wann denn?«

»Sowie es Frühling wird.«

»Traust du dich denn wirklich?«

»Das kannst du mir glauben.«

Der Springbrunnen in der Senke liegt kalt und winterlich abgesperrt da. Sie überqueren die Gyldenløves gate und gehen weiter den schlecht gestreuten Hang vor den Mietshäusern der Lille Frogner allé hoch, wo sie in einem idyllischen, aber ein wenig zu schlecht isolierten Gartenhaus oberhalb der Treppen zur Straße ihr Zimmer haben.

Schon als junge Mädchen haben sie beide unabhängig voneinander für den Meister auf Ekely und seine wundervollen Bilder geschwärmt.

Es war damals auf der kleinen Ausstellung von Graphik und Gemälden bei Holst-Halvorsen, unmittelbar vor dem fünfundsiebzigsten Geburtstag des Malers. So fing es an zwischen der blonden Doffy und der dunklen Kari. Ein einziges Mal haben sie den Meister von Ekely dort gesehen, in eigener Person tauchte er auf, um dann sofort wieder zu verschwinden. Und den Eindruck eines schüchternen älteren Herrn mit Adlernase zu hinterlassen.

Aber das war genug. Sie hatten ihn gesehen. Den beiden Freundinnen war aufgegangen, dass er ein Mensch war, nicht nur ein gespenstisches Gerücht, dass er wirklich rein physisch vorhanden war, gleich in ihrer Nähe. Ein hochgewachsener Mann mit kräftigem Kinn, der in einem Moment an einen gebieterischen alten Häuptling erinnern konnte, um im nächsten Moment dann empfindsam und nervös zu wirken.

Sie hatten den Meister mit eigenen Augen gesehen und sie waren hingerissen von seinen farbenstrahlenden, grob gezeichneten und ungeheuer ausdrucksvollen Bildern.

Nach dieser Fast-Begegnung fingen sie an, Zeitungsartikel und Postkarten mit seinen Bildern zu sammeln. In der Bibliothek fanden sie eine Biographie über ihn, von einem Maler und Kritiker namens Pola Gauguin – sie lasen beide und diskutierten darüber, so sehr, dass sie glaubten, mehr darüber zu wissen, wer dieser alternde Großmeister war und warum er im Laufe der Jahre da draußen auf Ekely zu einer Art Einsiedler geworden war.

Zutiefst ungerecht war er von seinen Landsleuten behandelt worden, vom ersten Augenblick an!

Oft kehrten die beiden Freundinnen zurück in die Nationalgalerie oder zu anderen Orten in der Stadt, wo es Gemälde, Zeichnungen und Graphiken gab – ob nun von ihm oder anderen Künstlern, die sie besonders schätzten. Das mit den Bildern ist ein Interesse, das sie verbindet. Es ist nichts Neues in diesem Leben. Ein Grund, aus dem gerade sie zusammengezogen sind, war, dass sie beide so gern zeichnen. Seit sie zusammen in der Lille Frogner allé wohnen, zeichnen die Freundinnen immer weiter, wenn der Frühling kommt und sie das Bedürfnis verspüren, sich nicht nur in ihren dicken Lehrbüchern zu vergraben – sie machen Skizzen von Bäumen im Park, von Tierjungen und malerischen Häusergruppen.

Manchmal fertigen sie sogar kleine Tierskulpturen aus Ton an, die sie im Ofen eines Keramikers in Briskeby brennen können. Sie zeichnen sich gegenseitig mit Kohlestift oder Farbstiften in gemeinsamen Freistunden während ihrer harten und disziplinheischenden Studien an der Königlichen Frederiks Universität.

Eines Abends, kurz nach dem Konzert in der Aula fragt Doffy:

»Skizze?«

Die Freundin sieht sie nur an. Dorothy schlägt verlegen die Augen nieder. Ehe sie an diesem Abend ihre Zeichenarbeit beenden, murmelt Kari:

»Nein, ich glaube nicht, dass ich mich traue.«

»Was denn?«

»Skizze.«

»Warum nicht, Kari?«

»Heute jedenfalls nicht.«

Doffy zuckt mit den Schultern.

Sie üben sich nicht nur an ihren eigenen Gesichtern, wenn sie diese Zeichenabende abhalten. Auch die schwarze, goldäugige Katze der Vermieterin, eine Vase mit getrocknetem Heidekraut, eine Schüssel mit Winteräpfeln, ein Leuchter mit drei brennenden Kerzen und geschmolzenem Stearin – kleine alltägliche Dinge, die sich mit unterschiedlichen Lichtquellen und variierter Schattenlegung abbilden lassen.

Langweilig? Nein, für eine, die gerne Bilder erschafft, gibt es immer Herausforderungen. Am nächsten Abend ist es Kari, die fragt:

»War das dein Ernst?«

»Was denn?«

»Was du gestern gefragt hast. Oder wolltest du mich nur auf die Probe stellen?«

»Wie das denn?«

»Sehen, wie spießig ich bin.«

»Nein, jetzt hör aber auf.«

»Warum hast du dann gefragt?«

»Das war nur so eine Idee.«

»Sag es nur, Doffy, du findest mich spießig.«

»Nein, jetzt hör wirklich auf, Kari.«

An diesem Märzabend sind nur die beiden und die Katze zu Hause. In der Küche pfeift der Wasserkessel. Doffy geht hinüber, um ihre bescheidene Abendmahlzeit zuzubereiten. Als sie mit Tassen, Schiffszwieback mit Ziegenkäse und der dampfendheißen Kanne mit Lindenblütentee zurückkommt, schaut Kari zu ihr auf und murmelt:

»Ich habe mir überlegt, was du gesagt hast, und ich meine, wir sollten es darauf ankommen lassen.«

»Findest du?«

»Ja, warum nicht?«

»Du meinst, wir sollen …«

»Ja. An der Südküste baden meine Mutter und ich immer ohne Kleider.«

»Aber euer Haus liegt ja auch ganz abgelegen, oder?«

»Na und? So sind wir nun mal geschaffen, nicht wahr?«

Sie schweigen für einen Moment, dann murmelt Dorothy:

»Ja, aber …«

Kari zuckt mit den Schultern. Dann schweigen sie wieder eine Weile, trinken Tee und reden schließlich über andere Dinge. Endlich legt Kari den Kopf schräg und sagt mit der Andeutung eines Lächelns:

»Na, wenn du nicht willst, dann …«

Es kommt vor, dass es zwischen ihnen etwas Angespanntes gibt. Es ist schwer zu sagen, was das ist. Vielleicht liegt es daran, dass keine von ihnen so recht weiß, wozu es führen kann – dieses Ungesagte in der Atmosphäre zwischen ihnen, das sie diese Zeichenabende miteinander teilen lässt. Weiche Bleistifte, Kohlestifte, Skizzenblöcke; ab und zu Wasserfarben und Pinsel, ein anderes Mal Farbstifte.

Der Tee ist getrunken, sie holen alles hervor, um anzufangen. Doffy bringt das Tablett in die Küche. Als sie zurückkehrt, dreht sie den Schlüssel im Türschloss um und fragt:

»Bist du sicher, dass du das willst?«

»Ja, warum nicht?«

»Halbakt?«

Kari nickt nachdenklich. Gemeinsam schließen sie die Vorhänge, so dicht, dass nicht der kleinste Spalt bleibt, und werfen eine Münze, um zu sehen, wer anfangen soll.

»Kopf!«

»Dann entscheidest du.«

»Dann entscheide ich, dass …«

Sie wechseln ein verlegenes Lächeln.

»Ich entscheide, dass ich …«

Sie verstummt. »Ich entscheide, dass du …«

Beide lachen. Die Katze mustert sie mit ihrem dunkelgelben Blick aufmerksam. Doffy geht wieder zum Fenster und zieht die Vorhänge noch fester zu.

»Sollen wir auch die Wolldecke aufhängen?«

»Warum denn?«

»Mir kommt das ein bisschen wärmer vor.«

Sie helfen sich gegenseitig dabei. Wenn es draußen richtig friert, kommt ein eiskalter Windhauch vom Fenster her. Im Winter haben ihnen die Wolldecken gute Dienste geleistet – in der Nacht über ihren normalen Bettdecken und zum Schutz gegen den Luftzug.

An der Schranktür in ihrem Zimmer gibt es einen großen Spiegel. Davor stehen sie oft und machen sich bereit, um zusammen ins Theater, Kino, Konzert oder zum Tanzen zu gehen. Immer kommen sie sich ein wenig älter, ein winziges bisschen reifer vor als andere in ihrem Alter. Auch jetzt, mit dreiundzwanzig, fühlen sie sich erwachsener als die meisten aus ihrem Freundeskreis – die blonde und zielbewusste Doffy, die schon die letzte Studienphase erreicht hat, während die schwarzhaarige und eher nervöse Kari ihr Medizinstudium gerade erst aufgenommen hat, nachdem sie Hungerjahre in Paris und die gnadenlose Bombardierung von Rotterdam erlebt hat.

»Ich will dich im Spiegel zeichnen«, sagte Doffy jetzt.

»Warum denn das?«

»Mit dem Rücken, im Spiegel.«

»Mit dem Rücken zum Spiegel oder mit dem Rücken zu dir?«

»Mit dem Rücken zu mir. Du betrachtest dich im Spiegel, ja?«

»Ach so.«

Doffy tritt vor sie hin, fragend. Sie sehen einander an. Zögernd öffnet Kari die obersten Blusenknöpfe.

»Du willst nicht?«

»Ich bin nicht sicher.«

»Das macht nichts, Kari.«

»Kannst du mich so zeichnen, einfach mit offener Bluse?«

»Ja, das geht gut. Aber die Haare?«

»Was ist damit?«

»Wenn du willst, kannst du sie fallen lassen?«

Sie sehen einander einen Moment lang an, dann zieht Kari die Haarnadeln heraus, eine nach der anderen.

»So?«

»Ja? Und wenn du sie ein wenig verteilst: Sie sehen so schön aus, deine Haare, wenn du sie offen fallen lässt.«

»Findest du?«

»Findest du nicht?«

Die Freundin zuckt mit den Schultern. Und so entsteht er – der erste Viertelakt, den sie von Kari zeichnet – im Spiegel, mit Haaren, die offen über die Schultern fallen, den Rücken zur Betrachterin, mit halb geöffneter Bluse und einem Gesicht, das unter dem halblangen Pony sein eigenes Spiegelbild ansieht. Es dauert seine Zeit, bis dabei eine Zeichnung entsteht; viele Entwürfe werden aus dem Skizzenblock gerissen, es gibt neue Versuche mit Radiergummi und weichem Bleistift, ehe sie etwas erreicht hat, mit dem sie wenigstens ein bisschen zufrieden sein kann.

Vielleicht ist es nur ein dummer Traum, auf Ekely Modell stehen zu wollen, denkt Dorothy. Vielleicht werden sie es niemals wagen, bei dem alten Großmeister anzuklopfen. Wenn sie sich wirklich trauen, ist die Wahrscheinlichkeit groß, dass sie verjagt werden. Trotzdem kann sie sich den Entschluss, den sie beim Konzert in der Aula gefasst hat, als dieses seltsame Gefühl sie überkam, nicht aus dem Kopf schlagen – dieses Gefühl, aus ihrer jugendlichen Schüchternheit herausgerissen zu werden und für einen Moment eine höhere und weniger kleinkarierte Welt zu erblicken.

3

Der alte Freund Pola G. ist am Telefon und kündigt seinen Besuch an. Mit krächzender Stimme macht Herr M. ihm klar, dass sie wohl gezwungen sind, die Begegnung bis zum Sommer aufzuschieben.

Draußen am Rand des Grabens ist struppiger gelber Huflattich aufgetaucht. Winzige violette Krokusblüten ragen aus dem sonnenbeschienenen Beet neben der Veranda hervor. Doch immer noch liegt Schnee auf Ekely, dem prächtigen Besitz des verstorbenen Amtsgärtners Pettersen, oben auf der Anhöhe über der Vorstadt Skøyen in Vestre Aker.

Gegen Ende des Osterfests befällt Herrn M. erneut das Fieber. Es ist seine elendige Lunge, und der Halskatarrh ist auch zurückgekehrt. Er ist zu lange im Freien gewesen. In seinen Jagdstiefeln ist er von Bild zu Bild gelaufen, um zu prüfen, wie sie die Rosskur dieses Winters überstanden haben.

Mit den Malereien ist es wie mit den Menschen – sie müssen beweisen, ob sie zu etwas nütze sind oder nicht, sie müssen beweisen, dass sie etwas taugen. Vor fünfhundert Jahren, als der italienische Kapitän Querini Schiffbruch erlitt und sich mit ein paar Überlebenden aus seiner Mannschaft auf eine entlegene Insel weit oben bei den Lofoten rettete – und den ganzen Winter da draußen bei den Fischern auf Røst verbringen musste – konnte er bei seiner Rückkehr nach Italien in einem Bericht, den er über den Schiffbruch und die wundersame Rettung verfasste, erzählen, dass es bei Kindergeburten auf Røst üblich war, die Säuglinge für eine Zeitlang nackt in den Schnee zu legen, um zu sehen, ob sie genügend Kraft zum Überleben hätten.

Gemäß Kapitän Querini war dies eine Art, die Kinder abzuhärten. Neugeborene, die diese Prozedur nicht überstanden, hätten demnach ohnehin keine Chance gehabt, das körperlich anstrengende Leben eines Fischers auf den Lofoten zu ertragen.

Genauso, denkt Herr M., verhält es sich auch mit meinen Leinwänden. Sie müssen beweisen, dass sie stark genug sind, um Wind und Wetter zu trotzen. Wenn nicht, dann sind sie es auch gar nicht wert.

Deswegen lässt er sie eine Weile im Außenatelier stehen. Nicht alle, aber einige von ihnen. Es ist eine Prüfung, der er sie unterzieht. Nicht alle Neugeborenen auf Røst waren zum Überleben geschaffen. Dasselbe gilt für seine Entwürfe. Einige nimmt er mit herein, um vielleicht nach und nach ein wenig an ihnen zu arbeiten, wenn er denkt, dass sie genügend abgehärtet sind. Andere setzt er dem Aprilwetter aus, damit sie lernen, einen weiteren Witterungsumschwung auszuhalten. All dieses Hin- und Hergeräume der Bilder hat ihn über Ostern so ausgiebig beschäftigt, dass es seinem Altmännerkörper zu viel geworden ist.

Ein wunder und geschwollener Hals.

So ist er heute Morgen aufgewacht. Pfeifende Brust, schmerzende Bronchien, blecherner Husten, Schwindelgefühle. Fräulein Berg, sein dienstbarer Geist, klopft an die Tür.

»Herr Kunstmaler?«

»Ja.«

»Darf ich hereinkommen?«

»Bitte schön, Fräulein Berg.«

»Ich habe Ihnen etwas heißen Saft aus schwarzen Johannisbeeren mitgebracht.«

»Das ist lieb von Ihnen.«

»Ist Ihr Husten zurückgekommen?«

»Die halbe Nacht konnte ich nicht schlafen.«

»Sie bleiben ein paar Tage im Bett, Herr M.?«

»Ja, das ist wohl das Klügste.«

»Ich koche etwas Gemüsesuppe.«

»Sie wissen am besten, was zu tun ist, Fräulein Berg.«

Später, nach dem dampfend heißen Johannisbeersaft, zieht der Alte ein paar ungelesene Zeitungen aus dem Stapel unter dem Bett hervor, um sie durchzublättern. Anscheinend ist das Postschiff »Galtesund« – von dem man noch vor Ostern angenommen hatte, dass es irgendwo zwischen Flekkefjord und Stavanger untergegangen sei – in Wirklichkeit von ein paar jungen Leuten gekapert worden, die den Schiffsführer mit Waffengewalt zu einer Kursänderung in Richtung England zwangen.

Reinste Piraterie vor der frommen Küste Südwestnorwegens! Kaum zu glauben, dass das wirklich passiert ist. Andererseits ist es durchaus erheiternd, dass etwas Derartiges tatsächlich geschehen konnte und die Behörden nichts bemerkt haben, bevor sich die »Galtesund« auf der anderen Seite der Nordsee einfand. Eine merkwürdige Geschichte! Und offenbar ist niemand dabei umgekommen.

Im Laufe des Tages tritt der neue Verwalter an Herrn M.s Krankenlager. Mit seinen Sommerprossen und dem roten, in der Mitte gescheitelten Schopf steht er da, um Herrn M. davon zu unterrichten, dass die Kuh auf Ekely trächtig ist.

»Hatte wohl ein Abenteuer, bevor ich zu Ihnen kam, Herr Meister!«

»Ja, das ist mir völlig klar. Ich habe für den Zuchtochsen bezahlt. Die Affaire führt also zu einem handfesten Ergebnis?«

»Jaha.«

»Sind Sie sicher?«

»Bin auf 'nem Hof aufgewachsen.«

»Ach so. Dann wollen wir hoffen, dass Sie Recht haben!«

»Warten Sie's nur ab, Herr M.«

Dann ist also keine erneute Tour zum Zuchtochsen nötig; falls sich der neue Verwalter tatsächlich so gut mit Tieren auskennt, wie es den Anschein hat. Im Laufe des Sommers kommt demnach ein neues Kalb, rechnet der Maler sich aus. In drei bis vier Monaten wird es eine Zeitlang keine frische Milch und Sahne mehr geben; alles geht dann nur noch an das Neugeborene.

Vom vorherigen Verwalter musste sich Herr M. notgedrungen trennen.

Das war keine leichte Angelegenheit gewesen. Aber er war der Ansicht, dass er keinen Mann bei sich angestellt haben könne, der derart fragwürdige Sympathien hegte. Nach den ersten gemurmelten Auseinandersetzungen fürchtete der Maler sehr, dass sich der Mann nun aus Rache mit den Vertretern der neuen Ordnung alliieren würde, um Ekely von der Besatzungsmacht beschlagnahmen zu lassen – so wie es schon mit dem Gut »Hoff« geschehen war, das da mitten in seiner Aussicht liegt, nur zweihundert Meter südlich von Ekely.

Wieso? Weil es unmöglich zu wissen ist, was sich solch erbärmliche Menschen ausdenken können. Außerdem war irgendetwas Niederträchtiges an diesem Mann; dieses Gefühl hatte er schon lange. Die Situation war dann so nervenzehrend geworden, dass er keinen anderen Ausweg sah, als alles seinem Anwalt zu übergeben. Das zog zwar zusätzliche Kosten nach sich, aber eine andere Möglichkeit war nicht in Sichtweite.

Und die Einigung, wie sah sie aus?

Drei Monate zusätzliches Gehalt musste der Rechtsanwalt diesem Schurken schließlich anbieten, um ihn loszuwerden. Im Gegenzug wurde vereinbart, dass er augenblicklich aufhörte, Herrn M. und seine Haushälterin zu quälen, dass er mit sofortiger Wirkung seine Bleibe in der Gesindestube räumte sowie sich schriftlich verpflichtete, auf alle rechtlichen Schritte gegen seinen ehemaligen Arbeitgeber zu verzichten.

Diese aufreibende Angelegenheit kam noch zu all den anderen Dingen hinzu, mit denen er sich im neuen Jahr herumplagen musste – das Fieber, die Influenza, die Hustenanfälle, die Bronchitis, der Halskatarrh, die düstere Kriegsentwicklung sowie sein anhaltendes Unvermögen, als Maler zu arbeiten.

Ist es da so ungewöhnlich, dass er sich elend fühlt? Ist es so seltsam, dass dieser Winter ihn beinahe völlig zerbrechen ließ? Ist es verwunderlich, dass er sich in regelmäßigen Abständen entweder für die Irrenanstalt oder das Leichenhaus bereit fühlte?

Der Alte schlummert erneut auf seinem Lager ein. Als er wieder erwacht, lässt das Sonnenlicht die Äste draußen in einem regenbogenfarbenen Schimmer aufleuchten. Alles wogt und glänzt, so als befände er sich an der Himmelspforte und die Bekümmernisse des Erdenlebens wären vorüber.

Nur ein Tagtraum. Denn falls es wirklich irgendeine Form des Weiterlebens nach dem Tode gäbe, dann wäre es wohl eher wahrscheinlich, dass er dort unten in den Flammen enden würde, bei seinen alten Freunden aus der Boheme. Zumindest wäre ihm ein Aufenthalt im Fegefeuer beschieden. Eine direkte Himmelfahrt könnte es wohl nicht geben; nicht nach allem, was er erlebt hat.

Es klopft an der Tür. Er zuckt zusammen.

»Herr Kunstmaler?«

Natürlich ist nur sie es, die Haushälterin aus der Küche. Wie gut, dass er ihr endlich beibringen konnte anzuklopfen – immer anzuklopfen –, bevor sie hereinkommt.

»Ja.«

»Störe ich?«

»Ein wenig.«

»Dann gehe ich wieder.«

»Nein, schon gut.«

»Ich habe etwas warme Suppe für Sie.«

»Ja, vielen Dank, Fräulein Berg. Was ich noch sagen wollte – schön, dass Sie nach Ekely zurückgekommen sind.«

»Natürlich bin ich zurückgekommen.«

»Hatten Sie schöne Osterferien?«

»Ja, danke der Nachfrage. Während der Messe zu Hause verkündete der Pastor, dass er sein staatliches Amt abgegeben habe, aber der Gemeinde weiterhin dienen wolle.«

»Tja, er muss ein mutiger Mann sein.«

»In vielen anderen Kirchen soll dasselbe passiert sein.«

»Tatsächlich, Fräulein Berg?«

»Ja, um die Bischöfe zu unterstützen. Der Herr Meister war also nicht beim Ostergottesdienst?«

»Aber nein, wo denken Sie hin?«

»Sie sollten ein wenig die Bibel lesen, bei dem schrecklichen Winter, den Sie hatten.«

Der Maler zuckt mit den Schultern und antwortet schließlich, mit einem Grinsen:

»Da müsste es dann wohl das Buch Hiob sein.«

»Sicher, warum nicht? Ich suche Ihnen gleich die alte Familienbibel heraus, dann können Sie es nachlesen.«

»Das ist wirklich nicht nötig, Fräulein Berg.«

»Wenn Sie sich weigern, nehme ich die Suppe wieder mit.«

»Tja, dann habe ich wohl keine andere Wahl.«

»Das haben Sie richtig erkannt, Herr M.«

Manchmal erlaubt er sich, auf diese Weise mit ihr zu scherzen. Nicht immer gefällt es ihm, aber in diesem Fall lässt er zu, dass sie die alte Bibel seines Vater hervorholt und auf den Nachttisch legt.

Er isst ein wenig Gemüsesuppe. Dann räumt er das Tablett beiseite und kauert sich unter der Decke zusammen.

Als er wieder erwacht, ist der Tag weit fortgeschritten.

Was ist mit ihm? Das Tablett ist weggeräumt. Dann war sie also hier drinnen, ohne dass er etwas gehört hat. Auch das mag er nicht, dass sie so einfach kommt und geht, wie sie will. Er räuspert sich.

»Fräulein Berg?«

Kein Laut aus der Küche. Er hustet und ruft noch einmal, jetzt etwas lauter:

»Fräulein Berg?«

Noch immer keine Antwort. Nervös schaut der Bronchitiker unter das Bett, um sich zu vergewissern, dass sein Verteidigungswerkzeug noch immer da liegt, wo es liegen soll.

Unmöglich zu wissen, wer hier auftauchen kann, wenn auf Ekely sonst niemand in der Nähe ist. Die Hunde unten – normalerweise kann sich Herr M. darauf verlassen, dass sie einen Höllenlärm machen, wenn ein Fremder einzudringen versucht. Aber was, wenn irgendwer das Futter für die Hunde mit Betäubungsmitteln versetzt hat; oder mit Gift?

Nein … diesmal wohl nicht.

Er hört ein wenig Gekläff von draußen. Nichts Ernstes. Nur jemand, der am Tor vorbeiläuft und weitergeht. Aus den Geräuschen der Hunde kann er schließen, dass niemand stehen geblieben ist, um ihn zu plagen, weder das Nachbarpack noch sonst irgendwer. Aber wo kann das gute Fräulein Berg nur hingegangen sein?

Grübelnd sieht er auf die Uhr. Ist die normale Arbeitszeit der Haushälterin gar schon vorüber?

Könnten vielleicht doch die Herren vom Reichskommissariat wieder aufgetaucht sein, die beiden, die ihn davon unterrichtet hatten, dass sein Besitz in Nedre Ramme aus militärischen Gründen beschlagnahmt war – und damit gedroht hatten, vielleicht zurückzukommen, um auch Ekely an sich zu reißen, zur freien Nutzung durch die Männer der neuen Zeit?

Sogleich spürt er die unglückselige alte Mischung aus Furcht und Zorn in seiner Brust aufkeimen.

Den beiden Uniformierten konnte er den Gratulationsbrief zeigen, den er vom deutschen Herrn Minister Goebbels zu seinem siebzigsten Geburtstag bekommen hatte. Ein Glück, dass er den Brief nicht weggeworfen hatte, so wie es ihm spontan in den Sinn gekommen war, als er ihn erhielt. Irgendetwas hatte ihn daran gehindert.

Wurde er in Deutschland nicht als einer der destruktiven modernen Maler betrachtet? Was bewegte bloß diesen Minister Joseph Goebbels, ihm einen Gruß zu seinem Jubiläumstag zu senden?

Das ist wirklich nicht leicht zu sagen. Könnte Doktor Goebbels womöglich ein klügerer Mann als dieser größenwahnsinnige Zwerg Adolf Hitler sein?

Nein, eine sichere Antwort darauf ist beileibe nicht einfach. Doch anstatt diesen Gruß von Goebbels in den Ofen zu stopfen, hatte er ihn immerhin aufbewahrt, in einem Stapel obskurer Papiere auf dem Flügel. Dort hatte er ihn schließlich gefunden – nach einigen Minuten intensiver Suche – und mit ein paar höflichen, auf Deutsch geäußerten Phrasen den beiden Offizieren vom Reichskommissariat überreicht.

Mehr war nicht nötig gewesen. Die Herren warfen einen Blick auf das Papier, nickten, knallten die Stiefelabsätze zusammen, salutierten und zogen sich zurück. Bis jetzt hatte er nichts mehr von ihnen gehört. Doch Nedre Ramme war und blieb beschlagnahmt, wie ihm schriftlich mitgeteilt wurde.

Nein, er kann nicht glauben, dass die Offiziere vom Reichskommissariat Fräulein Berg belästigt haben. Wahrscheinlicher ist es wohl, dass sie mit dem Fahrrad davongefahren ist, um irgendwo anzustehen, angelockt von dem Gerücht, dass die eine oder andere Kostbarkeit irgendwo aufgetaucht ist.

Echter Kaffee vielleicht? Krabben? Hummer? In diesem Fall müsste das Gewicht wohl mit Gold aufgewogen werden, aber zur Abwechslung von der alltäglichen Kost würde ihm ein kleines gastronomisches Feuerwerk durchaus kein Unbehagen bereiten.

Fräulein Berg muss also unterwegs sein, um einzukaufen. Nichts Schlimmeres. Er muss dem Rat des Arztes folgen – er darf die Nervosität keine Macht über ihn gewinnen lassen und muss vermeiden, dass ihn Angstgefühle übermannen. Der Alte steht auf und läuft ein paar Mal durch das leere Haus. Kein anderer Trost ist ihm in diesem Winter geblieben, als von Zimmer zu Zimmer zu gehen und seine Bilder zu betrachten – oder Fräulein Berg zu bitten, einen der Hunde hereinzulassen und ein wenig mit ihm auf dem Teppich zu spielen; ihn vielleicht in sein Skizzenbuch zu zeichnen.

Mit Ölfarben kann er nicht mehr arbeiten. Holt er ein seltenes Mal die Pinsel hervor, kommt früher oder später ein neuer Hustenanfall; fast so, als sei er ein wenig allergisch geworden, sowohl gegen Farbtuben als auch gegen Terpentingeruch. Der Arzt ist gnadenlos.

»Bettruhe«, verordnet er.

Und das, obwohl Doktor Schreiner ausgiebig darüber informiert wurde, wie sehr Herr M. es verabscheut, einen Monat nach dem anderen als Patient zu vergeuden. Zumindest ein wenig Zeit muss er jeden Tag außerhalb des Betts verbringen. Es gibt so viel, was zu erledigen ist. Nur er allein weiß, welche Ordnung im Hause herrscht.

Geduld!

Nichts anderes ist nötig. Ruhe! Ausdauer! Das behauptet Schreiner. Er kann es leicht sagen.

Der Bronchitiker zieht Pantoffeln an und wirft sich den Schlafrock über, wickelt einen Schal um den Hals und tappst in den Pantoffeln ein wenig umher. Andere mögen die Villa vielleicht als unordentlich betrachten – oder vielleicht sogar als chaotisch. Sollen sie nur. Er selbst weiß sehr genau, wo was zu finden ist und welchen Pfaden er durch die elf Arbeitsräume oben und unten folgen muss, um alles zu vermeiden, worauf er nicht treten darf, seien es nun Mausefallen, halbfertige Leinwände oder graphische Blätter.

Schon als junger Kunststudent zog er sich im Karneval eine Mönchskutte über – und auf dieselbe Weise lebt er nun. Eine Jungfrau ist er nicht, bei weitem nicht, auch wenn er noch ein Novize war, als Frau Thaulow ihn auf ihre Mondscheinspaziergänge lockte, damals im Wald zwischen Borre und Åsgårdstrand. Sie lehrte ihn das Küssen, auf eine Art, bei der man nicht mehr weiß, wer eigentlich wer ist; und danach war das Leben verändert.

Seitdem hat er Lithographien und Graphiken von dieser Umarmung angefertigt – die Küssenden vor den halb zugezogenen Gardinen am Fenster, so, dass ihre Gesichter zu einem verschmelzen. Frau Thaulow und er sind es, in seinem Atelier in Hammersborg, in jenem Herbst. Zwei Mal pro Woche kam sie zu Besuch, versteckt hinter ihrem Schleier.

Kurz vor Weihnachten machte sie Schluss mit ihm.

Offenbar wurde er ihr zu intensiv und fordernd. Und doch brauchte sie immer ein wenig Ablenkung, um eine Ehe mit einem Mann auszuhalten, der sie seinerseits betrog, und legte sich daher einen jungen Offizier zu, mit dem sie spielen konnte. Stundenlang streifte der verschmähte Liebhaber M. im folgenden Halbjahr durch den Studenterlunden, in der Hoffnung, Frau Thaulow zu begegnen – bis er sie schließlich wiedersah, in ihren feinen Kleidern; ihr glattes, ausdrucksloses Gesicht neben dem Gatten in Gehrock und Zylinder. Eine ganze Bildserie, Zeichnungen und Malereien, hat er von dieser Situation gefertigt – die weißen Spukgeister inmitten der anderen Promenadengespenster auf der Karl Johan.

Auch die anderen Frauen, in die er sich in seiner Jugend unvorsichtigerweise verliebte, hatten eine andere Seite gezeigt. Schwierig waren sie gewesen. Unergründlich, voller Widerspruch und treulos.

So viel falsches Spiel!

So viel Verwirrung! So viel Wankelmut!

Ja, auch er selbst war wankelmütig. Ja, auch er selbst verhielt sich unbegreiflich. Ja, auch er selbst war verwirrt, und hat gezweifelt.

Aber dennoch …

Dennoch!

Haben diese Schicksalsfrauen etwa nicht versucht, ihn seiner Vitalität und Manneskraft zu berauben? Muss er etwa nicht mit seiner halbverkrüppelten linken Hand leben, dieser ewigen und beschämenden Erinnerung an die schlimmste von allen – damals, als sie auf höchst ausgeklügelte Weise erneut versuchte, ihn zu einer Boheme-Ehe zu verleiten?

Diese verwöhnte Bürgertochter aus Homansbyen! Diese durchtriebene kleine Füchsin!

Danke, oh Herr, dass du mir genügend Scharfblick gabst, um vor ihr zu türmen, noch vor dem Besuch beim norwegischen Konsul, damals in Nizza!

Er ballt die rechte Hand zur Faust und hämmert sie auf den Nachttisch, mit aller Kraft.

Nein, Einsamkeit ist wohl das Beste für einen Mann seines Schlags. Natürlich kann Ekely als recht geräumige Mönchszelle betrachtet werden, aber eine Mönchszelle ist der Ort dennoch geworden. Insbesondere um all seine Malereien unterzubringen, hat er hier für so viel Platz gesorgt – mit hohen Bretterzäunen zum Schutz vor seinen Feinden, die sich im Prinzip zu jeder Zeit zwecks eines neuen Angriffs auf ihn sammeln könnten.

Ist es eine Art von Irrsinn, dass er so denkt?

Nein, Irrsinn … Man muss ja wirklich nicht geisteskrank sein, um die Wirklichkeit so zu sehen, wie sie ist.

Damals in Åsgårdstrand, als er Rüben auf die Zaunpfähle unten am Fjord steckte, diesen Stangen die Namen seiner meist verhassten Feinde gab und mit seiner Kleinkaliberpistole auf die Köpfe feuerte – da war er vielleicht nicht ganz gesund. Aber das war ja ohnehin nicht ganz ernst gemeint. Er tat es nur, um sich von all dem Gift zu befreien, mit dem seine Lebenserfahrungen ihn angefüllt hatten. Ein richtiger Genuss war es, die durchbohrten Köpfe in den Kristianiafjord zu werfen.

Hiob …

M. holt seine Lesebrille hervor und setzt sich auf die aus Familienbesitz stammende Chaiselongue – »das Konversationssofa«, wie es damals genannt wurde. In den Jahren nach dem Tod seiner Mutter, saß sein Vater, falls er nicht gerade bei der Arbeit war, immer auf dieser Chaiselongue, um den Kindern in der Dämmerung etwas vorzulesen – Dickens, wenn er in seiner Armenarztstimmung war, Marryat, wenn den ehemaligen Schiffsarzt das Temperament überkam, und die Bibel, wenn ihm alttestamentarisch zumute war.

Das waren Abende, die er niemals vergessen wird; und tatsächlich hat er diese Angewohnheit hier auf Ekely wieder angenommen – sich niemals schlafen zu legen, ohne zuerst eine Weile gelesen zu haben, gern auf dieser Chaiselongue, auf der sie sich einst alle an ihren grauhaarigen Arztvater schmiegten, die drei Schwestern, der kleine Bruder und er.

Jaja. Die Seiten sind so dünn, und die Schrift so klein, aber es hilft, wenn er den Zwicker aufsetzt. Zunächst liest er schweigend, doch im dritten Kapitel – als das Resultat der Wette zwischen Satan und Jehova den getreuen Hiob trifft – lässt er sich hinreißen und liest mit erhobener Stimme Vers für Vers:

Und Hiob begann und sagte: Vergehen soll der Tag, an dem ich geboren wurde, und die Nacht, die sprach: Ein Junge wurde empfangen! Dieser Tag sei Finsternis! Gott in der Höhe soll nicht nach ihm fragen, und kein Licht soll über ihm glänzen! Dunkel und Finsternis sollen ihn für sich fordern, Regenwolken sollen sich über ihm lagern, Verfinsterungen des Tages ihn erschrecken! Diese Nacht – Dunkelheit ergreife sie! Sie freue sich nicht unter den Tagen des Jahres, in die Zahl der Monate komme sie nicht! Siehe, diese Nacht sei unfruchtbar, kein Jubel soll in sie hineinkommen! Es sollen sie die verwünschen, die den Tag verfluchen, die fähig sind, den Leviatan zu reizen!

Als er über die alte Familienbibel gebeugt dasitzt, überkommt ihn ein Niesanfall.

Herr M. wird verlegen. Winzige ekelhafte Speichel- und Schleimperlen haben sich wie ein gräulicher Regen auf die dünnen Buchseiten gelegt. Er versucht, sie mit einem Taschentuch abzuwischen – so vorsichtig wie möglich, da er fürchtet, die Bibelseiten könnten einen Riss bekommen.

Dann holt er sich ein Glas Wasser und trinkt.

Es ist lange her, dass er so viel gesprochen hat. Das laute Vorlesen hat ihn heiser und seinen Hals wund werden lassen. Fast fühlt es sich an, als hätte er die Stimme seines Vaters angenommen. Er kann sich noch lebhaft erinnern, wie sein Vater ihnen aus dem Buch Hiob vorlas; und tief in seinem Innern spürt er, dass es gut war, die Zeilen laut zu deklamieren – auch wenn kein Mensch gehört hat, was er zu sagen hat.

Ist es ihm in diesem Winter wirklich wie dem armen Hiob ergangen? Vielleicht nicht ganz so schlimm. Ganz im Gegenteil, als er auf seine Malereien schaut, an all den Wänden, kommt es ihm vor, als habe ihm Hiobs Wehklagen neuen Lebensmut gegeben. Was hier an den Wänden hängt, ist ein Teil von ihm selbst. Die Malereien handeln von dem, was ihm selbst im Leben widerfahren ist.

Das Buch der Bücher.

Viele Jahre hat er es nicht angerührt. Das war ein Fehler. Jugendliche Hybris war das, in seiner Bohemezeit.

»Ja, Mama!«

Das hatte er als Fünfjähriger zu seiner schwarzhaarigen Mutter gesagt, als sie ihre Kinder fragte, ob sie fest an Gott glaubten, damals, kurz bevor sie sie verließ, – und dasselbe Versprechen hatte er seinem grauhaarigen Vater am Weihnachtsfest gegeben, als er dreizehn Jahre alt war.

»Ja, ich glaube an Gott, Papa!«

Ein zweifaches Versprechen, an das er sich gleichwohl nicht hielt – nach der Begegnung mit Hans Jæger und seiner Wolfsmeute, als er noch Student an der Zeichenschule war.

Man kann seine Eltern nicht schlecht genug behandeln!

Pah, die Boheme!

Wenn er – der herausragende junge Doktor Faustus der norwegischen Kunst – in seiner Jugend jemals einen Mephisto hatte, dann muss es wohl Hans Jæger gewesen sein. Plötzlich sieht er die Augen der halbwüchsigen Ingeborg K. vor sich; ihren bohrenden Blick.

Wieso? Und weshalb ausgerechnet jetzt?

Sie war die Tochter des Modells, das er als Alma Mater der Auladekoration benutzt hatte, dieses dunkelhaarige kleine Muskelbündel Ingeborg K., mit Augen so schwarz wie ein Waldsee – wie verspielt sie war. Und gleich hatte sie begonnen, ihn in den Nächten aufzusuchen, weil sie sich vor der Dunkelheit fürchtete.

Wie klein sie war!

So warm! Und gleichzeitig so scheu!

Es war, als hätte er ein junges Tier bei sich gehabt. Ein ängstliches Wesen, das gleichzeitig über eine starke innere Hitze verfügte – eine halb erwachte Leidenschaft, zu der sie sich bei Tageslicht nicht ganz bekennen wollte, die jedoch in den ängstlichen Stunden der gemeinsamen Nächte erblühte.

In all diesen Jahren hatte er Nedre Ramme eigentlich nur ihretwegen behalten. Er konnte die gemeinsame Zeit nicht vergessen. Natürlich gab es einen erheblichen Altersunterschied, sie war erst siebzehn, als sie zum ersten Mal in Ramme auftauchte, und er schon über fünfzig.

Man stelle sich vor, dass sie die Ehe mit diesem alten, abgehalfterten Dromedar einging, das sich nun zur kommissarischen Leitung der Nationalgalerie hat missbrauchen lassen!

Allerdings hatte sie Verstand genug, um sich rechtzeitig vom Dromedar scheiden zu lassen.

Aber wie dem auch sei – die arme kleine Ingeborg! Da ist es einerlei, dass die Deutschen Nedre Ramme beschlagnahmt haben. Herr M. wickelt sich in seine Wolldecke ein und legt sich schlafen, zusammengekauert auf dem alten Konversationssofa seines Vaters.

4

Auf dem Weg zu einer Doppelvorlesung ruft Doffy aus einer Telefonzelle im unteren Teil von Frogner auf Ekely an. Sie hat die Nummer im Telefonbuch für Vestre Aker nachgeschlagen und auf einem Zettel notiert. Es dauert eine Weile, ehe sich jemand meldet und der Apparat ihre Münze verschlingt.

»Der Herr Kunstmaler fühlt sich nicht wohl«, erfährt sie von der mürrischen älteren Frau am anderen Ende der Leitung.

»Könnten Sie ihm wohl etwas ausrichten?«

»Worum handelt es sich?«

»Es handelt sich um die Frage, ob Herr M. ein Modell braucht.«

»Ein Modell?«

»Ja.«

»Das bezweifele ich nun wirklich. Und Sie heißen?«

Dorothy nennt ihren Namen. Die andere fragt, verwirrt:

»Wie bitte?«

Doffy nennt ihren Namen ein weiteres Mal, lässt aber den mittleren Teil ihres Namens weg und buchstabiert den Nachnamen. Am anderen Ende der Leitung herrscht erst einmal Stille.

»Ja, jetzt ist es notiert. Dem Herrn Kunstmaler geht es nicht gut, rufen Sie lieber in einigen Wochen noch einmal an. Mehr kann ich nicht für Sie tun.«

Das war doch wenigstens keine glatte Absage?

Nein, so kann das nicht verstanden werden. Und ihren Namen hat die Haushälterin immerhin notiert. Als ob das etwas bedeuten könnte. Aber ein ganz klein wenig bedeuten kann es wohl doch?

Doffy holt tief Luft, dann faltet sie den Zettel mit der Telefonnummer zusammen und versteckt ihn in einem Fach in ihrem Portemonnaie.

Ein kühler Nordwind weht. Der Asphalt ist trocken und schneefrei, auch wenn es an schattigen Stellen in der Stadt noch immer Schneeflecken gibt. In Ost- und Südeuropa war es der kälteste Winter seit hundert Jahren, hat sie gehört.

Im zerrissenen Europa sind nicht nur Österreich und Polen der deutschen Herrschaft unterworfen worden, sondern auch Dänemark, die Niederlande, Belgien, Luxemburg, Frankreich, die Tschechoslowakei, Ungarn, Rumänien, Jugoslawien und Griechenland – und dazu das Baltikum, die Ukraine und Weißrussland.

Wird dieser Albtraum denn jemals ein Ende haben?

Auf dem Atlantik gibt es weiterhin von den Vereinigten Staaten nach Liverpool und Murmansk das, was die Zeitungen die »Todesfahrt« nennen. Immer wieder werden Schiffe aus den schwer bewachten Konvois von deutschen U-Booten torpediert oder von Flugzeugen in Brand geschossen.

In Asien folgt eine Niederlage auf die andere. Singapur ist gefallen, Burma, Malakka, Niederländisch Ostindien, Borneo, die Philippinen, der Bismarck-Archipel und halb Neu-Guinea – ja, sogar Teile des mächtigen China mussten vor der japanischen Kriegsmaschinerie in die Knie sinken.

»The Winter of our Discontent!«

Das ist Shakespeare. Aber aus welchem Stück kann das sein?

Doffy und Kari haben sich eine riesige Weltkarte an die

Wand gehängt und markieren mit immer neuen Stecknadeln die Veränderungen auf den Kriegsschauplätzen in Osteuropa, Nordafrika und Asien.

Ihre Informationen nehmen sie aus der von den Deutschen kontrollierten norwegischen Presse – aber auch von den auf Matrizendruckern hergestellten illegalen Zeitungen, die Kåre aus dem Nachbarhaus ihnen zusteckt, mit der Bitte, sie an andere, denen man vertrauen kann, weiterzureichen.

Es ist zwischen ihnen schon zu einem Ritual geworden – etwas, das sich in regelmäßigen Abständen wiederholt. Es scheint zu einem Teil der schweigenden, aber konzentrierten Feindseligkeit geworden zu sein, die jetzt auch hier in Oslo den übermächtigen Besatzern entgegenschlägt; kein wichtiger Teil, vielleicht, aber doch ein winziges Rädchen in der Maschinerie, zu der der Widerstand sich jetzt offenbar langsam entwickelt.

Es geht langsam. Unendlich träge.

Aber es herrscht doch kein vollständiger Stillstand. Hier und dort benutzt jemand seine Phantasie, um den Menschen Mut zu geben. Einige ausdrucksstarke Gedichte sind zum Beispiel auf dünnem Papier in kleinem Format gedruckt worden – mit dem Titel »Zusatzkost für Heim und Schule«. Einer der Autoren ist Nordahl Grieg, den Doffy und Kari mit neunzehn erlebt haben, als Grieg bei seinem Vortrag vor der norwegischen Studentengemeinde über seine Erfahrungen als Reporter im Spanischen Bürgerkrieg einen fast hypnotisierenden Eindruck auf sie gemacht hat.

Im Heft gibt es auch einige anonyme Gedichte. Vor allem eins davon kann Doffy nicht vergessen. Morgens, wenn sie das Bedürfnis nach Aufmunterung verspürt, flüstert sie es manchmal lautlos vor sich hin:

Verbrannt sind unsre Höfe,
getötet unsre Leut.
Sie waren's. Lasst die Herzen
es hämmern allezeit …

»Aust-Vågøy«, heißt es, und die rhythmischen Zeilen sind so explosiv, dass es doch von Arnulf Øverland stammen muss – aber angeblich wurde das Gedicht geschrieben, nachdem Øverland nach Deutschland in ein Konzentrationslager gebracht worden war. Und dann muss doch ein neuer Dichter aufgetaucht sein, der mit der Zunge des geknebelten Skalden spricht?

Oder?

Nach der Vorlesung sitzt Doffy zu Hause und liest, vor dem kühlen Luftzug geschützt durch Wollunterwäsche, Pullover, Skistrümpfe und dicke Socken. In der Mittagspause nippt sie am Ersatzkaffee, während sie in den alten Zeitungen der Vermieterin blättert, in denen ausführlich über das neue Lebensmittelprodukt Fiskaroni berichtet wird – eine Art Makkaroni auf Fischmehlbasis, die jetzt in den Läden zu haben ist.

Jetzt am Ende des Winters kann die Versorgungslage angespannt wirken, aber unmöglich ist sie nicht, wird erklärt. Wenn es in den Regalen auch an vielen Dingen fehlt, so gibt es doch immer andere Möglichkeiten für die, die ihren Erfindungsgeist spielen lassen. Auch mit einer Fischwurst auf Basis von gemahlenem Heringshai werden große Erwartungen verknüpft.

Kaum eine Kartoffel ist aufzutreiben, weder in Oslo noch in Aker. Man braucht also Bekannte auf dem Lande oder ein Hackfruchtlager im Keller, das nicht dem Frost zum Opfer gefallen ist – oder noch besser, einen Kleingarten, mit dem man auch durch den nächsten Winter kommt.

Alles, was es an Gärten und Freiflächen gibt, ist in diesem Frühling als Kartoffel- und Rübenacker hergerichtet worden, denn nichts lässt annehmen, dass der Weltkrieg seinem Ende entgegengeht, oder dass die Hunderttausende von deutschen Soldaten, die hier am nordischen Ende der Festung Europa stationiert sind, in Bezug auf ihre Ernährung weniger gierig sein werden als bisher.

Ein Zeitungsartikel kann mitteilen, dass die Setzfurchen für Kartoffeln etwa zehn Zentimeter tief sein sollen, und man am besten einen guten halben Meter zwischen den Furchen und jeweils dreißig Zentimeter zwischen den einzelnen Saatkartoffeln freilässt – zudem kann es sich lohnen, einige davon zunächst bei Licht keimen zu lassen, ehe sie in die Erde kommen.

Auch in dem kleinen Garten der Lille Frogner allé 8 werden in diesem Frühling Vorjahrskartoffeln gesetzt, die bei Licht gekeimt haben, und Kohlrüben gepflanzt. Doffy und Kari helfen ihrer Vermieterin bei allen praktischen Arbeiten, und dafür wird ihnen ein Teil der Ernte versprochen, die möglicherweise im Herbst in diesem Gartenstück auftauchen wird.

Öffentliche Tanzveranstaltungen sind verboten in dieser »Schicksalszeit Europas«, steht in den Zeitungen – aber Ende April werden die beiden Freundinnen zu einem privaten Tanzvergnügen eingeladen.

Das Aufziehgrammophon in der Ecke sorgt für die Musik. Einige der schwarzen 78er-Schallplatten sind absolut legal, andere müssen fast als illegal gelten – die Art von Musik, die nie mehr im Radio gespielt wird. Zu diesen verbotenen gehören etliche aus den USA, weiße und schwarze Swingmusik, Louis Armstrong, Benny Goodman und Glenn Miller.

Dabei ist auch eine vierschrötige schwarze Sängerin mit einer so dunklen, rauen Stimme, dass man nicht meinen sollte, sie wäre besonders schön anzuhören. Aber so ist es eben doch – gerade weil es nicht schön ist, sondern etwas anderes, und Gefährlicheres:

Come on and hear
Come on and hear
Alexander's Ragtime Band
Come on and hear
Come on and hear
Alexander's Ragtime Band.

Der Text ergibt keinen tieferen Sinn, aber er wird mit einem Gefühl für Rhythmus und einer Begeisterung vorgetragten, die alle mitreißt, ob sie das nun wollen oder nicht.

Dädä dädä!

Dädä dädä!

Dädä dä dät dä dädät dä!

Dorothy tanzt so eifrig, dass ihr schon der Schweiß ausbricht.

Das ist ihr peinlich, und sie geht ins Badezimmer, um sich frischzumachen. Sie schaut in ihre ernsten dunkelblauen Augen unter dem hellen Pony und wischt sich ein wenig Schweiß von Hals, Nacken und Gesicht, ehe sie sich mit der Bürste durch die Haare fährt und neue Schminke aufträgt.

Dann, abends, haben sie und Kari männliche Begleitung durch die verdunkelte Stadt. Es gibt so wenig Licht, dass sie das Gefühl haben, sich durch einen Sack aus Nacht und Nebel zu bewegen. Die Behörden haben Angst vor Bombern von jenseits der Nordsee – deshalb drohen denen, die es mit der Verdunklung nicht ganz so genau nehmen, nicht nur Geldstrafen, sondern auch Gefängnis. Der Vollmond kommt ihnen an diesem Abend auch nicht zu Hilfe, es gibt nur eine hauchdünne Sichel, die zwischen den Wolken ein seltenes Mal zu sehen ist. Außerdem fahren nach acht Uhr abends keine Straßenbahnen mehr. Das ist nur eine der von den Behörden durchgeführten neuen Maßnahmen zum Stromsparen.

»Ich glaube, ich bin vielleicht ein bisschen verliebt«, sagt Kari am nächsten Abend in ihrer kleinen Wohnung, hinter verschlossener Tür und herabgelassenen Verdunklungsrollos, zu einem Glas Johannisbeersaft. Doffy lächelt.

»Ich wohl eher nicht«, sagt sie nachdenklich – während sie einen ehrlichen Versuch unternimmt, festzustellen, welche Gefühle sich da tief in ihrem Herzen wohl verbergen.

»Ja, ich weiß nicht, was es ist, aber etwas ist es jedenfalls.«

»Es eilt ja nicht, Kari.«

»Was eilt nicht?«

»Die Verliebtheit und das alles.«

»Du hast gut reden, wo du gestern so umschwärmt warst.«

»Tanzen ist das eine, sich verlieben ist etwas ganz anderes. Wie oft warst du schon verliebt, Kari?«

»Meinst du, in Jungs?«

»Ja, was denn sonst? Vielleicht bin ich in Wirklichkeit total kalt.«

»Nein, jetzt hör aber auf. Du und kalt, Doffy!«

»Manchmal kommt es mir so vor.«

»Wann denn?«

»Gestern zum Beispiel, als er versucht hat, mich zu umarmen.«

»Hat er das versucht?«

»Ja, das hast du ja wohl gemerkt.«

»Habt ihr euch geküsst?«

»Nicht richtig.«

»Zeig mir das mal. Jetzt bist du er und ich bin du.«

Sie sehen einander an. Das ist ein Spiel, zu dem sie sich manchmal verlocken lassen. Nicht sehr oft. Es ist ein Spiel, dessen sie sich schämen, auf das sie sich aber dennoch einlassen, wenn sie in der richtigen Stimmung sind. Er ist ja nichts Ernstes. Sie tun es nur, weil sie einander so gern haben – und weil es nicht so gefährlich wirkt wie dann, wenn sie es mit jungen Männern machen.

Doffys Augen werden dunkel.

Kari schluckt. Auch sie, Doffy, schluckt. Keine von beiden bewegt sich. Und während sie einen Moment lang so stehen bleiben, in der Position erstarrt – ehe die beste Freundin sich losreißt, schnell und entschieden –, überkommt Doffy das alte, vertraute Gefühl, dass es im Grunde Kari ist, die sie am liebsten hat.

Die jungen Männer, die sich ab und zu mit Annäherungen versuchen – wie zuletzt dieser Medizinstudent, der so gut tanzen und plaudern konnte, sich aber später in der Dunkelheit in einen zudringlichen Idioten verwandelte –, verdienen sie nicht auf dieselbe Weise, wie es ihrer Ansicht nach Kari tut.

Ist sie also vielleicht so eine? Nein, auch das nicht. Sie hat solche gesehen, die so sind, und sie will durchaus nicht so enden.

Aber Kari hat trotzdem etwas, das die jungen Männer nicht haben. Sie verstehen die kleinen Zeichen der anderen, Kari und Doffy. Sie sind keine Fremden füreinander. Sie ahnen und erraten. Deshalb sagt Doffy – nachdem sie noch einmal am Johannisbeersaft genippt haben:

»Jetzt bin ich an der Reihe.«

»Womit denn?«

»Damit, gezeichnet zu werden.«

»Du meinst als Viertelakt?«

»Viertel oder Halb, jetzt bin ich damit an der Reihe, für dich zu stehen.«

Die Luft zwischen ihnen wirkt jetzt elektrisch geladen.

Doffy fängt an, sich die Bluse aufzuknöpfen, ist ein wenig ungeschickt – im Spiegel ist die eine Brust zu sehen, sie zögert. Kari schaut auf, kommt zu ihr, hilft ihr vorsichtig, den Oberkörper zu entblößen.

Doffy ist jetzt verlegen. Sie schlägt die Arme übereinander. Sie fühlt sich preisgegeben, deshalb kommt sie sich auf diese Weise beschützter vor. Kari sieht sie an.

»Kann ich dich so zeichnen?«, fragt sie aufmerksam.

Dorothy nickt. Sie steht ganz gerade da, die Arme halb verschränkt. In einem Moment, als Kari auf ihre Zeichnung blickt, zieht Doffy ihre Hände ein wenig zurück, ihre Handflächen füllen sich mit den nackten, lebenden Brüsten, und sie spürt, wie sich die kleinen dunkelroten Brustwarzen gegen ihre Finger pressen.

Das ist ein gutes Gefühl. So kann sie lange stehen bleiben und sich zeichnen lassen. In ihr murmelt eine Stimme: »Kari sieht dich gern an, oder etwa nicht?«

Ein heißer Stoß fährt durch ihren Körper, wenn diese Stimme spricht. Sie kennt sie schon. Es ist eine heimliche Stimme, aber sie weiß auch, dass in dem Geflüster durchaus etwas Wahres liegen kann.

In der nächsten Woche ist alles vergessen.

Da radeln sie beide zu ihren frühen Doppelvorlesungen oder ihren Teilzeitstellen – Kari zur Vertretung im Kindergarten, Doffy zu ihrer Schreibmaschine in dem düsteren Büro in der Quadratur. Danach geht es sofort in den Lesesaal. Manchmal hat sie das Gefühl, ihr Kopf werde gekocht, von den vielen Paragraphen, Urteilsbegründungen und Präzedenzfällen, die sie sich merken muss.

Das Schlimmste ist das mitunter auftauchende Gefühl, dass

sie hinter den anderen jetzt ernsthaft zurückfällt. Und dabei war sie doch daran gewöhnt, immer ganz vorn zu sein, auf dem Gymnasium, bei den Aufnahmeprüfungen und zu Beginn des Studiums – aber im Laufe des letzten Jahres wird sie von immer Neuen aus ihrem Semester eingeholt und überholt. Falls sie das bisher noch nicht bemerkt haben sollte, so ist es in der kleinen Kolloquiumsgruppe, die sie mit drei Kommilitoninnen bildet, nicht mehr zu übersehen.

Ist sie nebenbei zu beschäftigt? Liegt es daran? Aber sie stammt aus keiner reichen Familie. Sie muss neben ihrem Studium arbeiten, um Essen, Miete und die kleinen Dinge zu bezahlen, die das Studentinnenleben lebenswert machen.

Ihr besonderer Feind, der sarkastische Professor K., hat sogar versucht, ihr eine Falle zu stellen, um sie durch das letzte Zwischenexamen rasseln zu lassen. Ach, inzwischen hasst sie diesen Mann ja so sehr!

Schon in ihrem ersten Studienjahr hat er sie manchmal angestarrt. Es kam auch vor, dass ihre Blicke sich begegneten. Das hat ihr geschmeichelt. Ja, das muss sie immerhin zugeben. Aber ernst konnte sie es doch nicht nehmen. Trotz allem ist er ein Familienvater, mehr als doppelt so alt wie sie, mit halbwüchsigen Kindern. Für Doffy war dieser kleine Flirt nur ein unschuldiges Vergnügen – sonst nichts. Und sie hat sehr lange geglaubt, dass er das auch so sah.

Aber als sie dann zum Studiengespräch in seinem Büro war, kam es zu einer Situation, in der sie ihn zurückweisen musste, rein physisch. Die Sache entwickelte sich fast zu einem Handgemenge – und dennoch dauerte es eine Weile, bis er begriff, dass sie es ernst meinte.

Als sie es nach dieser zutiefst beängstigenden Episode für nötig hielt, ihren Studienbetreuer zu wechseln, wirkte es so, als fühle Professor K. sich in seinem männlichen Stolz gekränkt und entwickele nun einen Hass auf sie. Jedenfalls ist deutlich, dass er jede Gelegenheit sucht, um sie zu demütigen – und deshalb kann sie für ihn nur eine Mischung aus Mitleid und Verachtung empfinden.

»Herr Professor Kaiserpinguin«, so nennt sie ihn jetzt insgeheim, nachdem sie Kari ihr Herz ausgeschüttet hat.

Unten im Universitätsgebäude auf Karl Johan gibt es nur so wenige Professoren, dass die Studierenden der unterschiedlichen Fakultäten sich gegenseitig mit Leichtigkeit ihre Lehrer zeigen und sie möglicherweise insgeheim nachäffen und über sie lästern können. Wer weiß noch, wer diesen Spitznamen, Kaiserpinguin, zuerst ersonnen hat, Doffy oder Kari?

Aber Macht und Autorität, davon hat der Mann mehr als genug. Und es gibt Beispiele dafür, dass er nicht zögert, Studierenden, die er aus irgendeinem Grund unverdaulich findet, das Leben sauer zu machen.

Doch auch ohne diesen Professor K. mit seinem Rachefeldzug, es lässt sich nicht leugnen, dass sie, Dorothy, nicht mehr zur Elite unter den ehrgeizigen jungen Frauen ihres Jahrgangs gehört. Sie schwebt in der Gefahr, eine mittelmäßige Juristin zu werden, vielleicht sogar eine Versagerin mit unbrauchbaren Noten. Das ist eine Möglichkeit, mit der sie bisher nur selten rechnen musste. Sie bringt es nicht über sich, mit Kari darüber zu reden. Und auch nicht mit anderen. Sie isst eine Brotkruste mit Ziegenkäse, macht sich bereit für die Nacht und geht sofort schlafen.

In der Morgendämmerung träumt sie, sie stehe in ihrem alten Seidenunterrock auf einem Podest, während der alte Maler hinter seiner Staffelei sie eindringlich mustert – und ihr zugleich verzwickte juristische Fragen über einen Versicherungsfall stellt, in den er verwickelt ist, und gereizt darauf wartet, dass sie die restlichen Kleider ablegt, damit er sich an die Arbeit machen kann.

Es ist ein widerlicher Traum. Er wird auch nicht weniger widerlich, als es Doffy unter der Dusche aufgeht, dass der Maler in ihrem Traum eine auffällige Ähnlichkeit nicht mit dem Meister auf Ekely hatte, sondern mit dem beleidigten Professor K.

»Warum bist du so traurig?«, fragt Kari, als sie zum Frühstück Haferbrei essen.

»Wie meinst du das?«

»Ich kann doch sehen, dass es dir nicht gut geht.«

»Das kannst du überhaupt nicht.«

»Doch, das kann ich, Doffy.«

Dorothy springt auf, erledigt den Abwasch und schließt sich auf der Toilette ein.

Erst, als sie von dort wieder zum Vorschein kommt und sieht, dass Kari durchaus noch nicht gegangen ist, rückt sie damit heraus, was geschehen ist – holterdipolter strömt es aus ihr heraus, in einer Lawine aus bedrohlichen Vorzeichen.

5

Einige Tage Sonnenwärme und Tauwetter, gefolgt von einer Periode mit heftigen Windböen, Regen und Hustenanfällen. Mit dem Stethoskop horcht Doktor Schreiner Herrn M.s glucksende Lunge ab. Er empfiehlt dem Patienten, im Haus zu bleiben, und verschreibt erneut Brom und Mittel gegen die Bronchitis. Danach setzen sich die beiden Herren zum Plaudern hin. Die Haushälterin schenkt Tee ein, der alte Maler ergreift das Wort.

»Ja, hier sitzen wir beide zusammen, der Anatom des Körpers und der Anatom der Seele. Ich weiß, Sie haben sicher Lust mich zu sezieren. Aber geben Sie acht, auch ich habe meine Messer!«

Die beiden lachen. Ach, welch Wohltat, einmal scherzen zu können. Wo ist das Lachen eigentlich abgeblieben, in dieser Grabkammer von Villa?

Da draußen in Europa gibt es jedenfalls nicht viel, worüber man sich freuen könnte. Der ganze stolze Kontinent seiner Jugend ist verhext von einem größenwahnsinnigen österreichischen Gefreiten, der nie darüber hinweggekommen ist, dass er zu untalentiert war, um an der Wiener Kunstakademie angenommen zu werden – und der dumm genug ist, sich einzubilden, dass die Juden schuld an allem seien, was schief geht in der Welt! Dass so etwas überhaupt möglich ist!

Konzentrationslager. Nackenschuss. Rassenverfolgung. Euthanasie. Geiselnahmen. Standrecht.

Denunziation. Folter. Pogrome. Brandstiftung. Massenmord. Als Versuchstiere missbrauchte Menschen.

So ist die neue Zeit in Europa geworden.

Erst als Herr M. nach seinem letzten Fieberanfall wieder auf die Beine kommt, hält es die Haushälterin für passend, die erfolgten Anrufe zu erwähnen.

»Die junge Studentin hat sich noch einmal gemeldet«, sagt sie schließlich.

»Wer?«

»Das Fräulein, das ich erwähnt habe.«

»Daran kann ich mich nicht erinnern.«

»Nein, Sie hatten ja Fieber. Fräulein Dorothy, steht hier. Ich weiß nicht, wie man ihren Nachnamen ausspricht. Aber ich habe hier alles aufgeschrieben, so wie Sie mich gebeten haben.«

»Fräulein Dorothy, sagen Sie? Ich glaube nicht, dass ich den Namen kenne.«

»Sie bat mich zu fragen, ob Sie vielleicht ein Modell brauchten.«

»Ein Modell?«

»Ja, das hat sie gesagt.«

»Hat sie mir früher schon einmal Modell gestanden?«

»Nein, ich glaube nicht.«

Der Alte zögert einen Moment und murmelt schließlich: »Ja, wie schon gesagt. Ich habe aufgehört zu malen.«

»Soll ich ihr dann absagen, Herr M.?«

»Natürlich sollen Sie absagen. Mein Lunge ist dahin, ich kann nicht mehr arbeiten. Sie sehen ja, wie es mir ergeht – sobald ich mich einem Pinsel nähere, fange ich an zu husten. Ich bin zum Krüppel geworden. Meine Lunge schafft es nicht mehr.«

Die Haushälterin schweigt eine Weile. Dann blickt sie ihn an und fragt vorsichtig:

»Vielleicht irgendwann im Mai?«

»Was soll sein im Mai?«

»Ich könnte ihr sagen, dass es Ihnen vielleicht besser geht, wenn es wärmer geworden ist?«

»Machen Sie, was Sie wollen, Fräulein Berg.«

Die Haushälterin knickst und verschwindet aus dem Zimmer, um Briefe und Rechnungen zu holen. Rasch sieht er sie durch, um sie danach in die Schublade für unbeantwortete Anfragen zu legen. Das alles sind Dinge, die ruhig warten können.

Herr M. schlendert ein wenig durchs Haus. Unbestreitbar können sich seine Kreditoren glücklich schätzen, dass er ein wohlhabender Mann geworden ist. In seiner Jugend gab es ein paar Jahre, in denen er die Rechnungen auf einen Stapel legte und das Los entscheiden ließ. Zwei davon bezahlte er, wenn überhaupt Geld im Haus war – die übrigen warf er in den Ofen und hatte Freude daran, sie dort drinnen brennen zu sehen; er genoss zu beobachten, wie die Umschläge erst orange, dann blau, grau, und schließlich schwarz wurden, mit kleinen gelben Flammen dazwischen.

»Sie sind der Herr Ohne Geld, ja?«

»Entschuldigen Sie?«

»Der Herr Ohne Geld, nicht wahr?«

»Überhaupt nicht!«

»Ach, und wie ist Ihr Name?«

»Mein Name ist M.«

»Aha, der Herr M. Ohne Geld.«

Wenn er sich verwirrt fühlt, passiert es manchmal, dass solche Stimmen in seinem Kopf auftauchen. Wo mögen sie herkommen? Was wollen sie von ihm? Und weshalb reden sie Deutsch mit ihm?

Im Kapitel »Der Großinquisitor« in *Die Brüder Karamasow* gibt es eine Episode, die früh in seiner Jugend großen Eindruck auf ihn machte – die Szene, in der Iwan in seinem Zimmer von einem bankrotten Adeligen aufgesucht wird, der sich nach einer Weile als der Teufel persönlich entpuppt. Auch das Volksmärchen »Der Schiffer und Herr Urian« brannte sich ihn ihm fest, möglicherweise aus demselben Grund.

Und so? Was hat das mit den Stimmen zu tun, die ihn während seiner Krankheit im Winter zu plagen begannen?

Sei es, wie es ist!

Seine zunehmend meisterhafte Malerkunst und die Anerkennung, die seine Bilder in den Metropolen Europas gewannen, verschafften dem jungen M. Respekt, Geld und Würde. Bevor diese Bilder im Wert zu steigen begannen, glich er einer Espe. Ein Windhauch genügte, ihn erzittern zu lassen. Wieder und wieder musste er seine Bilder und viele andere Dinge verpfänden. Als dann ein paar seiner besten Werke aus der Jugendzeit durch einen Brand zerstört wurden, verspürte er am ehesten Erleichterung – da die Bilder versichert waren, konnte er mit dem Geld seinen Schwestern und seiner Tante helfen, die offenen Rechnungen beim Kolonialwarenhändler und die ausstehende Miete zu bezahlen.

Genug davon!

Herr M. entwirft ein paar Antworten auf Briefe, die vielleicht doch umgehender Reaktion bedürfen, gibt jedoch den Gedanken auf, sie ins Reine zu schreiben. Der nicht mehr ganz junge Kunsthändler, mit dem Herr M. in den letzten Jahren geschäftliche Beziehungen pflegte, bittet darum, ein paar Holzschnitte, Farblithographien und Radierungen kaufen zu dürfen, bevor er Ende Mai in die ausgedehnten Sommerferien nach Skåtøy bei Kragerø fährt; außerdem noch zwei Gemälde aus Åsgårdstrand, falls es sich irgendwie machen ließe.

Auf Letztere wird der Kunsthändler lange warten können. Das kann Herr M. jetzt schon sagen. Was die Graphiken angeht, so lässt sich sicher eine Regelung finden – zumindest für ein paar der Arbeiten, die der Mann glaubt, verkaufen zu können. Doch Achtsamkeit ist geboten. Das Dümmste, was Herr M. machen kann, wäre, zu viel oder zu oft zu verkaufen. Eine Krise auf dem Kunstmarkt da draußen wäre das Letzte, was er jetzt braucht. Außerdem wäre es auch ungerecht denjenigen gegenüber, die bereits Graphiken von ihm gekauft haben.

Geld benötigt er nur, um den Lohn seiner Angestellten und das Wenige für den täglichen Bedarf bezahlen zu können. In seinem Leben gibt es keinen Kredit, der abbezahlt werden müsste.

Auch keine persönlichen Schulden. Bedeutende private Ausgaben hat er im Grunde nie gehabt.

Herr M. hält sich für einen bescheidenen Mann – der im Gegensatz zu einigen anderen Berühmtheiten kaum das Leben eines Paradiesvogels geführt hat. Nicht einmal in jener Zeit, als er sich, um den bösartigen Verfolgern zu Hause zu entkommen, an ein unstetes Leben unter seinen Mitstreitern auf dem Kontinent gewöhnte, entwickelte er sich zu einem Verschwender.

Dass er bereits als Dreißigjähriger zu einer Berühmtheit wurde, lässt sich nicht bestreiten; nicht einmal er selbst kann dies, hier in seiner selbstgewählten Isolation auf dem Gut Ekely.

Es steht mir nicht an,
mich kleiner zu machen als ich bin.

Die Worte Edith Södergrans – die ihre geniale Dichtung vielleicht der Tuberkulose zu verdanken hatte und nur zehn Jahre älter als seine Schwester Sofie wurde.

Hm. Unwillkürlich zieht er ein Gesicht.

»Genial«? Ist das nicht vielleicht ein wenig übertrieben?

Wer sich einmal hinreißen lässt, große Worte ohne Umsicht auszusprechen, wird teuer dafür bezahlen müssen – so wie derjenige, der seinen Teller nicht leer isst, Gefahr läuft, eines Tages Hunger zu leiden.

Nur keine Verschwendung! Bettler gibt es genug, und einige sollen ruhig mit einer Gabe erfreut werden, aber auch hier gilt es, Vorsicht walten zu lassen. Seiner Schwester, zum Beispiel, versucht der alte Maler zu helfen, während die Witwe seines Bruders aus der Bonzenfamilie im Norden in sicherem Abstand gehalten werden muss – er hat das Gefühl, dass sie sofort bereit stünde, ihm das Mark aus den Knochen zu saugen, falls er so dumm wäre, einen kleinen Finger in ihre Richtung auszustrecken.

Tatsächlich gilt es, eine ganze Menagerie im Zaum zu halten, all diese Menschen, die ihn quälen, plagen und ausnutzen wollen. Was die Behörden angeht, so hat sich der Landwirtschaftsausschuss zum neuen Monster entwickelt. Das Finanzamt ist schon schlimm genug, aber der Landwirtschaftsausschuss ist fast noch schlimmer – mit dieser Unmenge an Bepflanzungsvorschriften und Antragsformularen, die ausgefüllt werden müssen. Hätte er nicht schon vor einigen Jahren einen Anwalt beauftragt, sich mit all diesen kommunalen Hinterwäldlern auseinanderzusetzen, die keine Ahnung haben, was die Kunst erfordert, dann wäre er schon längst im Leichenhaus gelandet.

»So sieht es aus!«

Hat er das alles nur gedacht, oder hat er sich so sehr aufgeregt, dass er anfängt, laut zu sprechen? Ob wohl die Haushälterin in der Küche etwas mitbekommen hat? Früher – als sein Radiogerät noch nicht beschlagnahmt war – konnte er immer behaupten, nur einem Vortrag gelauscht zu haben, wenn sie so aufdringlich wurde und fragte, ob er neuerdings Selbstgespräche führe. Aber jetzt? Er verzieht das Gesicht.

»Sie haben nicht vergessen, Herr Meister?«

»Was meinen Sie?«

»Ihre Seele, Herr Meister …«

»Bitte?«

»Ein Jahr? Zwei Jahre? Danach …«

»Maul halten!«

Wird er jetzt wirklich närrisch? Ist es vielleicht das Alter, das ihm zusetzt? Oder quält ihn nur die Einsamkeit?

»Pah!«

Also – die Briefe. Dieser Holst-Halvorsen mit seinem geräumigen Ferienhaus auf Skåtøy bezahlt bar auf die Hand, immer runde Summen; nur selten versucht er zu feilschen. Außerdem hatte er sich in den Jahren vor dem Krieg dafür eingesetzt, ein paar der Malereien zurückzukaufen, die deutsche Museen verstecken mussten, weil sie dem Staatsapparat missfielen.

Daher verweigert er sich nur selten einem Geschäft mit Holst-Halvorsen. Außerdem erwägt er, ein paar Graphiken an einen jüngeren Kunsthändler mit weniger vornehmem Namen zu verkaufen. Auch er braucht schließlich ein paar Einkünfte. Die anderen, die sich mit irgendwelchen Wünschen an ihn wenden, versucht Herr M. bestmöglich auf Abstand zu halten. Zusammen mit den kläffenden Hunden hat er nach und nach eine besondere Fähigkeit entwickelt, Fremde von Ekely fernzuhalten, und entgegenkommender ist er im Laufe der letzten Jahren auch nicht geworden.

Ein Salonlöwe ist er nie gewesen. Verspürt er einmal den Wunsch nach menschlicher Nähe, umgibt er sich lieber mit Frauen als Männern. Vielleicht hat er selbst eine Frau und einen Mann in sich – es würde ihn nicht wundern, wenn das Ergebnis der seelischen Sezierung so ausfallen würde, falls er sich jemals einer solchen unterzöge.

Allerdings wird er so etwas nicht tun. Die Zeit in Doktor Jacobsons Nervenklinik in Kopenhagen kam einer derartigen Erniedrigung wohl am nahesten. Aber sogar zu Jacobson versuchte er ein Minimum an geziemendem Abstand einzuhalten. Eigentlich konnte er sich am ehesten zwei der dort arbeitenden Krankenschwestern öffnen – insbesondere für die jüngere und am wenigsten abgebrühte hatte er Sympathie. Mit ihr konnte er damals über so vieles reden.

Beinahe alles!

Bei einigen delikaten Themen schien es jedenfalls leichter, mit ihr zu sprechen als mit dem Arzt. Sie konnte besser zuhören und hatte sich in ihrem Wesen eine Art von Treuherzigkeit bewahrt, die dazu führte, dass er ihr mehr vertraute als den anderen Angestellten der Klinik – einschließlich dem Leiter selbst, dem dickbäuchigen Oberarzt Daniel Jacobson.

Nein, man muss darauf achten, wem man sich öffnet – genauso wie man vorsichtig auswählen muss, wen man in sein Haus bittet. Oder etwa nicht?

Alle möglichen Leute treibt es hierher nach Ekely. Da gilt es, abweisend und wortkarg zu sein; barsch geradezu. Er hat sich ein medizinisches Attest ausstellen lassen, sowohl auf Deutsch als auf Norwegisch, das seine Haushälterin besonders aufdringlichen Besuchern vorzuzeigen hat – falls diese darauf pochen sollten, wie weit sie gereist seien, um ihn zu sprechen, oder betonen, welche Wichtigkeit ihr Anliegen nun im Besonderen habe.

Für wen halten sie ihn eigentlich? Einen gewöhnlichen Kaufmann? Einen mittelmäßigen Idioten von Krämerseele? Einen Mann, dessen Nerven zu zerrütten sich ein jeder erlauben kann – womöglich mit der Konsequenz einer lange andauernden Unfähigkeit zur Arbeit? Nein, besten Dank!

Über den Schreibtisch gebeugt, muss er ein wenig eingenickt sein. Jedenfalls erwacht er von der Stimme der Haushälterin.

»Es gibt Abendessen, Herr Kunstmaler!«

»Danke, Fräulein Berg.«

Heute serviert sie ihm zunächst Spargelsuppe mit Nudeln, dann Salzhering mit rohen Zwiebelringen, Roter Beete, geviertelten Eiern, Fladenbrot und Sauerrahm. Es ist zwar kein Hummer, schmeckt aber ausgezeichnet.

Zum Dessert gibt es Rhabarberkompott mit Sahne. Obwohl Krieg herrscht und die Versorgung schwierig ist, erlaubt sich Fräulein Berg keine Nachlässigkeit bei der Essenszubereitung. Im Herbst pökelt sie, macht Fruchtsäfte und kocht ein. Seitdem Liv Berg ins Haus gekommen ist, hat Herr M. nur selten eine ordentliche Mahlzeit entbehren müssen.

Zwei Jahre versuchte er, sich selbst zu versorgen. Das machte keinen Spaß; ebenso erfolglos war das Leben als Vegetarier. Mager wurde er in diesen Jahren; allzu wenig bekömmlich war es, seine ganze Ernährung auf das Gemüse im Garten auszurichten. Erst Fräulein Berg überredete ihn, die Diät mit ein wenig Fleisch anzureichern – nicht zu viel, natürlich, und nicht jeden Tag, aber immerhin ein paar Mal in der Woche. Sich darauf einzulassen, hat er nicht bereut.

»Oh, nein!«

Es wäre wirklich kein Wunder, wenn er vergäße, einen Strauß Gartenblumen zu pflücken und ihn Liv Berg zu ihrem Geburtstag am 12. Mai zu überreichen, zum Dank für all die Fürsorglichkeit, die sie ihm im Laufe dieses angsterfüllten, von der Bronchitis geplagten Winters erwiesen hat.

Herr M. notiert sein Vorhaben in das Skizzenbuch.

Sein Gedächtnis ist nicht mehr so gut. Die einzige Methode, um das Allernotwendigste im Auge zu behalten, besteht darin, alles aufzuschreiben – entweder in seine Notizbücher oder auf Zettel, die er zusammen mit Briefen, Fotografien und dringend zu bezahlenden Rechnungen an der Wand über dem Telefontischchen befestigt. Was weniger dringlich ist, legt er in eine Schublade, die er nicht gerade häufig öffnet.

All dies geht Herrn M. durch den Kopf, während er das Rhabarberkompott mit Sahne in kleinen Portionen genießt. Einen Moment lang grübelt er darüber nach, wie viele seiner Landsleute angesichts der Versorgungssituation in Europa wohl das Privileg haben, echte Sahne zum Dessert zu essen. Trotz allem hat es Vorteile, über ein eigenes Gut zu verfügen, mit Obstbäumen, Beerensträuchern, Kartoffelfurchen, Kohläckern, einem Treibhaus und einem großzügigen Gemüsegarten. An Tieren hat er eine Kuh, ein Schwein und Hunde sowie eine Schar munterer weißer Italiener-Hühner, die das ganze Jahr ausgezeichnete Eier legen. Lange Zeit hatte er auch zwei Pferde, ein schwarzes und ein weißes. Billig ist es nicht, das alles zusammenzuhalten; so viel muss dabei beachtet werden.

Aber immerhin gehört es ihm.

Auch die kleine gelbe Fischerhütte in Åsgårdstrand gehört ihm. Das an der Küste gelegene Grundstück bei Hvitsten ist juristisch betrachtet noch immer sein Eigentum, auch wenn die deutschen Besatzer so unverschämt waren, es bis auf weiteres zu beschlagnahmen.

Finanzbeamte sind in der meisten Zeit seines erwachsenen Lebens seine schlimmsten Folterer gewesen, bis er das Ganze schließlich in die Hände seines Anwalts legte.

Keine schlechte Wahl, dieser Jurist. Ein geduldiger Kerl, der in der Lage ist, all seine Sorgen anzuhören, ohne ihm gleich zu widersprechen – und gleichzeitig ein Mann, mit dem man sich erstaunlicherweise sogar unterhalten kann; natürlich nicht über alles, doch immerhin über die Dinge, die in den Grenzen seines Horizonts liegen.

Herr M. verlässt den Tisch und tritt ans Fenster. Fräulein Berg kommt mit einem Tablett herein.

»Ein Schälchen Nüsse nach dem Essen, Herr Kunstmaler?«

»Ja, warum nicht?«

»Und eine Tasse Ersatzkaffee?«

»Vielen Dank.«

Kaffeebohnen sind schon lange nicht mehr zu bekommen und lassen sich auf Ekely auch nicht anbauen – offenbar benötigen sie ein wärmeres Klima als dieses –, doch obwohl es sich um ein Ersatzprodukt der Marke Trio oder Norkaf handelt, gelingt es Fräulein Berg, dieses Gebräu so zu bereiten, dass es nicht allzu übel schmeckt; zumindest nicht mit einem Spritzer Sahne darin.

Während er mit dem heißen Kaffee dasitzt, nimmt er wieder die Zeitung zur Hand. Auf Seite zwei findet sich eine groß aufgemachte Wiedergabe der Rede, die Direktor Søren Onsager anlässlich der Eröffnung der Ausstellung »Kunst und Unkunst« in der Nationalgalerie hielt:

Meine Herren Minister, verehrte Gäste aus Deutschland, meine Damen und Herren. Vor dem Hintergrund großer norwegischer Kunst habe ich eine Reihe ›entarteter‹ Bilder aufgestellt …

Herr M. faucht gereizt, reißt die ganze Seite heraus, um sie in seinem Archiv der Schande aufzubewahren, und stopft den Rest der Zeitung zusammen mit einem neuen Holzscheit in den Ofen. Arme Ingeborg – die mit so einem Tölpel verheiratet war! Während M. Nüsse knackt, die er einer silbernen

Schale entnimmt, kommt ein neuer Hustenanfall. In seiner Gereiztheit beißt er die Zähne so fest zusammen, dass eine Füllung zerbricht und herausfällt.

»Das ist doch nicht zu fassen!«

Er nimmt die Füllung in die Hand.

Sie zerfällt zu kleinen Stückchen. Auch in der Mundhöhle sind kleine Stückchen, die er auf die Handfläche spuckt. Völlig gebannt starrt M. auf diese zerbröselten Überreste. Das meiste seines linken Eckzahns ist verschwunden. Er fährt mit der Zunge über die gähnende Leere mit den spitzen Kanten, die dort oben links entstanden ist. Die gelben und amalgamschwarzen Reste legt er in eine Streichholzschachtel. Wer weiß, ob Herr Ek alles wieder zusammenflicken kann, oder ob eine größere Reparatur vonnöten ist? Sein Inneres krümmt sich zusammen.

»Ein Zahn fällt aus dem Munde, ein Mann aus den Reihen heraus!«

Pah!

Das stammt von dem Alten auf Nørholm. Ja, schreiben konnte er allerdings wie kein Zweiter in seiner Generation, aber jetzt kann der halbtaube Greis mit seiner eifrigen NS-Gattin auf seinem Gut an der Hauptstraße nach Südnorwegen hocken und vor sich hinbrüten, bis er schwarz wird. Seinen Sohn hierher nach Ekely zu schicken, in dem Versuch, ihn, Herrn M., auf seinen Weg des Irrsinns zu locken – nicht einmal so viel Schamgefühl besaß er, um dies zu lassen! Und dann noch seine Nobelpreismedaille als Geschenk an Herrn Goebbels zu senden!

Was war das nur für ein Einfall?

»Wahnsinn!«

»Was haben Sie gesagt, Herr Meister?«

»Nichts … gar nichts …«

Wieder einmal ist Herr M. erschrocken über diese Stimmen, die in seinem Kopf auftauchen und Deutsch mit ihm reden.

Wo können sie bloß herkommen? Sind es lose Bruchstücke aus der Zeit, als er in Deutschland lebte und zu einem weltbekannten Mann wurde?

Oder sind es die ersten Symptome, die darauf hinweisen, dass er sein Leben so wie seine Schwester Laura beenden wird? Diese Stimmen zu hören – kann dies nicht ein erstes Symptom einer ernstzunehmenden Geisteskrankheit sein?

Er erschaudert. Gereizt beißt er die Zähne wieder fest zusammen.

»Au!«

Seine Zunge ist in den Weg gekommen. Sie blutet. Er spuckt ins Taschentuch und starrt auf das Blut. Ein Zittern geht durch seinen Körper. Vorsichtig saugt er an dem Loch, das durch den fehlenden Eckzahn entstanden ist. Der reinste Bombenkrater ist daraus geworden. In seiner Brust gluckst es wieder.

Leise und innig flucht er, auf Norwegisch und in der fremden Sprache. In einem Versuch, die Nerven zu beruhigen, setzt er sich dann mit der Bibel hin.

Meist hält sich Herr M. an moderne Dichter. Doch die Geschichte von diesem Hiob hat sich in ihm festgesetzt; etwas an dieser ungeheuer alttestamentarischen Klage hilft ihm über die schlimmsten Tage dieses Kriegsfrühlings hinweg. Und wieder kommt es dazu, dass er im Halbdunkel des Arbeitszimmers laut deklamiert, im Licht der Stehlampe auf der Chaiselongue seines Vaters sitzend:

Und Hiob antwortete und sagte: Wie lange wollt ihr meine Seele plagen und mich mit Worten zerschlagen? Schon zehnmal habt ihr mich beschimpft. Ihr schämt euch nicht, ihr setzt mir hart zu.

Und habe ich auch wirklich geirrt, so bleibt doch mein Irrtum bei mir. Wenn ihr wirklich gegen mich großtun und mir meine Schande vorhalten wollt, so erkennt denn, dass Gott mich irregeführt und sein Fangseil um mich gezogen hat.

Abermals erleidet Herr M. einen Hustenanfall und legt die Bibel seines Vaters mit einer gereizten Bewegung beiseite. Obwohl draußen noch ein Schimmer des Tageslichts erkennbar ist, beginnt Herr M. sich auszuziehen; Schicht für Schicht legt er seine Kleider fein säuberlich auf einen Stuhl und geht ins Bett. Draußen in der Dämmerung sind ein paar lärmende Nachbarjungen, die im Jarlsborgveien Fußball spielen.

»Ruhe!«

Er steht am offenen Fenster und brüllt hinaus. Niemand schert sich um ihn.

»Verfluchte Drecksbengel!«

Das Gesindel spielt weiter. Beschämt geht der alte Maler zurück ins Bett und zieht sich die Decke über den Kopf, um die schreienden Jungenstimmen nicht hören zu müssen.

Ganz früh am nächsten Morgen macht sich der Eckzahn bemerkbar. Vorläufig ist es nur ein leichter, pochender Schmerz, aber daraus kann ja schnell mehr werden. Er nimmt die Aspirinschachtel aus dem Medizinschränkchen im Bad, spült zwei Tabletten hinunter und nimmt noch einen Schluck kalten Wassers, um den murrenden Zahnhals zu kühlen.

Es hilft ein wenig – zumindest für eine Weile. Sobald die Zahnarztpraxis von Doktor Ek geöffnet ist, ruft er dort an. Herr M. verleiht seiner großen Besorgnis Ausdruck und kann, dank einer Absage, noch einen Termin um die Mittagszeit desselben Tages ergattern. Gleich darauf führt er ein Telefonat mit seinem festen Taxichauffeur und vereinbart den Transport.

Herr M. geht die Treppe hinauf, um zur Abwechslung einmal dort mit seiner Wanderung durch das Haus zu beginnen. In der Küche oben im ersten Stock hat er seine kleine Druckerei eingerichtet. Grübelnd untersucht er seinen letzten Holzschnitt. Lange ist es her, dass er hier oben etwas Neues angefangen hat – nur ein wenig Flickerei hat er zustande gebracht. In diesem Winter haben all seine Arbeiten ruhen müssen, sowohl die Graphiken als auch die Malereien. Im Laufe des letzten Halbjahrs hat er sich fast nur darum gekümmert, ein paar ältere Holzschnitte mit frischer Farbe zu versehen. Nur wenig Schöpferisches ist damit verbunden. Allenfalls ließe sich sagen, dass es sich dabei um eine wenig barmherzige Beschäftigung für einen älteren Künstler handelt, dessen Feuer verloschen ist.

In dem Bombenkrater des zerbrochenen Zahns rumort es. Herr M. erschaudert und versucht den Schmerz zu dämpfen, indem er reichlich kaltes Wasser trinkt und es in seiner Mundhöhle umherfließen lässt. Er geht von Zimmer zu Zimmer und betrachtet die Malereien hier oben. Einige hat er fast vergessen. Andere machen einen äußerst lebendigen Eindruck.

Kurz nachdem M. das Frühstück beendet, das Fräulein Berg zuvor schon für ihn bereitet hat, steht das wartende Taxi vor dem Tor und macht sich wie verabredet mit drei kurzen Huplauten bemerkbar. Der Maler geht ins Bad, um sich die Zähne zu putzen und die Kleidung zu wechseln. Dann zieht er den Mantel über und macht sich in Pantoffeln auf den Weg zum Zahnarzt. Erst als er am Hundeareal angelangt ist, kehrt er um und geht zurück, um seine Schuhe zu holen.

»Wir sind ein wenig spät, Herr Chauffeur!«

Der Mann am Steuer nickt. Doch als er auf dem Weg über den Hoffsveien die Geschwindigkeit erhöht, bekommt es der alte Maler mit der Angst zu tun. Während sich die Mietdroschke der Thunes-Werkstatt nähert, ruft er:

»Seien Sie vorsichtig! Ich hatte einmal einen Zusammenstoß. Hier an der Wendeschleife in Skøyen kam eine Straßenbahn und wollte nicht für mich anhalten. Den Wagen habe ich immer noch.«

»Wo ist er denn jetzt, Herr M.?«

»Unter einem Gerüst mit einer Persenning, neben dem Hundeareal. Das war ein prächtiger Wagen, aber die Kollision mit der Straßenbahn hat er nicht so gut überstanden.«

»Nein, die wiegt ja bestimmt mehr als zwei Tonnen, so eine Straßenbahn.«

»Das würde mich nicht wundern, Herr Chauffeur. Glücklicherweise wurde bei dem Zusammenstoß niemand verletzt. Am schlimmsten traf es meinen Wagen.«

Nachdem Ek in der Zahnarztpraxis eine Betäubung verabreicht und mit seinen Instrumenten eine Weile im Bombenkrater herumgestochert hat, steht er in seinem weißen Kittel da und erklärt, dass eine Wurzelfüllung erforderlich ist. Der Maler fragt:

»Lag es etwa nicht an der Haselnuss?«

»Nein, Ihre Zahnwurzel ist schon länger entzündet. Ich kann heute nicht so viel für Sie tun. Wir können aber dafür sorgen, dass Sie nicht noch mehr Zahnschmerzen bekommen, Herr M.«

»Und wie soll das gehen?«

»Wir töten den Rest des Nervs ab. Nach der Wurzelfüllung können wir dann gegebenenfalls über eine Krone sprechen.«

»Das wird wohl teuer, nicht?«

»Ganz billig wird es natürlich nicht. Die Alternative wäre, ohne den Eckzahn auszukommen. Es ist schon über ein Jahr her, dass Sie zuletzt hier waren, nicht wahr, Herr M.?«

»Ja, das mag wohl sein.«

»Beim nächsten Mal wäre es vielleicht ganz gut, auch die anderen Zähne anzuschauen.«

»Sie meinen, es sieht so schlecht aus?«

»Das weiß ich nicht, bevor ich sie untersucht habe. Aber dafür ist heute keine Zeit.«

Herr M. erwidert nichts, sondern wirft nur einen verärgerten Blick auf den Zahnarzt.

Nachdem der Nerv abgetötet und eine provisorische Füllung eingesetzt ist, vereinbaren Ek und er einen neuen Termin im Laufe des Frühjahrs.

Der vorherige Zahnarzt hätte den Maler beinahe blind gemacht.

Was wird sich wohl dieser neue Herr Ek einfallen lassen?

Das ist in der Tat schwer zu sagen.

Auf der Taxifahrt nach Hause verspürt Herr M. dennoch Erleichterung darüber, dass seine Zähne untersucht werden sollen. Im Laufe des letzten Jahres war er so tief unten, dass es ihm kaum notwendig erschien. Er befand sich ja ohnehin am Ufer des Styx, nicht wahr?

Von Herrn Krafft in Kragerø bekommt der Maler einen großen Dorsch zugeschickt.

Dieser Krafft ist ein alter Freund von ihm – seinerzeit hatte er draußen in Skrubben zusammen mit einem schwergewichtigen alten Seemann für das Aula-Bild Modell gestanden; der kleine Junge und sein blinder Großvater am Fuße des Eichenbaums. Der Junge, der auf dem Bild ›Geschichte‹ den Erzählungen des Alten lauscht, eröffnete später im Leben einen Fischhandel, und nun schickt er ab und zu ein paar frische Köstlichkeiten aus dem Meer bei Kragerø.

Eine der wenigen Erheiterungen des Lebens. M. hat den Verdacht, dass in Wirklichkeit der fürsorgliche Christian G.

für diese Sendungen bezahlt, was seine Freude aber keineswegs mindert.

Mit offenen Sinnen und gesundem Appetit macht sich Herr M. über den gediegenen Dorsch her. Als Mahlzeit reicht er für zwei Tage aus, für ihn selbst und die Haushälterin. Er behält sich den oberen Teil des Fischkörpers vor; der Kopf ist seiner Meinung nach die allergrößte Delikatesse. Nicht oft trinkt er Alkohol, wenn keine Gäste anwesend sind, diese Mahlzeit allerdings kommt ihm wie ein Festmahl vor, und daher bittet er die Haushälterin, den Tisch besonders schön zu decken und auch Bier und Schnaps bereitzuhalten.

Nachdem M. den Hauptgang beendet hat, liegt der abgenagte Dorschkopf auf dem Teller und starrt ihn mit leeren Augenhöhlen wie ein strenger Pastor an. M. hat den seltsamen Eindruck irgendetwas Kannibalischen – dass es sein eigener Kopf ist, den er gegessen hat, oder eher vielleicht ein Schädel aus altem Geblüt, voll rätselhafter Familiengeheimnisse; der Kopf des siebenten Hausvaters.

Es muss der Aquavit sein, der diese makabren Phantasien in ihm freisetzt. Einen Augenblick später sieht er sich selbst im Spiegel, zusammen mit dem großen Dorschkopf. Das Knochenmaul des Fischs auf dem Teller und sein eigenes Greisengesicht machen unmittelbar so starken Eindruck auf ihn, dass er dieses Motiv mit einem weichen Bleistift in sein Skizzenbuch zu zeichnen beginnt und sich gleich darauf einige Gedanken über die Farbwahl macht.

Bevor er ihn in einen Umschlag legt und die Haushälterin bittet, ihn in einen Briefkasten zu werfen, beendet er den Brief an seinen Freund Christian G. in Kragerø mit folgenden Worten:

Ja, welch herrliches Meeresgold nicht an unsere Küsten gespült wird. Welch nationaler Reichtum. Wie ich Dir schon sagte, hätten wir noch über so vieles sprechen können, als Du das letzte Mal bei mir warst. Die Zeit war zu kurz. Wir saßen in meinem Zimmer, das gleichermaßen Bettkammer, Esszimmer und Stube ist, gleich vor meinem Bücherregal (…)

P.S. II. Gerade als ich diesen Brief abschicken will, bekomme ich einen riesigen Dorsch – Er war vorzüglich – Sein Kopf lag auf meinem Teller wie ein Hohepriester.

»Prost, alter Abt!«

Herr M. kippt einen Schnaps nach dem nächsten in sich hinein. Es fühlt sich an, als wiche die Kälte aus seinem Inneren. Vielleicht ist es nur ein Flackern – möglicherweise auch nicht.

Früh im Mai schlägt das Wetter um.

Die in den Wänden sitzende Feuchtigkeit scheint zu verdampfen. Der Kirschbaum blüht, und die Sonne gewinnt wieder Macht über die alte Gärtnerei. Der Frühling tut Herrn M. gut – die heißen Gemüsesuppen der Haushälterin, die stärkenden Bouillons und Johannisbeersäfte, die vom Arzt verschriebene Medizin, die Fahrten mit seinem festen Taxichauffeur zur Praxis von Doktor Ek, um die Zähne untersuchen und neue Füllungen einsetzen zu lassen.

Der alte Maler hat wieder angefangen, seine festen Runden im Freien zu absolvieren. Erst geht er zum Hundeareal, um die Hunde ans Laufseil zu ketten. Dann schaut er beim Verwalter vorbei, dort, wo er sich gerade beschäftigt – um die Arbeit zu inspizieren und ihm seine Anweisungen zu geben. Danach läuft er hinaus zur Weide, um die trächtige Kuh zu begutachten, geht hinein zu den gackernden Italiener-Hühnern, die im Frühjahr Küken bekommen haben, und besucht schließlich die grunzende Sau, die sich über Aufmerksamkeit stets freut. Zum Abschluss geht er eine Runde durch den Garten, um nachzusehen, wie es in diesem Frühjahr um die Bepflanzung steht, und um vielleicht ein wenig vom ersten Schnittlauch und Rettich mitzunehmen, ihn unter dem Wasserhahn draußen abzuspülen und dann Fräulein Berg in die Küche zu bringen, damit sie die Schüsseln und Teller mit ein paar farbigen Zutaten verschönern kann.

Herr M. holt seine Malsachen hervor und skizziert die Konturen eines Bildes.

Kratzt es im Hals? Nein.

Fängt er an zu husten? Nein.

Geben die Bronchien Töne von sich? Nein.

Das bedeutet – so viel darf er jedenfalls hoffen –, dass das Elend bis auf Weiteres vorüber ist. Da bleibt nicht anderes, als sich an die Arbeit zu machen.

Es geht um eine Idee, über die er lange gebrütet und zu der er bereits zwei Skizzen angefertigt hat. Jetzt will er sie weiterverfolgen, in großem Format. ›Zwischen Uhr und Bett‹ ist der gewählte Arbeitstitel – nur damit er etwas hat, wovon er ausgehen kann.

Frontal stellt er sich vor den Spiegel, so wie die junge Gräfin in ›Marats Tod‹, allerding nicht nackt wie sie; nein, sondern vollständig bekleidet. Offenbar ist er ein alter Mann geworden, ein grauhaariger Einfaltspinsel, der sich diesmal tatsächlich im Vorgarten von Herrn Tod befindet.

Zu seiner Linken skizziert er die Standuhr, der die Zeiger fehlen. Auf die rechte Seite malt er das Bett, in dem er sich die meiste Zeit des Winters aufgehalten hat. Alles ist hübsch aufgeräumt, mit der Bettdecke mit roten und schwarzen Schrägstreifen, aber das alles ist etwas Vorübergehendes, das weiß er; früher oder später wird er unwiderruflich dort enden.

Ein Trottel.

Vor dem Spiegel richtet sich M. erneut auf und versucht, die Haltung der deutschen Gräfin nachzuahmen. In der vergangenen Woche zeichnete er sein eigenes Gesicht im Spiegel, zusammen mit einem Dorschkopf. Es war nur ein Entwurf, erschien ihm aber wie ein Durchbruch. Dieses Mal zeichnet er sich selbst mit gestrecktem Hals – ernst, stolz, frontal. Es ist ein Bild, in dem zu verschwinden er sich bereit fühlt. Erschien er auf dem Bild mit dem Dorschkopf wie ein in Würde gealterter Mann, beschließt er nun, das Greisenhafte hervorzuheben. Auf die rechte Wand des Uhrenbilds, so wie er das Motiv im Spiegel sieht, malt er seine heimliche Krotkaja, das Modell Birgitta, und murmelt:

»Es ist das Blau, in dem sich das Geheimnis verbirgt, nicht wahr?«

Zunächst in Skizzenform, danach mit Ölfarbe auf Leinwand arbeitet M. im Laufe der nächsten Tage parallel an beiden Entwürfen – dem großflächigen ›Zwischen Uhr und Bett‹ und dem wesentlich kleineren ›Selbstportrait, mit Dorschkopf auf dem Teller‹. Das erste greisenhaft streng, das andere etwas scherzhafter, mit einem leicht spöttischen Unterton. Schon oft hat ihm diese Arbeitsweise genutzt: Indem er verschiedene thematische Varianten nebeneinanderstellt, ermöglicht er ihnen, sich gegenseitig zu erhellen. Es können Motive sein, an denen er gleichzeitig arbeitet – so, wie bei diesen beiden Selbstportraits, im Angesicht des Todes – oder es kann sich um Schlüsselthemen handeln, die aus vergangenen Zeiten stammen und plötzlich wieder in neuen Zusammenhängen auftauchen.

Nein, es ist noch nicht zu spät. Noch immer ist seine Quelle nicht völlig ausgetrocknet.

Während Herr M. an der Staffelei beschäftigt ist, klopft gegen Ende des Tages die Haushälterin an die Tür.

»Verzeihen Sie, dass ich störe, Meister, aber hier ist das Modell.«

»Welches Modell?«

»Fräulein Dorothy.«

»Wer ist das?«

»Sie hat zu Ostern schon einmal angerufen.«

»Was wollte sie?«

»Nach einer Arbeit als Modell fragen.«

»Aha.«

»Soll ich sagen, dass es nicht passt?«

»Sagen Sie, sie kann am Freitag kommen. Ich habe jetzt keine Zeit.«

»Danke.«

»Wieso bedanken Sie sich? Kennen Sie sie?

»Verzeihung, Herr M. Nein, ich kenne sie nicht. An welche Uhrzeit hatten Sie gedacht?«

»Was denken Sie?«

»Freitag um drei?«

»Dann ist es abgemacht.«

Gleich darauf verschwindet er wieder in dem Blau, das er großzügig über die Leinwand verteilt. Es gilt, den Augenblick zu fassen, mit unerschütterlicher Konzentration – sich nicht aus dem Gleichgewicht bringen lassen, weder von Zahnärzten noch von Haushälterinnen.

6

Im Vorfeld des Nationalfeiertags am 17. Mai gibt das Norwegische Telegrammbüro bekannt, dass an diesem Sonntag jede öffentliche Zusammenkunft von der Polizei mit allen Mitteln aufgelöst werden wird, zudem ist es verboten, Flaggen zu hissen oder die Farben der Flagge an Kleidern oder Ähnlichem zu tragen.

Am Freitag begleitet Kari Doffy nach Ekely, kommt aber nicht mit ins Haus. Der hohe Zaun und die überwucherte Hecke um Herrn M.s Grundstück erinnert sie an ein Krähenschloss, oder auch eine bewohnte Festung. Zwei Minuten nach drei klingelt Doffy mit der Kuhglocke an dem mannshohen und gründlich verschlossenen Tor – das mit Brettern verstärkt ist, um Einblick unmöglich zu machen.

Sofort fangen die Hunde an, hysterisch zu kläffen. Aber Doffy lässt sich nicht abschrecken. Warum sollte sie sich von ein wenig Hundegebell entmutigen lassen, wo sie sich doch den ganzen weiten Weg hergetraut hat?

Kari will gerade gehen, als die Haushälterin das Tor einen Spaltbreit öffnet. Dorothy nennt ihren Namen und wird in die Küche geführt, in ihren hohen blauen Stiefeln, ihrem grünen Rock und ihrem braunen Oberteil, Farben, für die ein Maler vielleicht Sinn hat, stellt sie sich vor. Sie trägt einen Hut mit einer Feder und eine elegante kleine Handtasche. Doffy hat sich für diese Gelegenheit zurechtgemacht.

Die junge und die ältere Frau wechseln einige zurückhaltende Worte. Die Haushälterin nickt zu einem Hocker im Gang hinüber und geht dann, um in einem anderen Teil des Hauses an eine Tür zu klopfen. Der Mann dahinter ruft gereizt:

»Ich habe zu tun, sehen Sie das nicht?«

Es klingt wie ein wütendes Kläffen. Dennoch bleibt die Haushälterin abwartend in der Türöffnung stehen. Es dauert eine Weile, ehe weitere Geräusche von drinnen zu hören sind. Dorothy spitzt die Ohren. Nach dem, was sie mitbekommt, verläuft das Gespräch ungefähr so:

»Was kann denn nicht warten, Fräulein Berg?«

»Es geht um den Termin, Herr Kunstmaler.«

»Um welchen Termin?«

Herrn M.s schnarrende Stimme ist heller, als Doffy erwartet hatte. Sie mag zwar eine mürrische Greisenstimme sein, aber in Doffys Ohren hat sie zugleich etwas Jungenhaftes.

»Heute um drei. Das Modell.«

»Ach. Das Modell.«

»Es waren zwei junge Damen, die geschellt haben, aber nur die eine ist mit hereingekommen.«

»Damen?«

»Ja, oder junge Mädchen, sollte ich vielleicht sagen. Sie sagt, sie studiert noch.«

»Was studiert sie denn?«

»Das weiß ich nicht, Herr M. Sie heißt Fräulein Dorothy.«

»Aha. Das war die, die angerufen hat, nicht wahr?«

»Mehrmals, Herr Kunstmaler. Schon, als Sie noch nicht wieder gesund waren …«

»Ja, genau, natürlich erinnere ich mich. Als ob ein Todkranker ein Aktmodell brauchte. Unglaublich!«

»Jetzt ist sie da.«

»Na gut.«

»Soll ich sie zu Ihnen bringen?«

»Nein, sagen Sie ihr, sie soll noch warten.«

»In der Küche?«

»Ja. Wo denn sonst? Ich muss nur schnell ...«

»Ich verstehe.«

»Vielleicht könnten Sie inzwischen etwas Tee für uns kochen?«

»Wird gemacht, Herr M.«

Doffy auf ihrem Küchenhocker stellt sich derweil vor, dass der Maler noch einige Minuten lang die Farben an dem Bild korrigiert, an dem er gerade arbeitet. Dann gibt er auf, stellt die Pinsel in ein Glas voll Seifenwasser, wischt sich mit einem Lappen die Farbflecken ab, streift den Arbeitskittel ab und tritt vor den Spiegel, um sich die Haare zu kämmen.

Aber er kann sich auch mit ganz anderen Dingen beschäftigen. Jedenfalls scheint er sich mit einem ungenierten Trompetenstoß die Nase zu putzen, sich zu räuspern und zu husten. Dann ist Wasserrauschen aus den Rohren zu hören. Spült er sich die Verärgerung über diese Störung weg? Noch einige Minuten vergehen. Dann wird die Tür einen Spaltbreit geöffnet und die Greisenstimme sagt:

»Sie können die junge Dame jetzt zu mir lassen, Fräulein Berg.«

Herr M. sitzt im Korbsessel, als Dorothy hereinkommt. Er erhebt sich und reicht ihr die Hand.

»Wie blond Sie sind«, ruft er spontan und legt den Kopf schräg. »Darf ich Ihnen eine Tasse Tee anbieten, mein Fräulein?«

»Ja, bitte«, sagt Doffy und wird rot.

»Nehmen Sie den Hut ab und setzen Sie sich hier auf die Chaiselongue. Sind Sie schüchtern?«

»Ein wenig.«

»Studentin und schüchtern. Ein normales Modell sind Sie jedenfalls nicht.«

»Nein, Herr Meister.«

Im Zimmer riecht es nach Terpentin. Also hat sie ihn wirklich bei der Arbeit angetroffen. Aber was er malt, kann sie nicht sehen. Überall an den Wänden hängen große und kleine Bilder – aber die Staffelei hat er umgedreht, zu einer schlecht beleuchteten Ecke hin.

Im Zimmer gibt es einige Holzstühle und außerdem Briefe, Zeitungen, Paletten, Pinsel und Farbtuben. Das Telefon steht auf einem überfüllten Beistelltischchen. Auf dem Flügel scheint schon lange niemand mehr gespielt zu haben. Wie alles andere im Zimmer ist er bedeckt von graphischen Drucken, Farbtuben, Entwürfen und Skizzen. Ansonsten stehen da noch sein Korbsessel und die Chaiselongue, die ihr selbst zugewiesen worden ist. Keine Vorhänge.

Es wird an die Tür geklopft. Die Haushälterin bringt das Tablett mit dem Tee. Während sie einschenkt, rutscht Dorothy auf der Chaiselongue herum und fragt:

»Sie brauchen vielleicht gar kein Modell, Herr Meister?«

»Sie brauchen mich nicht die ganze Zeit ›Herr Meister‹ zu nennen, das macht mich nur nervös.«

»Ach, Entschuldigung. Aber was soll ich dann sagen?«

»Sie können das Herr einfach weglassen. Wie blond Sie sind, Fräulein Dorothy.«

»Ja, das war ich immer schon.«

»Hören Sie, Fräulein, um ehrlich zu sein … hier ist so viel Gerenne an der Tür.«

»Ja, Meister.«

»Die Leute wollen alles Mögliche …«

»Ja …«

»Und Sie stören mich, mitten in einer großen Arbeit. Ich

kann diese Unterbrechungen nur schwer vertragen, verstehen Sie?«

»Dann tut es mir wirklich leid, Herr Meister.«

Der Alte wirft ihr einen wütenden Blick zu.

»Sie haben gut reden. Es fällt mir schwer, bei einem Bild wieder in Gang zu kommen, wenn ich einmal unterbrochen worden bin.«

»Das verstehe ich. Aber …«

»Es gibt hier kein Aber. Ich habe diese ewigen Störungen satt! Vor allem jetzt, wo alles dasteht und zittert.«

»Ihre Arbeit steht da und zittert, Meister?«

»Genau.«

»Das ist schön ausgedrückt, Herr M.«

Der alte Maler wird rot im Gesicht.

»Wollen Sie hier unverschämt werden, Fräulein?«

»Nein, entschuldigen Sie.«

»Kommen Sie mir ja nicht mit diesen ewigen Entschuldigungen. Jetzt ist mein Arbeitstag jedenfalls verdorben. Die Stimmung ist verflogen, ich werde nicht mehr in Gang kommen.«

»Es tut mir leid. Aber Sie hatten mich herbestellt.«

»Wirklich?«

»Das hat Ihre Haushälterin gesagt.«

»Tatsächlich?«

»Offenbar beruht das alles auf einem Missverständnis. Also gehe ich jetzt wieder, Herr Meister.«

Sie greift zu Hut und Handtasche und erhebt sich. Er tritt vor sie und drückt sie mit gereizter Handbewegung wieder zurück auf die Chaiselongue.

»Nein, gehen Sie nicht, Fräulein – ich habe doch gesagt, dass mein Arbeitstag ohnehin verdorben ist.«

»Ich wollte Sie wirklich nicht stören. Aber Ihre Haushälterin hat mir also gesagt, ich sollte heute um drei Uhr hier sein.«

Er schaut verärgert auf die Uhr.

»Jetzt ist es zwanzig nach drei, ja?«

»Ich war um drei Uhr hier, Meister. Mir wurde gesagt, ich sollte in der Küche warten.«

»Das war auch richtig von Ihnen, dort draußen zu warten. Es tut mir leid, dass ich so zerstreut bin. Ich befinde mich noch immer mitten in dem Bild, wissen Sie.«

M. zwinkert ihr um Entschuldigung bittend zu, während sich im einen Mundwinkel zugleich ein verlegenes Lächeln zeigt. Doffy ruft:

»Dann komme ich lieber ein anderes Mal wieder.«

»Nein, bitte, bleiben Sie sitzen, Fräulein Dorothy … der Name klingt englisch, oder?«

»Mein Vater war Engländer.«

»Ach, Ihr Vater. Ich kann Ihnen eins sagen – in einem halben Jahrhundert habe ich fast nie blonde Modelle gehabt. Einige wenige schon, aber keins war so hell wie Sie. Wie sind Sie auf die Idee gekommen, herzukommen?«

»Um ganz ehrlich zu sein, Herr M., brauche ich Geld für mein Studium.«

»Was studieren Sie?«

»Jura.«

»Ich muss schon sagen. Und wie weit sind Sie gekommen?«

»Ich studiere seit einigen Jahren und habe nebenher gearbeitet.«

Der Maler blickt Dorothy eine Weile an, dann richtet er seinen graublauen Blick auf ihre Augen und fragt:

»Sagen Sie, Fräulein – hat irgendwer Sie hergeschickt?«

»Nein, Meister.«

»Sind Sie sich da sicher?«

»Ja, ganz sicher.«

»Sie sind nicht hergekommen, um bei mir zu spionieren?«

»Nein, das nun wirklich nicht. Ich war immer schon von Ihren Bildern fasziniert.«

»Wirklich?«

»Ja, wirklich.«

»Na, das höre ich gern.«

»Danke, dass Sie das sagen, Herr Meister.«

Der Alte presst die Lippen aufeinander, ohne zu antworten. Sie trinken wieder einen Schluck von dem starken Tee und mustern einander kritisch. Er kratzt sich am Kopf. Dann fragt er:

»Wann können Sie anfangen?«

»An einigen Tagen habe ich zu tun, sonst kann ich mich nach Ihnen richten. Sehen Sie her, hier habe ich Ihnen eine Liste meiner Vorlesungen gemacht.«

Sie reicht ihm eine Abschrift ihres Wochenplanes. Er wirft einen kurzen Blick darauf, runzelt die Stirn und fragt:

»Haben Sie heute Vorlesung?«

»Nein, heute nicht.«

»Dann fangen wir sofort an, Fräulein Dorothy.«

»Na gut.«

»Ich mache zuerst eine Skizze von Ihnen, während Sie stehen – ungefähr wie vorhin, als Sie ins Zimmer gekommen sind. Ja, Sie müssen aufstehen und zurück zur Tür gehen.«

Sie gehorcht.

»Setzen Sie den Hut wieder auf. Und nehmen Sie die Tasche zwischen die Hände.«

»Meinen Sie so?«

»Den linken Fuß ein wenig nach vorn.«

»So?«

»Ja, das ist gut. Bleiben Sie so.«

»Wie lange denn?«

»Bis ich Bescheid sage. Wir müssen das Tageslicht ausnutzen, so lange es noch welches gibt.«

Eine Weile arbeitet der Alte an der Staffelei, ohne etwas zu sagen. Im einen Moment steht er steif und feindselig da, im anderen zeigt sich ein schelmischer Zug um seinen Mundwinkel und verschwindet dann gleich wieder. Sie bewegt sich ein wenig. Sofort faucht er:

»Was machen Sie da, Fräulein?«

»Entschuldigen Sie, Meister. Ich war so müde.«

»Das ist kein Grund. Stellen Sie sich so hin wie vorher.«

»So?«

»Den einen Fuß ein wenig weiter nach vorn.«

So arbeitet er noch eine Weile, schweigend. Ihr tut alles weh. Sie wagt nicht, auch nur einen Muskel zu bewegen. Dass es so anstrengend sein kann, Modell zu stehen!

Als ihre erste Schicht vorüber ist, zeigt Herr M. ihr nicht, was er gemacht hat. Er sagt nur, als er seine Sachen zusammenräumt – außer Sichtweite:

»Vielleicht könnten Sie am Sonntag zurückkommen. Geht das?«

»Sonntag müsste gehen.«

»Darf ich Sie bitten, dieselben Kleider zu tragen wie heute?«

»Ja, natürlich.«

»Dann sagen wir Sonntag, zum Beispiel um zwölf. Dann ist Nationalfeiertag, ist Ihnen das bewusst?«

»Ja, sicher. Aber der darf ja nicht gefeiert werden, nicht wahr?«

Er lacht.

»Dann halten wir eben unsere eigene kleine verbotene Feier ab, nur Sie und ich.«

»Wie meinen Sie, Herr Meister?«

»Das war nur ein Scherz. Sie können doch einen Scherz vertragen, nicht wahr?«

Sie nickt und schaut verstohlen zu ihm herüber. Dann einigen Sie sich auf eine Bezahlung, die ihr großzügig vorkommt – zwei Stunden, soundso viel, vier Stunden, das Doppelte, sechs Stunden, das Dreifache, und noch etwas dazu für Reisezeit und Straßenbahnfahrkarten.

Nachdem der alte Meister ihr einen Vorschuss ausgezahlt hat, führt er sie hinaus auf die Glasveranda, die Treppe hinunter und in den üppig grünen Garten. Oben beim Jarlsbergveien zeigt er ihr sein Gartenatelier mit dem Halbdach und ein grauschwarzes, fensterloses Zementgebäude mit Glasdach, das er sein Winteratelier nennt.

»Und wo werden wir arbeiten?«

»Wo es sich gerade ergibt. Hier draußen im Garten, im Winteratelier oder im Haus, so wie heute. Was wäre Ihnen denn am liebsten?«

»Das müssen Sie entscheiden, Meister.«

Im Garten gibt es einen Pavillon, ein altes Treibhaus und viele Beerenbüsche und Obstbäume. Einiges wirkt einigermaßen gepflegt, andere Teile von Herrn M.s Grundstück kommen ihr fast vor wie ein Dschungel. Der alte Maler zeigt ihr einen fast unsichtbaren Pfad, der durch das Wäldchen im Süden von Ekely führt.

»Haben Sie die Waldtaube gehört?«, fragt er, als er sie ein Stück über den Pfad durch den Ulmenwald bringt, so weit es nötig ist, damit sie sehen kann, wo der Pfad auf den Hoffsveien trifft.

»Ja?«

»Es gibt hier draußen Eulen und Fledermäuse, aber die kommen erst nach Einbruch der Dunkelheit zum Vorschein. Vielen Dank für Ihren Besuch, Fräulein Dorothy.«

»Ich danke Ihnen, Meister.«

Als sie mit der Bahn in die Stadt fährt, sieht sie seine Bilder vor sich. Die Gemälde überall im Haus, an allen Wänden, drei und vier übereinander.

Die rothaarige Frau zwischen den Kiefern in der Mondscheinlandschaft am Fjord mit dem Geröllstrand. Leuchtende, frisch entrindete Baumstämme in einem herbstlichen Tannenwald. Das weißgekleidete junge Mädchen, die reife Frau im roten Kleid, die Witwe in Schwarz – und die vielen tanzenden Paare an einem Sommerabend am Strand.

Ein Männergesicht, das vor Eifersucht grün ist.

Türen, die sich zu einem helleren Zimmer hin öffnen. Das weiße und das schwarze Pferd im Gespann, unterwegs auf die Betrachterin zu. Den weißen Maurer und den schwarzen Mechaniker, die dir auf der Straße genau entgegenkommen.

Plötzlich sieht sie diese beiden in der Gestalt der beiden Freundinnen aus der Lille Frogner allé 8 vor sich – der hellen Doffy und der dunklen Kari. Der Schatten fällt so, dass sie im Fenster der Straßenbahn ihr eigenes Gesicht entdeckt.

Ihr Mund steht halboffen. Sie macht ihn ganz schnell zu.

7

Bereits an diesem verbotenen Nationalfeiertag fragt der Alte:

»Verzeihung, Fräulein Dorothy, aber wären Sie bereit, als Aktmodell für mich zu arbeiten?«

Sie errötet.

»Sie halten das für keine gute Idee?«

»Doch, natürlich.«

»Was meinen Sie damit?«

»Sie bezahlen mich doch schließlich dafür, oder nicht?«

»Ist das Ihre Meinung dazu?«

»Ich weiß nicht recht.«

»Sie wissen also nicht so recht, wie? Sie wissen aber wohl, dass Sie fünf Minuten später als abgemacht auf Ekely erschienen sind, oder?«

»Das tut mir leid, Meister.«

»Ich kann solchen Schlendrian nicht billigen.«

»Das verstehe ich.«

»Als ich zur Schule ging, gab es zur Strafe eine Ohrfeige, wenn wir fünf Minuten zu spät kamen. Manchmal gab es sogar den Rohrstock.«

»Dann bin ich bereit, meine Strafe in Empfang zu nehmen, Meister.«

»Das sind Sie also?«

»Die Lilleaker-Bahn hatte Verspätung. Ich bin völlig verschwitzt. Ich bin den ganzen Hügel hinaufgerannt, um rechtzeitig hier anzukommen.«

»Dann gehen Sie jetzt am besten ins Bad und waschen sich.«

»Danke, Herr Meister.«

»Sie müssen nicht immer ›Herr‹ zu mir sagen, Fräulein Dorothy.«

»Entschuldigung, Herr Meister.«

Er kneift den Mund zusammen und öffnet ihr die Tür zum Badezimmer. Sie schlüpft hinein. Es rauscht in den Rohren. In seinem Inneren kocht er vor Verärgerung.

M. schaut eine Zeitlang aus dem Fenster und stellt sich vor, was passiert wäre, wenn er ihr tatsächlich zur Strafe eine Ohrfeige gegeben hätte – ob sie es wohl ertragen oder zu weinen angefangen hätte. Als die junge Frau mit frisch gewaschenem Gesicht zurückkommt, sagt er:

»Wir beginnen mit der Malerei, an der ich beim letzten Mal gearbeitet habe. Den Akt nehmen wir uns später vor. Wollen wir es so machen?«

Dorothy errötet.

»Wie Sie wünschen, Meister.«

»Gut, mein Fräulein. Sie haben vielleicht noch nie Akt gestanden?«

Sie zögert einen Augenblick, bevor sie antwortet.

»Doch, für eine Freundin.«

»Sie haben eine Freundin, die Malerin ist?«

»Nein, wir zeichnen bloß. Das ist mehr ein Hobby. Wir mögen alles, was mit Bildern zu tun hat.«

Während sie sich unterhalten, geht Herr M. an die Arbeit. Er geht zu ihr und zeigt ihr, wie sie stehen soll – genau wie beim letzten Mal, nur den Rücken etwas gerader, und den linken Fuß ein wenig vor dem rechten.

Er gibt Farbe auf die Palette.

M. beobachtet die blonde junge Frau und macht ein paar rasche Pinselstriche. Bei erneuter Betrachtung des ersten Entwurfs, den er beim letzten Mal gefertigt hat, dämmert ihm, dass dieses Figurenportrait tatsächlich das Potenzial zu einem richtig guten Bild hat. Daher entschließt er sich auch, einen versöhnlicheren Tonfall anzuschlagen.

»Womit zeichnen Sie am liebsten, Sie und Ihre Freundin?«

»Mit weichem Bleistift oder mit Farbstiften. Ein paar Mal haben wir es mit Kohle probiert.«

»Käthe Kollwitz zeichnet mit Kohle. Kennen Sie ihre Arbeiten?«

»›Mutter mit hungernden Kindern‹.«

»Ja, genau. Das ist sie. Was halten Sie von ihr?«

»Es wurde behauptet, das sei Plakatkunst, aber ich finde sie ganz fabelhaft, ihre Kohlezeichnungen.«

»Da stimme ich Ihnen zu, Fräulein Dorothy. Soll ich Ihnen verraten, dass ich meine erste Zeichnung mit Kohle gemacht habe?«

»Ihre erste Zeichnung?«

»›Die Blinden‹ habe ich sie genannt.«

»Wo war das denn?«

»Auf dem Küchenfußboden bei uns zu Hause.«

»Auf dem Fußboden, sagen Sie?«

»Ich nahm ein Stück Kohle aus dem Kohleneimer und zeichnete etwas, das wir an jenem Tag in der Stadt gesehen hatten, ein paar Blinde, die draußen umhergingen – der erste war stark schwachsichtig, der andere konnte überhaupt nichts sehen, sie hielten sich aneinander fest. Anstatt mich auszuschimpfen, sah sich meine Tante die Zeichnung völlig erstaunt an. Dann ging sie zu meinem Vater und bat ihn, sich das Ganze anzuschauen.«

»Wurde er böse?«

»Nein.«

»Ihre Tante und Ihr Vater wurden also nicht böse, nachdem Sie mit Kohle auf den Küchenfußboden gezeichnet hatten?«

»Nein, nicht dass ich mich erinnern könnte.«

»Auch nicht Ihre Mutter?«

»Meine Mutter lebte nicht mehr.«

»Oh, das tut mir leid, Herr Meister.«

»Damals sind viele an der Schwindsucht gestorben.«

Dorothy wird verlegen und wendet das Gesicht ab. Dann blickt sie ihn wieder an und sagt, mit Tränen in den Augen:

»Das muss ja schrecklich gewesen sein.«

»Ja, das war ziemlich schlimm für uns Kinder, das ist klar.«

»Wie viele waren sie denn?«

»Oh, damals waren wir zu fünft, eine richtige kleine Meute.«

»Ja, es ist gut, wenn man Geschwister hat.«

M. arbeitet eine Weile schweigend weiter und erwidert schließlich:

»Das kann sowohl gut als schlecht sein.«

»Wie alt waren Sie denn, als Sie die blinden Männer auf den Küchenfußboden gezeichnet haben?«

»Das war jedenfalls, bevor ich auf die Schule kam. Ich kann die Kohlezeichnung noch immer vor mir sehen. So, und Sie und Ihre Freundin machen also Aktzeichnungen?«

»Nein, nur Halbakte.«

»Halbakte also. Dann fangen wir mal damit an.«

Dorothy errötet aufs Neue.

»Soll ich das so verstehen, dass Sie es lieber nicht machen wollen?«

»Doch, sicher. Es ist nur, dass …«

»Sie brauchen Zeit, um sich vorzubereiten?«

»Ja, ich glaube, so ist es.«

»Dann machen wir es so. Ich arbeite heute an dieser Malerei weiter, und mit der Aktzeichnung warten wir dann bis nächste Woche. Und in der Zwischenzeit können Sie ja zu Hause etwas üben … vielleicht fällt es Ihnen dann leichter?«

»Gut möglich, Herr Meister.«

Als die Séance vorüber ist, begleitet er sie nach draußen.

»Ku-ruhh! Ku-ruhh!«, gurren die Waldtauben. An dem großen Kastanienbaum wirken die Blüten wie angezündete Kerzen, die Buschwindröschen stehen am Waldrand Habacht und die Zweige der Apfelbäume scheinen im Südwind zu zittern.

»Der Frühling kommt auf Ekely endlich zum Vorschein«, sagt Herr M. mit einem schüchternen Lächeln.

Dorothy blickt ihn an.

Bei Zahnarzt Ek ist M. noch immer nicht fertig. Natürlich hat er sich Gedanken über die gähnende Leere oben links in seinem Mund gemacht, dort, wo bisher noch kein neuer Eckzahn eingesetzt wurde. An ihrem jugendlich aufmerksamen Blick ist etwas Zudringliches, das er noch nicht wirklich einzuschätzen weiß.

Nein, es ist wohl besser, kein Risiko einzugehen. Möglichst korrekt sollte er sich dieser jungen Frau gegenüber verhalten.

Könnte sie vielleicht eine Spionin sein, ausgesandt von einem seiner Feinde – dem Redakteur eines der großen Zeitungshäuser, dem Finanzamt, den Nachbarn oder womöglich den Offizieren im Reichskommissariat? Eine Jurastudentin, die darum bittet, Akt stehen zu dürfen? Ist das nicht an sich schon reichlich verdächtig?

Und wieder verspürt er den starken Drang, ihr eine Ohrfeige zu verpassen – ihr auf diese Weise vielleicht die Maske vom Gesicht zu reißen und herauszufinden, warum sie sich tatsächlich auf Ekely eingeschlichen hat. Aber diese Gelegenheit hätte er bei ihrer Ankunft ergreifen müssen, jetzt ist es dafür zu spät.

»Dann kann ich also damit rechnen, dass Sie am nächsten Sonntag zur verabredeten Zeit erscheinen?«

»Ich werde mir Mühe geben, Meister.«

Ist es der Schatten eines Lächelns, das sie ihm schenkt?

Ein weiteres Mal spürt er eine jäh aufflammende Wut durch seinen Körper rauschen. Vor seinem inneren Auge sieht er Graf Dracula und die transsylvanischen Jungfrauen.

Irgendetwas Unberechenbares ist an dieser Studentin – etwas Fremdartiges, dem er sich nicht so ohne Weiteres anvertrauen mag. Schon bereut er, Fräulein Dorothy hinter die Mauern von Ekely gelassen zu haben.

Er kann ja ein paar Aktbilder von ihr hinkritzeln und dann alles beenden. Er muss Abstand bewahren. Diese lächerliche Geschichte über die Kohlezeichnung auf dem Küchenfußboden hätte er natürlich gar nicht erzählen dürfen. Es lag wohl an der lange währenden Einsamkeit dieses Winters – sowie an seinem Bedürfnis, sie zu einem ebenso freizügigen Umgang mit ihren Kindheitserinnerungen zu verleiten –, dass er sich eine derartige Sentimentalität gestattete. Streng ermahnt er sich selbst, besser aufzupassen, wenn sie das nächste Mal auftaucht.

»Dann bedanke ich mich bei Ihnen, Fräulein Dorothy.«

»Die besten Wünsche zum Nationalfeiertag, Herr M.«

»Ach ja, Ihnen auch …«

Mit einem scheuen kleinen Lächeln macht sie das V-Zeichen – so rasch, dass er kaum die Bedeutung versteht, bevor sie ihm den Rücken zugewendet hat und den Hoffsveien hinuntergelaufen ist. Kann es wirklich sein, dass …?

»Nein, also wirklich!«

Er dreht sich um und begibt sich auf den Rückweg. Nun, eine Agentin vom Reichskommissariat ist sie jedenfalls nicht.

Nachdem er seinem neuen Modell über den halbwegs überwucherten Pfad zum Nachbargrundstück gefolgt ist, befindet sich Herr M. im alten Ulmenwald – mit all den verwachsenen Bäumen, die im Halbdunkel an knochige Gespenster erinnern können. Erneut überkommt ihn die Lust, sie zu malen.

Schon früher hat er das getan, in allen vier Jahreszeiten; bereits kurz nach dem Ersten Weltkrieg stand er hier auf Ekely und beschäftigte sich mit seinen Ulmenbildern. Eine ganze Serie wurde daraus. Eine Art inneren Frieden fand er dabei. Und wenn die Welt den Verstand verloren hatte, dann hielt er sich eben an seine eigenen Dinge.

Eine neue Entdeckung ist es also nicht, wenn er bemerkt, wie viel seltsame Eindrücke aus den Farben hier inmitten der moosgrünen Baumstämme erwachsen, im einsetzenden Wechselspiel zwischen Sonne und Schatten. Dennoch scheint es irgendetwas Neues an diesen Ulmen zu geben, nachdem er mit der jungen Studentin über den Pfad geschritten ist.

Das Echo ihres Mädchenlachens, als sie ihm kaum merklich das V-Zeichen präsentierte und davonlief. Der fast unmerkliche Hauch ihres Dufts, der in seine Nasenlöcher drang, als er ihr an einer engen Stelle ganz nahe kam.

Irgendetwas an diesem speziellen Duft kommt ihm bekannt vor, wie aus lange vergangenen Zeiten. Er erinnert ihn an … Wessen Bild beschwört er nur hinauf? Er ahnt es, scheut sich aber gleichzeitig, den Namen auszusprechen, der ihm als erster in den Sinn kommt.

Bedeutet das nicht Unglück?

Er meint, so etwas gehört zu haben. Aufgrund solcher Unbedachtsamkeit könnte er durchaus riskieren, den kleinen zweischneidigen Trieb aus Wachsamkeit, Feindschaft und Sympathie, der zwischen ihm und seiner jungen Besucherin womöglich aufgekeimt ist, zu zerstören! Er muss sich wohl in aller Stille erinnern – einsehen, dass die Erinnerung an sie zurückgekommen ist. Verwandelt, in einer anderen Gestalt und mit einer anderen Stimme, doch mit demselben betörenden Duft.

Oder? Es könnte doch auch sein, dass …

So schwirren und irren die Gedanken in seinem Kopf umher.

»Also wirklich, du alter Einsiedlerkrebs!«

Der Maler bricht in spontanes Lachen aus. Wie viele Monate sind eigentlich vergangen, ohne dass jemand anderer als Dr. Schreiner zu Besuch war? Was ist das bloß für ein Leichenhaus, in das er Ekely in diesem Winter zu verwandeln suchte?

Die Sonne steht im Südwesten, aber noch wird es ein paar Stunden dauern, bevor sie untergeht. Mit der Schubkarre fährt er die leichteste seiner Staffeleien durch das verrottete Vorjahreslaub in das Gehölz hinein und baut alles auf, was er benötigt. Den Rest des Feiertages arbeitet er, bis schließlich die Schatten so lang geworden sind, dass er kaum noch die Farbe auf den Pinseln erkennen kann.

Seine gesegnete Arbeitslust ist zurückgekommen. Die schleppenden Schritte, die schleimgeplagten Lungen, die schmerzenden Glieder, der welke Körper – anscheinend hat die Frühlingswärme alle Gebrechlichkeit aus ihm vertrieben.

Dies ist eben seine Art, den 17. Mai zu feiern. Seine Art, dem Widerstand gegen die neue Ordnung Ausdruck zu verleihen, ein für alle Mal zu zeigen, dass er sich von den idiotischen Vorschriften der Besatzungsmacht nicht unterdrücken lässt.

»Kobolde und Zwerge graben im Berge!«, ruft er mit seiner heiseren Stimme all dem kleinen Getier inmitten der Ulmen zu – am Nationalfeiertag wie ein verbotener Gruß an Henrik Wergeland, seinen geistigen Bruder aus dem 19. Jahrhundert; auch er ein von der Lungenkrankheit gezeichneter Mann.

Dann bringt er seine Ausrüstung zu einem baufälligen Schuppen tief im Garten, um nicht alles wieder zurück in die Villa tragen zu müssen.

Alles in seiner Kunst hängt miteinander zusammen. Noch immer hat es wohl niemand so deutlich erkannt, wie er es selbst zu sehen meint – in welch starkem Maß sein ganzes Lebenswerk ein einziger großer Fries ist, eine Reihe von Variationen über dasselbe Grundthema. Bei all den neueren Künstlern, von denen er während seiner Reisen durch Europa etwas zu lernen können glaubte, hat er das deutliche Gefühl, dass eben dieser Zug vorhanden ist.

Die Meister der Linien – wie Hokusai, Beardsley, Klimt, Schiele und Picasso.

Die Meister der Farbe – wie Cézanne, Monet, van Gogh, Gauguin, Kirchner, Nolde und Matisse.

Der Wille zum Stil.

Das Gespür für Formen.

Die Fähigkeit zur Vereinfachung.

Die Dichte des Ausdrucks.

Und gleichzeitig – eine Art darunterliegender, vibrierender Strom in der Welt ihrer Bilder. Ein wechselseitiger Zusammenhang, und gleichzeitig ist alles in Bewegung. Eine feuchte Dunkelheit in der Seele. Eine Art innere Sumpflandschaft, mit kleinen verborgenen Bächen.

Welch eine Aufmunterung zu entdecken, dass das eigene Sumpfland noch nicht ausgetrocknet ist – so wie er es lange vor sich sah, in diesem scheußlichen Kriegswinter. Welch ein Triumph, dass er sich geirrt hat!

Nach dem Abendessen erhält der alte Maler einen Anruf und erfährt, dass die Frau, mit der er vor langer Zeit einmal verlobt war, auf dem Sterbebett liegt.

»Verzeihung?«, sagt er, so kühl es geht, in die unsichtbar schwingende Telefonmembran hinein.

»Ich bitte vielmals um Entschuldigung, doch ihr Arzt hat mir anvertraut, dass sie wohl nicht mehr viele Tage zu leben hat.«

»Was geht mich das an?«, erwidert er noch immer kaltblütig.

»Gott segne Sie, Herr Meister, und er möge mir verzeihen, dass ich Sie hiermit belästige. Ich frage mich nur, ob Herr M. sich vielleicht vorstellen könnte, sie zu besuchen und ein paar Worte mit ihr zu wechseln, bevor sie dahingeht …«, sagt die Frauenstimme am Telefon.

»Das kommt nicht in Frage.«

»Ich verstehe Sie gut, Herr Meister.«

»Wenn Sie möchten, können Sie sie eventuell gerne von mir grüßen.«

»Das werde ich tun. Was soll ich ihr sagen?«

»Grüßen Sie sie. Das sollte reichen.«

»Ja, gut.«

»Wenn es unbedingt noch eines weiteren Wortes bedarf, dann können Sie sie grüßen und ihr ausrichten, dass mein Arzt und ich übereinstimmend der Ansicht sind … Ich bin ein Mann, der niemals für die Ehe geschaffen wurde. Ihre Freundin kann sich glücklich schätzen, dass es so und nicht anders gekommen ist. Hallo, sind Sie noch da?«

»Ja, ich schreibe alles auf, um es ihr so genau wie möglich wiederzugeben. ›Glücklich schätzen, dass …‹«

»Glücklich schätzen, dass es so und nicht anders gekommen ist. Ausgezeichnet.«

»Herr Kunstmaler, wenn Sie erlauben, darf ich hinzufügen, dass sie mich auch ausdrücklich gebeten hat, Sie um Vergebung zu bitten.«

»Weswegen, wenn ich fragen darf?«

»Wegen dessen, was mit Ihrer linken Hand geschehen ist.«

»Ach, deswegen bittet sie also um Vergebung?«

»Es war keine Absicht, sagt sie.«

»Nein, ich verstehe. Es war keine Absicht.«

»Sie ist sehr unglücklich. Ihr Arzt meint, dass sie nicht mehr viele Tage hat. Sie bittet Sie um Vergebung, wenn Sie glauben, dass Sie ihr vergeben können.«

Mit einer hastigen Bewegung knallt er den Hörer auf die Gabel – auf jeden Fall jedoch möchte er schnell auflegen, aber dann könnte es trotzdem sein, dass sein gutes Herz zum Vorschein kommt, und in einem Versuch, diesen Unterton zu vermeiden, der ihm manchmal aus falsch verstandener Freundlichkeit entschlüpft, murmelt er:

»Es soll mir eine Freude sein, ihr zu vergeben. Keiner von uns war in jener Nacht bei Sinnen.«

»Vielen Dank, Herr M.«

»Und dann seien Sie bitte so freundlich und richten ihr aus, dass ich ebenfalls um Vergebung bitte, für die üble Art und Weise, in der ich mich ihr gegenüber verhalten habe, als wir verlobt waren.«

»Das werde ich tun, Herr Meister. Haben Sie vielen Dank.«

»Ich danke auch Ihnen. Ich bin sehr dankbar, dass Sie sich die Mühe gemacht haben, mich anzurufen und mir Bescheid zu geben.«

Später am Abend, als er zu Bett geht, ist M. noch immer im Zweifel darüber, wie viel von dem, was tatsächlich gesagt wurde, und von dem, was er sich im Nachhinein nur vorgestellt hat – mit bestem Wissen und Gewissen – überhaupt gesagt werden konnte.

Hatte er wirklich vergeben? Oder wollte er der Frau am Telefon nur das Wort abschneiden? Hat er tatsächlich aufgelegt, mitten im Gespräch? Hatte er nicht einmal den Verstand besessen, das Gespräch mit ein paar Höflichkeitsfloskeln abzubrechen?

Tulla lag im Sterben.

Immerhin waren sie verlobt gewesen. Irgendeine andere Verlobung als die mit Tulla, war er niemals so dumm gewesen einzugehen. Der Maler liegt im Bett und ärgert sich über dieses nervenaufreibende abendliche Telefonat. Während er sich hinter heruntergelassenen Jalousien befindet und nicht schlafen kann, geht er die Unterhaltung noch einmal Wort für Wort durch – sowohl das, was gesagt wurde, als auch das, was er vielleicht nur gedacht hat.

Natürlich gäbe es die Möglichkeit, diese Frau zurückzurufen, irgendwann im Laufe des morgigen Tages, und sie zu bitten, Tulla auszurichten, dass auch er um Vergebung bittet – für all die idiotischen Dinge, die er während ihrer Verlobung getan hat, für all den Unsinn, der passierte, nachdem sie am Abend vor der geplanten Heirat im norwegischen Konsulat in Nizza geäußert hatte, dass sie wohl auf dem Weg zum Konsulat bei einem Notar vorbeischauen müssten, um eine Vereinbarung über Gütertrennung zu unterzeichnen.

Dagegen hatte er keine Einwände. Doch noch in derselben Nacht stand er leise auf, packte seine Sachen und verschwand. Gütertrennung! Länger als bis dahin reichte wohl der romantische Teil ihrer Verliebheit nicht.

Später – nach all den Verwicklungen dieses Sommers in Frankreich und danach – nahm die Verlobung mit jenem fatalen Schuss im alten Fischerhaus in Åsgårdstrand ein jähes Ende, ein Schuss, für den er sich all die Jahre idiotischerweise selbst die Schuld gegeben hatte.

Zwei zugrunde gerichtete Finger.

Eine schmerzende Wunde voller Knochensplitter. Ein Chirurg, der ihn – ohne Betäubung – vor den Augen einer bösartigen Krähenschar aus neugierigen Studenten operierte.

Ein Knochenbruch in der linken Hand, der nie ordentlich verheilt war.

Ein Gerücht – nur wenige Wochen nachdem der Schuss gefallen war –, dass sie sich mit dem jämmerlichen Idyllenmaler Kavli zusammengetan hätte. Geheiratet hatte sie auch. Erst Kavli – und danach einen anderen Mann, einen Herrn Blehr, von dem sie nach einigen Jahren ebenfalls geschieden wurde.

Und jetzt lag diese Tulla also im Sterben und wollte sich aussprechen! Als hätte er – mit seinen achtundsiebzig Jahren – die Nerven, aufs Neue in dieser alten entzündeten Wunde herumzustochern, wo er doch selbst mit einem Fuß im Grab steht.

Nein, du verwöhnte kleine Bürgertochter aus Homansbyen! Besten Dank! Solch eine engelsgleiche Geduld hat er trotz allem nicht.

Somit war also doch richtig, was er getan hat – das Gespräch mit dieser alten gemeinsamen Freundin abzubrechen, die so impertinent war, ihn zu dieser späten Abendstunde anzurufen, einem Zeitpunkt, an dem es streng genommen gar nicht mehr schicklich war, andere telefonisch zu belästigen.

8

Im Det Nye Theater in der Rosencrantzgata hat der junge Henki Kolstad in der Rolle des Doolittle in Bernard Shaws *Pygmalion* den Veteranen Carl Struve abgelöst, und Oslos Kinos sind noch immer ausverkauft, wenn Leif Juster in *Der verschwundene Wurstmacher* und Wenche Foss in *Ein Herr mit Schnurrbart* auf dem Programm stehen. In den Zeitungsanzeigen ist von »Lachsalven« die Rede. Das mag wohl so sein, aber Doffy und Kari lassen sich an diesem Pfingstsamstag weder zu Kino noch zu Theater verleiten. Stattdessen halten sie ihre eigene kleine stille Feier ab, in ihrem Zimmer in der Lille Frogner allé, mit einer Flasche selbstgemachtem Obstwein und mit Käsebroten, die sie im Schutz der Verdunkelungsrollos mit verbotenen Papierfähnchen geschmückt haben.

»Na, wie geht es auf Ekely«, fragt Kari mit einem kleinen Lächeln, während sie am Wein nippen und auf König Haakon in seinem englischen Exil anstoßen.

»Werden sehen.«

»Gefällt er dir?«

»Da bin ich mir noch nicht sicher.«

»Wie ist er denn so?«

»Ach, was glaubst du? Er ist total doppelt, weißt du.«

»Wie denn das?«

»Im einen Augenblick faucht und kläfft er, und gleich danach ist er dann lammfromm.«

»Ein Wolf im Schafspelz?«

»Ach, was weiß ich. Beim letzten Mal hat er gefragt, ob ich für ihn Akt stehen würde.«

»Und willst du?«

»Ja, das muss ich doch wohl. Dafür bezahlt er ja schließlich.«

»Dafür?«

»Ja, natürlich.«

»Ist er sehr alt geworden?«

»Ach ja. Aber manchmal hat er doch ein jugendliches Funkeln in den Augen.«

»Das Modell von ihm, das eine Freundin meiner Mutter gekannt hat, hat erzählt, dass er sich immer anständig benommen hat.«

»Das hat er bei mir auch. Du hast dich also mit deiner Mutter ausgesöhnt, Kari?«

»Ja, irgendwie schon. Sie ist jetzt so riesig, das kannst du dir nicht vorstellen.«

»Kommt dir das seltsam vor?«

»Ein bisschen komisch kommt es mir schon vor.«

»Und dein Stiefvater?«

»Der stolziert stolz wie ein Gockel durch die Gegend. Ja, das kannst du dir sicher vorstellen, oder?«

»Sicher. Sie haben sich übrigens ein schönes Haus zugelegt.«

»Ja, aber es gehört ihnen ja nicht. Sie haben es nur gemietet.«

»Und diese Insel vor der Südküste? Haben sie da auch nur gemietet?«

»Nein, sie haben die Insel gekauft, und danach haben sie Handwerker angeheuert, die Haus, Anleger und Bootsschuppen bauen sollen. Sie mussten dafür einen Kredit aufnehmen, aber die Insel hat nur fünftausend gekostet.«

»Ist das wahr?«

»Es ist noch dazu eine sehr große Insel, und mitten im offenen Meer. Wenn du Lust hast, kannst du im Sommer mal mitkommen. Meine Mutter hat gesagt, ich dürfte eine Freundin mitbringen, wenn wir ein bisschen mit anfassen und so.«

»Das möchte ich gern, Kari. Sag einfach Bescheid, wann es passt.«

»Sie wollen den ganzen Sommer da sein, haben sie gesagt, sobald meine Mutter nach der Geburt wieder zu Hause ist.«

Dorothy nickt. Sie stoßen mit Obstwein an. Sollen sie vielleicht einen Spaziergang durch die verdunkelte Stadt machen und nachsehen, ob sich irgendwo etwas rührt? Es ist noch keine zwölf.

Aber sie bleiben sitzen und reden über Scheidungen in ihren Familien, und über Kari und ihren neuen Stiefvater – und die vielen aufregenden Theaterleute und Dichter, die zu den großen Festen in der gemieteten hochherrschaftlichen Villa in Homansbyen kommen. Sie sind ein wenig beschwipst, nur ein wenig, aber genug, um es zu merken. Kari fragt:

»Es gefällt dir also, auf Ekely Akt zu stehen?«

»Das habe ich doch noch nicht gemacht.«

»Aber du findest die Vorstellung anziehend?«

»Ich weiß nicht. Es ist irgendwie peinlich.«

»Ja, das kann ich verstehen. Ein sabbernder Greis – und von dem ohne Kleider gesehen zu werden.«

»Er sabbert nicht.«

»Er gefällt dir also?«

»Tja. Er ist ja der Meister.«

»Wieso das denn?«

»Wer sollte das sonst sein?«

»Nein, da hast du recht. Ich muss zugeben, dass ich auch ein bisschen neidisch werde.«

»Warum das denn?«

»Weil du die Gelegenheit wahrgenommen hast, hinzufahren, und nicht ich.«

»Du kannst mitkommen, wenn du willst.«

»Das geht wohl nicht mehr so gut.«

»Warum nicht? Ich kann ihn doch fragen.«

»Ja, mal sehen, ich weiß nicht so recht.«

»Du kannst es dir ja überlegen.«

»Ja, dann ist das abgemacht, Doffy.«

Sie nippen wieder am Wein.

»Bei der Arbeit erzählt er manchmal.«

»Wovon erzählt er denn?«

»Ach, von so vielen Dingen. Kann ich mal mit dir üben, was meinst du?«

»Wieso denn üben?«

»Das hast du sicher verstanden.«

»Ich soll dich ohne Kleider zeichnen?«

»Ja, wenn du nichts dagegen hast.«

Sie sind zwar vom Obstwein ein wenig benommen, aber sie schaffen es doch noch, dasselbe zu tun wie immer an ihren Zeichenabenden – sie holen ihre Skizzenblocks, sorgen für die passende Beleuchtung, schließen die Tür ab, überzeugen sich davon, dass die Fenster vollständig verdunkelt sind. Doffys Wangen werden rot, und sie ruft, als sie ihr Kleid aufknöpft:

»Es ist so ein seltsames Gefühl, alles auszuziehen.«

»Dann kann ich ja anfangen.«

»Willst du?«

»Natürlich.«

»Nicht alles. Nur ein bisschen, ja?«

So verbringen sie den Abend an diesem Pfingstsamstag.

Nach und nach gewöhnen sie sich daran, nicht nur ihre Gesichter zu zeichnen. Während Kari sich über eine schlechte

Gewohnheit ihres Verehrers beschwert, in den sie sich in diesem Frühjahr nun doch nicht verliebt hat, hat sie angefangen, sich auszuziehen – im einen Moment kann es aussehen, als versuche sie, eine scheue Szene aus *Hafen im Nebel* zu imitieren, im anderen scheint sie eher an den *Blauen Engel* zu denken.

Es ist eine Form von Schauspielerei. Sie ist nicht so. Aber auch Doffy kann, wenn sie will, auf diese Weise theatralisch sein – wenn sie damit an die Reihe kommt, gezeichnet zu werden.

Später, als die Käsebrote verzehrt sind und sie an einem neuen Glas Wein nippen, werden sie munter, und am Ende zieht Kari sich das Kleid über den Kopf und steht in ihren Spitzenhöschen da.

Während Doffy zeichnet, fällt ihr bei Kari eine Veränderung auf, rosa Flecken, die kurz an ihrem Hals auflodern und dann wieder verschwinden.

Als Nächstes zeichnen sie einander als Ganzakt. Es kommt ihnen nicht mehr so unmöglich vor.

Sie schenken noch ein wenig in die Gläser nach. Es gibt keinen Grund, den letzten Rest Wein stehen zu lassen.

Zwei Tage darauf, ziemlich spät am Abend – während Kari im Badezimmer ist und sich für die Nacht zurechtmacht – geht Dorothy zum Telefon, das auf dem Gang vor ihrer kleinen Wohnung in der Lille Frogner allé klingelt.

»Ja?«

»Bist du das, Kari?«

»Nein, hier ist Doffy.«

»Also, Doffy, kannst du bitte deiner Zimmergenossin sagen, dass sie eine kleine Schwester bekommen hat?«

»Einen Moment, dann hole ich sie.«

»Nein, das ist nicht nötig. Richte ihr einen schönen Gruß aus und sag ihr, dass sie eine kleine Schwester bekommen hat.«

»Stimmt das? Herzlichen Glückwunsch, Herr Doktor.«

»Vielen Dank, Doffy.«

»Und alles ist gut gegangen?«

»Ja, es gab keine Komplikationen, Mutter und Kind geht es gut. Ich muss noch andere Anrufe erledigen. Grüß einfach Kari von mir, du, und sag, dass sie gern auf der Wochenstation zu Besuch kommen darf – vielleicht nicht morgen, aber jedenfalls übermorgen, oder überübermorgen, würdest du ihr das bitte ausrichten? Wenn das an einem dieser Tage für sie möglich ist. Zur Besuchszeit, ja?«

»Ja, das werde ich ausrichten, Herr Doktor.«

Als Dorothy auflegt, kommt Kari aus dem Badezimmer.

»Du hast eine Schwester!«

»Stimmt das?«

Sie umarmen einander. Sie lachen und weinen. Es ist eine Art Ritual für sie, wenn etwas Aufregendes passiert ist, dann wechseln sie zwischen Trost, Lachen und Tränen, eng umschlungen.

Die Katze drückt sich an der Wand vorbei, mit ihrem gelbgrünen Blick im Dunkeln, und reibt sich an ihren Knöcheln, um Aufmerksamkeit zu erlangen. Als sie in ihr Zimmer gehen, schlüpft die Katze mit hinein. Die beiden Freundinnen setzen sich auf die Bettkante, nehmen das warme Tier zwischen sich und streicheln es ein wenig.

»Ein kleines Mädchen«, sagt Kari verträumt und krault die Katze hinter dem Ohr.

Auf ihrem Schoß ist ein Schnurren zu hören, als sie dort dicht nebeneinander sitzen, und die verschmuste Hauskatze eine Art Teil von ihnen darstellt.

Anfang Juni ruft der Chef des verstaubten Büros in der Quadratur Doffy zu sich und teilt ihr mit, was sie schon längst geahnt hat:

»Es tut mir leid, Fräulein Dorothy, aber wir müssen Einsparungen vornehmen.«

»Ich verstehe.«

»Es tut mir leid, aber wir müssen die Damen vorziehen, die am längsten bei uns waren.«

»Das ist doch selbstverständlich, Herr Direktor.«

»Vielleicht werden wir im Herbst wieder eine Aushilfe brauchen. An Ihrer Arbeit hier bei uns ist ja nichts auszusetzen. Wenn ich das richtig verstanden habe, studieren Sie?«

»Ja.«

»Dann hoffe ich, dass Sie eine andere Teilzeitarbeit finden können, wenn das nötig ist. Ich werde Ihnen jedenfalls persönlich ein gutes Zeugnis ausstellen.«

»Danke, Herr Direktor.«

Dorothy setzt eine Leichenbittermiene auf, macht noch einen Knicks und bedankt sich ein weiteres Mal, ehe sie das Büro des Chefs rückwärts verlässt – aber innerlich ist sie gar nicht traurig darüber, aus diesem Mausoleum verwiesen zu werden, in dem ihr bisher nur langweilige Routinearbeiten zugeteilt worden sind. Stattdessen fühlt sie sich voller Leben und Tatkraft.

Sie wird es schon schaffen. Wartet nur!

Aber wenn die selbstzufriedenen Herren in der Firma sich vorstellen könnten, mit welcher Arbeit sie jetzt ihren elenden Lohn ersetzen wird – dann würde sie weiß Gott einiges darum geben, wenn sie ihre Gesichter sehen könnte.

Einige Stunden später, nach einem ungewöhnlich anstrengenden Kolloquium mit ihren drei Kommilitoninnen und einer mageren Fischauflaufmahlzeit an einem Fenstertisch in der *Kaffistova,* sinkt Doffys Lebensmut so rasch, wie er gen Himmel gestiegen ist, als sie das Büro des Chefs verließ.

Das überschäumende Gefühl von Freude ist verschwunden. Ihre Stiefel fühlen sich feucht und schwer an. Als sie beim Professor Aschehougs plass um eine Ecke biegt, stößt sie mit einem deutschen Offizier zusammen, der versucht, sie zu berühren.

»Ach, Fräulein! Sie sind es doch, oder? Ich möchte Ihnen sagen, dass Sie eine melancholische Schönheit sind. Verzeihen Sie. Darf ich fragen …«

Ein Schweißtropfen läuft über Doffys Nacken, als sie die stechenden blaugrünen Augen vom vergangenen Winter in Studenterlunden erkennt – als dieser Mann sie dazu brachte, in einen Hundehaufen zu treten, weil er so plötzlich so dicht an sie heranrückte.

Wird sie von diesem deutschen Offizier denn wirklich verfolgt?

Kann er sie durch das Fenster erkannt haben, als sie ihre karge Mahlzeit einnahm, und hat er dann hier draußen gewartet, bis sie fertig war?

Eine überfüllte Straßenbahn hält an der Haltestelle. Verängstigt springt Doffy hinein, ohne zu sehen, welche Linie es ist – und versucht, sich im Gedränge zu verstecken. Beim Ostbahnhof steigt sie in eine Bahn nach Frogner um. Den deutschen Offizier mit den blaugrünen Augen sieht sie nicht wieder. Es war also vielleicht doch nur ein Zufall. Obwohl sie sich da nicht sicher fühlen kann.

»Eine melancholische Schönheit?«

Igitt. Doffy fühlt sich auf dem Heimweg von der Straßenbahnhaltestelle bei der Vestheim-Schule immer niedergeschlagener.

In der Dunkelheit an diesem Abend, als sie und Kari im Bett liegen, erzählt Doffy von ihren beiden Zusammenstößen mit dem deutschen Offizier – zuerst dem im Winter in Studenterlunden, dann dem vor einigen Stunden auf dem Professor Aschehougs plass.

»Das ist nur ein Trottel, dem dein Gesicht aufgefallen ist, Doffy.«

»Ja, aber es ist so ein widerliches Gefühl, also ob ich etwas Klebriges in den Haaren hätte. Gefährlich kann es außerdem sein.«

»Wieso sollte das gefährlich sein?«

»Er hat so unangenehme Augen.«

»Wirklich?«

»Sie haben so etwas Meergrünes und Saugendes. Verstehst du?«

»Mach einfach einen großen Bogen um ihn, Doffy, dann geht sicher alles gut.«

9

Es ist lange her, dass der Alte auf Ekely seine tägliche Mahlzeit zusammen mit jemand anderem einnahm. Es gibt gute Gründe, weshalb er sich so eingerichtet hat. Vor zehn Jahren stellte er einen Oberaufseher ein, der mit ihm im ersten Stock der Villa wohnte und mit ihm zusammen aß – doch wie sich zeigte, erwuchs nur Elend daraus.

Nach kurzer Zeit begann dieser Oberaufseher, sich in Dinge einzumischen, die ihn nichts angingen, und danach Vorschläge für so genannte »Verbesserungen« einzubringen, wie er sie zu nennen pflegte. Als der Mann nicht bekam, was er wollte, rächte er sich, indem er sich bei der Haushälterin auf Ekely einschmeichelte; der Frau, die der Maler in jenen Jahren ebenfalls als Modell benutzte.

Zielbewusst begann der Oberaufseher, einen fröhlich listigen Ton gegenüber der treuherzigen Hildur anzuschlagen, woraufhin er im Laufe des Herbstes um sie warb und schließlich Hals über Kopf mit ihr verschwand. Somit stand der Maler plötzlich völlig allein da – ohne Modell, ohne Haushälterin und ohne Oberaufseher.

Seht, so ging's dem Teufel; denn er war dumm
Und berechnete nicht sein Publikum.

Nach diesem wenig erheiternden Erlebnis zog Herr M. vom ersten Stock hinunter in das Schlafzimmer, in dem er seitdem wohnt – in unmittelbarer Nähe zu Bibliothek, Arbeitszimmer und Küche sowie der Tür, die hinaus auf die verglaste Veranda und in den Garten führt. Noch heute ist der erste Stock ständig verschlossen. Zu einer Zeit, als Herr M. besonders stark fürchtete, von Schwindlern und Banditen überlistet zu werden, ging er sogar so weit, an jeder Tür Schnappschlösser anbringen zu lassen, sowohl im Erdgeschoss als auch im ersten Stock; doch diese Schlösser benutzt er nicht mehr täglich, es sind so unglaublich viele Schlüssel, die er ständig bei sich haben muss.

Wäre es nicht – zum Zeitvertreib – eventuell möglich, das Abendessen zusammen mit Fräulein Berg einzunehmen?

Ab und an vielleicht. Zu besonderen Anlässen, wenn sie es beide für angebracht halten. Doch Fräulein Berg hat schon an vielen anderen Orten als Haushälterin gearbeitet, bevor sie zu ihm nach Ekely kam. Nach eigener Aussage hat sie es immer vorgezogen, zunächst das Abendessen für die Herrschaften zu bereiten, und dann – nachdem alles serviert wurde – allein am Küchentisch zu sitzen und etwas zu sich zu nehmen. Daran ist sie nun einmal gewohnt, und in gewisser Weise ist auch der Maler mit dieser Form der Mahlzeitenordnung auf Ekely hoch zufrieden. Als er sich entschied, Liv Berg einzustellen, kann es aus demselben Impuls geschehen sein, wie damals in Kragerø, wo er eine Haushälterin namens Inga Stærk und eine zweite mit dem Namen Stina Krafft beschäftigte – eine Art Namensmagie vielleicht? Doch es zeigte sich, dass alle drei ausgezeichnet zu ihrer Arbeit passten.

Draußen fällt ein leichter Nieselregen – wie schon seit einigen Tagen. Mit finsterer Miene blättert Herr M. durch die Zeitungen und liest ein wenig hiervon und etwas davon.

Achtzehn Norweger wurden hingerichtet, nach einem Sammelprozess; sie sollen versucht haben, sich mit einem kleinen Fischerboot nach England abzusetzen, wurden aber im Frachtraum entdeckt, als sich das Boot auf einem Fjordarm in der Nähe von Ålesund befand. Das ist doch kaltblütiger Mord und nichts anderes!

In Finnland feiert Marschall Mannerheim seinen fünfundsiebzigsten Geburtstag und bekommt zu Hause in Helsingfors Besuch von Adolf Hitler höchstpersönlich. In Prag ist Himmlers rechte Hand, Reinhard Heydrich, bei einem Attentat verstümmelt worden – was nach seinem Tod im Krankenhaus zu zahlreichen Überfällen, Verhaftungen und Vergeltungsmorden führte.

Arme Tschechen! Aus Rache für den Tod eines einzelnen SS-Offiziers werden Hunderte von Geiseln hingerichtet. Ist das ein gutes oder ein schlechtes Zeichen – dass die Besatzungsmacht begonnen hat, sich so hysterisch aufzuführen? Im besten Fall können die Ereignisse in Westnorwegen und der Tschechoslowakei als Anzeichen dafür gewertet werden, dass sich die Deutschen weniger unverwundbar und siegesgewiss fühlen, als es bisher in diesem Krieg den Anschein hatte.

Aber noch ist es ein weiter Weg. Schrecklich weit. Und es ist überhaupt nicht sicher, wie das alles enden wird.

Herr M. hat ein paar Freunde, die sich sicher sind, dass die Achsenmächte keine Chance mehr haben, nachdem die Vereinigten Staaten und die Sowjetunion in den Krieg eingetreten sind. Strategisch seien sie in eine globale Klemme geraten, die früher oder später zu einer Niederlage führen muss. Gut möglich, dass die beeindruckenden Berechnungen seiner Freunde zutreffen, aber doch wohl erst, nachdem er selbst schon lange abgetreten ist.

Hier eine Niederlage.

Dort ein Rückzug.

Als wäre die ganze Erde in eine einzige große, verfaulte militärische Schlammwüste verwandelt; man könnte durchaus zum Menschenfeind werden.

»Düstere Aussichten an allen Fronten!«

Wenn das kein Schlagwort ist, oder?

Nein, man sollte vielleicht besser alle Zeitungsnachrichten ignorieren und es den drei Affen gleichtun – nichts sehen, nichts sagen, nichts hören. Zumindest was die Geschehnisse draußen in der Welt anbetrifft.

Hier zu Hause ist das etwas anderes. Im milden Frühlingsregen ragt der Flieder über die Lattenzäune am Jarlsborgveien – und hier drinnen im Garten von Ekely neigt sich die Obstblüte schon ihrem Ende zu.

Wie viele Bilder mögen sich wohl in diesem Haus verbergen, in das er am liebsten niemanden einlassen möchte? Es kommt darauf an, wie er rechnet. An Ölgemälden gibt es vielleicht sechshundert? Oder achthundert? Lange ist es her, dass er versucht hat, sie zu zählen. Viele der Bilder sind versteckt. Die meisten sind natürlich Entwürfe oder Doubletten. Ein paar zu viele wurden verkauft – nicht wenige davon ins Ausland, und die meisten in die deutschsprachigen Länder.

Als am neunten April die Flugzeuge kamen und über der Stadt kreisten, befand sich Herr M. zusammen mit seinem Freund und Laufburschen, dem jungen Kunstsammler und Aktienhändler Rolf S. auf Ekely. Im Radio war gemeldet worden, dass deutsche Truppen in Oslo und weiteren norwegischen Küstenstädten gelandet seien. Die beiden gingen hinaus auf die Treppe vor der Glasveranda.

»Sehen Sie«, sagte der Junge mit düsterer Miene und zeigte in die Luft.

»Ja?«

»Das sind deutsche Flugzeuge.«

»Tatsächlich?«

»Bestimmt sind es deutsche.«

»Aha. Und was bedeutet das?«

»Was glauben Sie selbst, Meister?«

»Ein gutes Zeichen ist es jedenfalls nicht. Sie können ja deutlich sehen, wie sich die Flugzeuge bewegen.«

»Wie denn? Was meinen Sie?«

»Die Flugzeuge kreisen um Ekely, nicht wahr?«

»Ach?«

»Können Sie wirklich nicht erkennen, dass es Ekely ist, worauf die Flugzeuge es abgesehen haben?«

Der junge Mann blickte ihn prüfend an. Normalerweise war es nicht leicht, den mit allen Wassern gewaschenen Aktienhändler aus dem Gleichgewicht zu bringen, doch an diesem Tag wirkte er völlig schockiert.

Natürlich verstand ihn Herr M. So war es nicht. Aber in diesem Augenblick hatte es sich tatsächlich so angefühlt, als wären die deutschen Flugzeuge hinter ihm und seinen Bildern hergewesen.

Da komme bloß einer und rede von Irrsinn.

Ein paar Jahre, nachdem Herr M. nach Ekely gezogen war, geriet eines der Nachbarhäuser in Brand. Er wusste sofort, dass er ein Bild davon anfertigen musste. Also lief er dorthin, um eine entschlossene Skizze zu zeichnen. Für einen Maler gilt es, den Augenblick zu fassen, das Gefühl während des Sprungs festzuhalten. Ungefähr zur gleichen Zeit kam die Feuerwehr mit ihren heulenden Sirenen angefahren, und einer der Uniformierten forderte ihn auf, den Platz zu räumen.

»Einen Augenblick«, sagte er daraufhin.

»Nein, Sie müssen hier weg. Sofort.«

»Aber das ist meine Arbeit.«

»Wir müssen hier auch unsere Arbeit erledigen.«

Herr M. verneigte sich ehrerbietig und fragte den erregten Feuerwehrmann:

»Sie könnten sich nicht vielleicht vorstellen, einen Augenblick mit dem Löschen zu warten?«

Mit schwarzen Augen starrte der Feuerwehrmann ihn an. Der Maler wollte ihm das mit der Farbe erklären; dass die Kamera das züngelnde Feuer in all seiner unerträglichen Pracht nicht wiedergeben könne, aber der Feuerwehrmann wollte nichts davon hören – schroff wurde Herr M. wegbeordert.

Daraufhin zog er sich ein wenig zurück, sodass er den Feuerwehrschläuchen nicht länger im Weg stand, und setzte seinen Versuch fort, die richtigen Farbnuancen von Ockergelb, Rot und Orange einzufangen, mit einem Hauch von Blau und Grün darin – bevor das ganze Motiv von den allzu emsigen und wirkungsvollen Löscharbeiten der Feuerwehrleute zerstört wurde.

Qualm. Glut. Grau in grau. Aus dem Ganzen entstand ein Gemälde – wenngleich auch kein so gutes Bild, wie er es zunächst vor sich gesehen hatte, in dem Augenblick, als er das brennende Haus entdeckte. So etwas passiert oft. Man sieht ein Bild vor seinem geistigen Auge – schafft es aber nicht, dies einzufangen, zumindest nicht auf die lebendige Art und Weise, die man ursprünglich vor sich gesehen hat.

Mit dem furchteinflößenden Stapel unbeantworteter Briefe setzt sich Herr M. an den Schreibtisch und kann im Laufe der folgenden Tage ein paar davon beantworten; nur unter großen Zweifeln allerdings schafft er es, die Briefmarken auf die Umschläge zu kleben und alles zur Post zu bringen. An seine letzte noch lebende Schwester schreibt er:

Liebe Inger. Ich meine, du befindest dich in großem Irrthum, wenn du glaubst, dass es dir besser ergeht, wenn du in eine kleinere Wohnung ziehst. Ich habe dir meine Meinung zu dieser Sache gesagt (...) Du wohnst im besten und vernünftigsten Teil der Stadt – dort gibt es sowohl Land als Stadt. Überall gibt es Läden, du hast Bus- und Straßenbahnverbindungen, und es liegt nahe beim Holmenkollen.

Im Laufe der ersten zwei Juniwochen wird der Niederschlag erst sporadischer, um dann schließlich ganz aufzuhören.

Die Wolken türmen sich zu mächtigen Luftschlössern auf, bis sie nach und nach verschwinden, und der Himmel mit seinen sich verändernden violetten und azurfarbenen Tönen erneut wie endlos wirkt. Die Landschaft im Umkreis der alten zugewucherten Handelsgärtnerei auf Ekely liegt wie frisch gebadet und durchtränkt von Feuchtigkeit da und dünstet Vorsommerfarben aus.

Mittlerweile ist fast zu einer festen Routine geworden, dass der Maler sonntags Besuch von der blonden jungen Studentin bekommt.

Den Gedanken, dass sie eine von seinen Feinden ausgesandte Spionin sein könnte, hat er inzwischen verworfen. Prinzipiell ist natürlich alles denkbar, aber er hat ein paar kleine spitzfindige Fallen ausgelegt, um sie eventuell enttarnen zu können, und bislang hat er an ihrem Verhalten nichts Kompromittierendes festgestellt. Das Einzige ist vielleicht eine etwas zu schlecht verborgene Neugier auf alles, was ihn und seine Umstände betrifft. Aber das muss natürlich nicht bedeuten, dass sie im Auftrag anderer handelt. Genauso gut kann es ein Teil der ihr eigenen Wesensart sein.

Der Vorsommer ist eine schöne Zeit – das lässt sich sowieso nicht leugnen. Umso mehr hilft es, dass die Bronchitis endlich den stählernen Griff um seine Brust gelöst hat.

Für diesen Junisonntag sind örtliche Gewitter angekündigt. Doch um die Mittagszeit liegt der Obstgarten noch immer von der Sonne aufgeheizt unter den dahinziehenden Wolken. Der Maler breitet die Arme aus, deutet auf Gemüsebeete, Beerensträucher und Blumen, reicht ihr die Hand und ruft:

»Willkommen auf Ekely, Fräulein Dorothy.«

Sie begrüßen sich, und in diesem Augenblick ist sie so freimütig, dass sie, mit einem kleinen, schelmisch wirkenden Lachen erwidert:

»Sagen Sie lieber Doffy zu mir, so wie meine Freunde.«

»Doffy?«

»Ja.«

»Ich gehöre, wie Sie sicher verstehen, noch einer anderen Zeit an. Hätten Sie etwas dagegen, wenn ich weiter Dorothy zu Ihnen sage? Zumindest gelegentlich? Ich habe ein Gemälde von Ihnen angefangen. Möchten Sie es gerne sehen? Ich habe es ›Besuch auf Ekely‹ genannt.«

»Ja, das würde ich sehr gerne, Meister. Ich hatte bisher den Eindruck, dass Sie Ihre Bilder nur ungern anderen zeigen, bevor sie das Gefühl haben, mit ihnen fertig zu sein?«

»Dann möchte ich für Sie gerne eine Ausnahme machen, Fräulein Dorothy.«

»Wie reizend.«

»Es steht auf der Staffelei hier vorne im Nebenzimmer. Ich bin zwar noch nicht ganz zufrieden, noch immer fehlen ein paar Kleinigkeiten, aber ich hoffe, dass ich sie im Laufe der heutigen Sitzung hinzufügen kann. Möchten Sie es jetzt sehen oder später?«

»Was meinen Sie denn, Meister?«

»Vielleicht sollten wir erst ein wenig arbeiten? Ich hoffe sehr, dass sie nicht vergessen haben, genau dieselben Sachen wie beim letzten Mal zu tragen. Können Sie sich so hinstellen, in dieser Position, den linken Fuß etwas vorgeschoben?«

Eine Zeitlang arbeitet er schweigend. Gelegentlich sieht er auf. Nach einer Weile scheint es, als säße der jungen Doffy der Schalk im Nacken, wenn er sie anblickt.

»Was ist denn, Fräulein Dorothy?«

»Nichts.«

»Es sieht fast aus, als wollten Sie sich über mich amüsieren.«

»Nein, keineswegs. Das missverstehen Sie wohl, Meister. Ich bin heute einfach nur sehr glücklich.«

»Und weswegen?«

»Ich weiß nicht genau. Ich durfte gestern die Windeln bei einem kleinen Säugling wechseln, vielleicht liegt es daran.«

»Haben Sie jetzt ein Kind in Ihrer Wohnung?«

Während sie sich unterhalten, arbeitet er weiter mit seinen Pinseln. Es versteht sich von selbst, dass ein Bild dieser Art nur dann gelingt, wenn einige der eher versteckt liegenden Charaktereigenschaften des Modells deutlicher zum Vorschein treten; und die beste Methode, um weniger deutliche Persönlichkeitszüge sichtbar zu machen, besteht darin, eine Unterhaltung in Gang zu halten. Sogar wenn Herr M. ein Auftragsportrait anfertigt, arbeitet er auf diese Weise. Es hat keinen Sinn, ein gutes Bild von einem Menschen zu malen, bei dem man nicht wenigstens ein wenig an der Oberfläche gekratzt hat. Dorothy lacht laut und erwidert:

»Aber nein, überhaupt nicht. Ich war mit meiner Zimmergenossin Kari zu Hause bei ihrer Mutter in Homansbyen. Sie hat vor kurzem eine Schwester bekommen.«

»Die Mutter hat eine Schwester bekommen?«

»Nicht die Mutter, aber Kari.«

»Ach so. Dann gibt es wohl viele Kinder in dieser Familie?«

»Nur drei.«

»Und Sie durften bei dem kleinsten die Windeln wechseln?«

»Ja, sie ist so niedlich, das können Sie sich gar nicht vorstellen. Und dann …«

Doffy kichert erneut. Herr M. fährt fort, ein paar Kleinigkeiten an dem Portrait zu bearbeiten. Etwas an diesem Lachen verändert ein wenig den bisherigen Eindruck von seinem Modell, und konzentriert arbeitet er weiter, um dies im Bild hervorzuheben – dazu malt er etwas mehr Sonnenlicht auf die Wand hinter ihr, justiert ein paar Farbnuancen und verändert einige Details.

»Ja?«

»Nein, das kann ich nicht erzählen.«

»Was denn?«

»Sie würden nur glauben, dass ich dumm und kindisch bin.«

»Dumm und kindisch können Sie als angehende Juristin wohl kaum sein.«

»Ja, denken Sie über mich nur, was sie wollen. Sie heißt Ingvil.«

»Wer denn?«

»Die kleine Schwester meiner Zimmergenossin. Wir stehen einander sehr nahe, Kari und ich. Vielleicht kann ich sie einmal mit hierherbringen?«

»Aber sicher können Sie das. Und was passierte dann mit der Kleinen?«

»Ach nein, das ist so dumm, dass … Vielleicht möchten Sie ja gar nicht, dass ich das erzähle.«

»Jetzt machen Sie mich aber neugierig, Fräulein Dorothy.«

»›Fräulein Dorothy‹ klingt so steif.«

»Und Doffy klingt nach einer Zeichentrickfigur.«

»Ja, nicht wahr? Aber der Name fügt niemandem Schaden zu, sagt meine Mutter.«

Draußen vor dem Fenster ist der Himmel unruhiger geworden. M. nickt und arbeitet eine Weile schweigend weiter. In der Ferne hört man ein Donnergrollen. Schließlich verzieht er das Gesicht und murmelt:

»Nun also, jetzt erzählen Sie schon.«

»Was denn?«

»Von ihrem Säugling.«

»Ach, da gibt's nichts zu erzählen.«

»Wirklich nicht?«

»Nein … Also das kleine Mädchen lag auf dem Wickeltisch im Bad, ja? Wissen Sie überhaupt etwas über Säuglinge, Herr M.?«

»Nein, ich habe keine Kinder. Die Bilder, die Sie hier an den Wänden sehen, das sind meine Kinder.«

»Das verstehe ich sehr gut, Meister. Sie sind zu dem Schluss gekommen, dass Sie sich für die Kunst opfern müssen, nicht wahr?«

Er runzelt die Stirn, beleidigt von ihrem Tonfall; der kommt ihm irgendwie respektlos vor. Abermals schweigen sie eine Weile, ehe er mit angestrengt höflicher Stimme sagt:

»Es war kein Opfer.«

»War es das nicht?«

»Nein, es kam, wie es kommen musste. Aber jetzt vergessen Sie nicht Ihre Geschichte.«

»Es gibt keine Geschichte, sie hat mich nur pitschnass gemacht.«

»Hat sie Sie mit Wasser begossen?«

»Nein, mit dem Baden waren wir ja schon fertig, Kari und ich. Die kleine Ingvil lag auf dem Wickeltisch und war munter und vergnügt, wie es nur eben geht. Wir hatten sie gepudert und ihre wunden Stellen mit Salbe eingerieben. Und plötzlich war da ein Strahl!«

»Ein Strahl?«

»Ja unglaublich, nicht? Als wäre sie ein Junge!«

»Also, Sie meinen …«

»Ihr Strahl hat mein neues blaues Kleid ganz nass gemacht! Wir haben uns krumm und schief gelacht, Kari und ich. Und die kleine Ingvil hat nur dagelegen und uns verwundert angeschaut. Können Sie sich das vorstellen, so eine Kraft?«

»Ach, ich kenne mich mit kleinen Kindern nicht so gut aus.«

»Aber Sie hatten doch auch einmal kleine Geschwister, oder nicht?«

»Doch, ja. Aber das ist schon sehr lange her.«

Draußen, ganz in der Ferne, sehen sie einen Blitz aufzucken und hören Donnergrollen. Aber hier auf Ekely scheint noch immer die Sonne.

Eine Zeitlang arbeitet M. schweigend weiter, ohne sich etwas anmerken zu lassen. Nur noch ein paar Farbjustierungen sind nötig, und dann gelingt es ihm wohl, das Neuartige einzufangen, das er an diesem Sonntag an ihr bemerkt; diese Form der mündlichen Ausdrucksfreiheit, die in seiner Jugend undenkbar gewesen wäre.

Noch dazu ist sie eine Studentin der ehrwürdigen juristischen Fakultät – ausgerechnet!

Es ist wirklich kaum zu glauben. In gewisser Weise ist etwas Unangenehmes an ihrer Offenherzigkeit – aber gleichzeitig kann er nicht umhin festzustellen, dass sein innerer Doppelgänger, der Skandalmaler, es durchaus charmant findet, was sie zu sagen hat.

Versteht sie nicht, dass er alles genau vor sich sieht? Begreift sie nicht, wie detailliert diese inneren Bilder sind, die sie auf seiner Netzhaut hervorruft – die drei in Homansbyen; sein Modell, ihre Zimmergenossin und der neugeborene Säugling? Errät sie nicht, welch codeartige Unterhaltung sie mit ihm eingeleitet hat, indem sie diese Anekdote erwähnt – und in seiner Gegenwart auf so offensichtlich unschuldige Art darüber lacht? Während sie augenscheinlich darum bemüht ist, ihre Position zu halten, murmelt sie leise:

»Ich hab's doch gewusst. Ich hätte das nicht erzählen dürfen. Jetzt denken Sie, dass ich mich kindisch aufgeführt habe.«

»Woher wollen Sie wissen, was ich denke, Doffy?«

»Ich sehe es Ihnen an.«

»Tatsächlich? Ich fand, dass das eine hübsche Geschichte war, an der Sie mich so freimütig teilhaben ließen.«

»Und warum lachen Sie dann nicht?«

»Ich bin schüchtern. Sie dürfen nicht vergessen, dass ich in einem streng pietistischen Haus aufgewachsen bin. Aber wirklich ärgerlich, dass Ihr blaues Kleid beschmutzt worden ist.«

»Ach was, das habe ich gleich ins Wasser gelegt und mir dann ein anderes von Kari ausgeborgt. Wir tauschen oft die Kleider, Kari und ich. Wir haben dieselbe Größe, das ist praktisch.«

»Ich hoffe, Sie halten mich nicht für zudringlich, wenn ich anmerke, dass Sie ein recht offenes Wesen haben, Fräulein Dorothy?«

»Finden Sie das wirklich, Meister? Dann sollten Sie einmal Kari kennenlernen. Die ist wirklich freimütig. Das blaue Kleid ist übrigens schon wieder gewaschen und genauso schön wie zuvor. Aber eigentlich laufe ich ja am liebsten in Hosen herum.«

»Ach, ja? Dann kommen Sie doch einmal in Hosen hierher.«

»Würden Sie das erlauben?«

»Aber natürlich, Fräulein Dorothy. Jetzt können Sie kommen und sich das Bild ansehen, wenn Sie mögen.«

Sie zögert ein wenig, bevor sie zu ihm tritt. Im ersten Moment sagt sie nichts, sieht bloß das Bild an. Nach einer Weile ruft sie mit respektvoller Stimme:

»Wie Sie das machen …!«

»Das ist schließlich mein Fach. Wollen wir dann mit dem Halbakt beginnen?«

Rasch legt Dorothy Hut und Handtasche ab, zögert aber dann. M.s Mund umspielt ein spöttisches Lächeln.

»Wenn Sie schüchtern sind, können Sie sich hinter dem Wandschirm ausziehen.«

M. weist ihr den Weg. Sie tritt hinter den Schirm und beginnt sich auszukleiden.

»Wir können in das Zimmer gehen, in dem das unterste Fenster verdeckt ist, wenn Sie mögen.«

»Ja, Herr Meister.«

»Können Sie nicht versuchen, dieses ›Herr‹ wegzulassen, Dorothy?«

»Verzeihung.«

»Sie brauchen sich nicht die ganze Zeit zu entschuldigen, ich möchte nur, dass Sie damit aufhören.«

»Ja, gut.«

»Verstehen Sie?«

»Ja, Meister.«

»Na, das ist schon besser. Sind Sie bald soweit?«

»Nur noch einen Augenblick.«

»Wenn Sie möchten, können Sie Ihr Unterkleid mitnehmen.«

»Ja gut, Meister.«

»Sie haben sich freiwillig bereit erklärt, mir als Aktmodell zu dienen, aber Sie haben es zuvor noch nie versucht?«

»Nur für meine Freundin Kari.«

»Ach so. Sind Sie bereit?«

Unbekleidet tritt sie hinter dem Wandschirm hervor, ihr Unterleib ist unter dem seidenen Unterrock verborgen. Sie wirkt einigermaßen verschüchtert.

Einen Moment lang gibt es etwas an ihrem Ausdruck, das ihn an das blutjunge Mädchen erinnert, welches in Hammersborg zu ihm ins Atelier kam und darum bat, Modell stehen zu dürfen, kaum mehr als dreizehn oder vierzehn Jahre kann sie damals gewesen sein – die ganze Angst vor dem, was dort lag und auf ihr schutzloses Leben wartete, stand in ihrem Gesicht und den keulenartigen Schatten eingezeichnet, die er im Hintergrund malte, als sie nackt auf der Bettkante saß, auf diesem Bild, das später den Titel ›Pubertät‹ erhielt.

Auch dies ein Skandalbild.

Diese Dorothy allerdings ist keine vierzehn, sie ist eine erwachsene junge Studentin, aber etwas von dieser Scheu und diesem ängstlichen Zug findet sich auch in ihrem Gesicht. Kann es wirklich sein, dass sich Fräulein Dorothy noch nie vor einem Mann ausgezogen hat?

Oder ist er es, der beinahe achtzig Jahre alte Maler M., der einen so erschreckenden Eindruck auf sie macht? Aber wenn das zutrifft – warum hat sie sich dann auf eigene Faust erboten, herzukommen und ihm als Aktmodell zu dienen?

»Können wir dann anfangen, Fräulein?«

»Ja gewiss, Meister.«

»Stellen Sie sich bitte so hin.«

»So, etwa?«

»Nein, so. Ich werde zunächst eine Skizze machen.«

Jetzt steht sie also da, beide Füße fest auf dem Fußboden verankert, den seidenen Unterrock vor den Schoß haltend.

»Erlauben Sie, dass ich …«

Sie zuckt zusammen, als er dicht an sie herantritt.

»Verzeihen Sie, Dorothy. Ich werde Sie nicht anrühren, wenn Sie das lieber nicht möchten.«

»Nein, ich hoffe wirklich nicht, dass …«

»Ich darf Ihnen aber zeigen, wie ich finde, dass Sie stehen sollen, nicht wahr?«

»Sie möchten, dass ich den Unterrock festhalte?«

»Ja, mit beiden Händen, so.«

»Auf diese Weise?«

»Ja, das ist gut. Und wenn Sie versuchen könnten, den Kopf ein wenig nach links zu drehen?«

»So, ja?«

»Frontal, mit dem Gesicht im Profil. Ihre Hände sind etwas größer, als es bei jungen Mädchen sonst der Fall ist.«

»Ich bin ja wohl auch kein junges Mädchen mehr.«

»Sind Sie das nicht? Das Gesicht etwas mehr zur Seite. So, ja. Können Sie diese Stellung halten?«

»Wie Sie wünschen, mein Herr.«

›Mein Herr‹. Ist das ein Ausdruck des Respekts, oder liegt gleichzeitig vielleicht ein spöttischer Unterton darin? M. beginnt mit der Skizze, kann aber nicht an sich halten. Unvermittelt verfliegt seine Gereiztheit und er ruft:

»Sie sind übrigens ziemlich hübsch, wissen Sie das?«

»Naja.«

»Sie dürfen das nicht so einfach abtun, Fräulein Dorothy. Schönheit ist eine Gabe der Natur, die einige Menschen besitzen und die meisten von uns nicht haben.«

Sie hüstelt ein wenig, räuspert sich. Plötzlich erscheint etwas Herausforderndes auf ihrem bislang so schüchternen Gesicht.

»Sie selbst sind aber auch ein ganz flotter Indianerhäuptling.«

M. lacht.

»Indianerhäuptling? So hat mich bisher noch niemand genannt.«

»Denken Sie nur an Ihr kräftiges Kinn, die Adlernase und Ihr strenges, aber rechtschaffenes Wesen. Ich könnte Sie mir durchaus mit so einem Federschmuck auf dem Kopf vorstellen.«

»Ich fühle mich durch Ihre freundlichen Worte geschmeichelt, aber ich war immer davon überzeugt, dass unserem Herrn mit Eva ein besseres Werk geglückt ist als mit Adam. Ich will Ihnen nur eins sagen, wenn es die weibliche Schönheit nicht gäbe, wüssten wir Maler kaum, womit wir uns beschäftigen sollten.«

»Sie erlauben sich wohl, mit mir zu scherzen, Meister?«

»Nein, durchaus nicht.«

»Sie spaßen nur, geben Sie es ruhig zu.«

»Überhaupt nicht. Denken Sie zum Beispiel an Renoir oder den alten Rubens. Was ist außer den prachtvollen weiblichen Akten malerisch von ihnen übrig geblieben?«

»Jetzt hören Sie aber auf, mein verehrter Herr.«

»Ach?«

»Von Rubens und Renoir ist weit mehr ›Malerisches‹ übrig geblieben, als nur ihre vielen weiblichen Akte. Und was Sie selbst betrifft …«

»Ja, ich weiß, ich habe sehr viel mehr gemalt als nur Frauen, dessen bin ich mir bewusst … Ist es nicht anstrengend, diese Pose zu halten? Sollen wir eine Pause machen?«

»Sehr gern.«

»Sie können sich ja hinter dem Wandschirm wieder etwas ankleiden, dann werde ich in der Zwischenzeit Tee zubereiten.«

Draußen hat es zu regnen angefangen. Die ganze Zeit erklangen schwache Donner in der Ferne, doch inzwischen scheint das heftigste Unwetter abgezogen zu sein. Der Maler wendet seinem Modell den Rücken zu und geht hinaus in die Küche, um Wasser in den Kessel zu füllen und den Herd anzuzünden. Als er zurückkommt, schaut Doffy hinter dem Wandschirm hervor und fragt:

»Ist Ihre Haushälterin heute nicht da, Meister?«

»Ich glaube nicht. Normalerweise hält sie sich im Zimmer neben der Küche auf, aber ich gebe ihr sonntags immer frei – wenn ich nicht gezwungen bin, sie stattdessen an einem anderen Tag zu entbehren.«

Der Wandschirm ragt gerade so weit in die Höhe, dass sie Augenkontakt halten können, während Dorothy nach dieser ersten, recht kurzen Halbakt-Séance dabei ist, sich wieder anzuziehen. M. drängt sich der Eindruck auf, dass es ihn im Grunde genommen genauso viel angeht zu sehen, was hinter dem Wandschirm passiert, nachdem sie jetzt dabei ist, sich wieder anzukleiden, wie es bereits in dem Moment der Fall war, als er arbeitete und sie nackt vor ihm stand – notdürftig bedeckt von dem herabhängenden Unterrock. Eine seltsame Einrichtung, so ein Wandschirm.

Erneut treffen sich ihre Blicke. Etwas verlegen sagt er:

»Stört es Sie, dass wir hier alleine sind, Dorothy?«

»Nein, gar nicht. Ich habe volles Vertrauen zu Ihnen.«

»Haben Sie das wirklich?«

Mit einem angedeuteten Lächeln zwinkert er ihr zu. Sie blickt ihn unergründlich an und fragt:

»Denken Sie, dass ich keinen Grund dazu habe?«

»Soweit ich weiß, schon, Fräulein. Ich bin ja inzwischen ein älterer Herr, aber Sie sollten sich nicht zu sicher fühlen.«

»Nein sicher, Meister. Ist der Grund, dass Sie und ich hier sonntags zusammen arbeiten, der, dass dann niemand anderer da ist?«

»Nicht der einzige.«

»Und was wäre dann ein anderer Grund?«

»Ich möchte mich nicht mit dieser Auflistung Ihrer Vorlesungen beschäftigen, die Sie mir da gegeben haben. So viel kann ich gar nicht im Kopf behalten. Und sonntags gibt es doch keine Vorlesungen an der Universität, nicht wahr?«

Dorothy kommt – vollständig bekleidet – hinter dem Wandschirm hervor, sogar die Stiefel hat sie wieder angezogen. Offenbar ist dies ein deutliches Zeichen dafür, dass sie für heute genug von der Aktmalerei hat.

Das ist mir recht, denkt Herr M. und stellt die Teetassen auf das Tablett, zusammen mit Butterbroten, die die Haushälterin schon gestern vorbereitet hat und die er zwischen zwei Tellern im Eisschrank in der Küche findet. Dann nimmt er den Wasserkessel vom Herd und kehrt mit Teekanne, Butterbroten, Tassen, Teelöffeln und einer kleinen Schale Honig in das Wohnzimmer zurück. Letzteres ist nur selten zu bekommen, und Dorothy fragt:

»Haben Sie etwa eigene Bienen, Herr M.?«

»Aber nein, ganz und gar nicht, Doffy. Das würde ich niemals wagen. Mein ehemaliger Verwalter machte mir einmal den Vorschlag, Bienenkörbe aufzustellen, aber das habe ich abgelehnt.«

»Und woher haben Sie dann den Honig?«

»Von Bekannten meiner Schwester. Sie bekommt Gemüse, Kartoffeln, Äpfel, Blumen und Eier aus Ekely, und einmal habe ich dann etwas Honig von ihr bekommen. Den habe ich nicht oft verwendet. Er ist nur für ganz besondere Anlässe, so wie heute.«

»Jetzt versuchen Sie aber, mir zu schmeicheln, Meister.«

»Überhaupt nicht. Für mich ist heute ein besonderer Tag.«

»Tatsächlich? Wie schön, dass Sie und Ihre Schwester einander helfen können.«

»Ja, nicht wahr? Wenn zum Beispiel der junge Aktienhändler zu Besuch kommt, gebe ich ihm die Sachen mit und er bringt sie dann zu meiner Schwester nach Majorstuen.«

»Von wem reden Sie?«

»Ach, das ist ein junger Mann, der mir bei verschiedenen praktischen Dingen hilft. Wissen Sie, als er noch Gymnasiast war, kaufte er eines meiner Bilder von seinem eigenen Geld und schenkte es seinem Vater zum Geburtstag.«

»Ach, ja? Dann kommt er wohl aus einer wohlhabenden Familie.«

»Ja, durchaus, aber der Gymnasiast hatte sein eigenes Geld verdient, mit Aktienhandel. Können Sie sich das vorstellen? Er gehört zu den wenigen, die ich jederzeit hier hereinlasse. Er ist übrigens vor kurzem nach Schweden geflohen.«

»Wieso das?«

»Er hatte Angst, von den Deutschen verhaftet zu werden. Im Winter war er hier und hat sich von mir verabschiedet.«

Herr M. sitzt im Korbsessel, sein Modell auf der Chaiselongue, zwischen ihnen steht ein kleiner Tisch. Während sie Brote essen und Tee trinken, werfen sie einander kleine, verstohlene Blicke zu. Sie sagt:

»Der Honig schmeckt wirklich gut. Sehen Sie sie oft, Ihre Schwester?«

»Leider viel zu selten. Sie hat nicht gerade guten Einfluss auf meine Nerven. Sobald sie meine Unruhe wahrnimmt, wird sie selbst zum Nervenbündel. Und dann geht es los.«

»Ich verstehe. Deswegen benutzen Sie also den Aktienhändler als Boten, wenn Sie ihr etwas schicken wollen?«

»Zu Weihnachten und zu ihrem Geburtstag, oder wenn die fruchtbare Erde einmal etwas Schönes hergibt. Das sind die wenigen Dinge, bei denen der junge Mann mir helfen kann. Aber jetzt ist er in Schweden, und ich muss stattdessen meinen festen Taxichauffeuer beaufragen.«

»Sie brauchen sicher ab und zu einmal Hilfe?«

»Glauben Sie, Fräulen Dorothy?«

»Das ist nur der Eindruck, den ich bekomme.«

»Eigentlich komme ich ganz gut allein zurecht. Ich habe meine Radierpresse im ersten Stock und eine lithographische Presse im Keller, die ich stets aus eigener Kraft bedient habe.«

»Sie haben Ihre eigene lithographische Presse?«

»Aber sicher. Wenn Sie möchten, kann ich sie Ihnen zeigen.«

»Wollen wir heute nicht mehr arbeiten?«

»Nein, jetzt machen wir lieber Feierabend. Bald ist ja schon die Johannisnacht. Haben Sie es eilig, Dorothy?«

»Nein, ich habe mir diese Stunden ja extra freigehalten.«

»Es gibt also niemanden, der auf Sie wartet?«

»Aber nein, wo denken Sie hin?«

»Ihre Mutter, wohnt sie nicht hier in der Stadt?«

»Nein. Ich habe sie am letzten Wochenende besucht.«

»Wenn Sie es nicht allzu eilig haben, dann könnten wir doch die letzten Stunden unseres Arbeitstages hier sitzen und uns etwas besser kennenlernen. Darf ich Ihnen vielleicht über einer Tasse Tee das Du anbieten?«

»Ich wüsste nicht, was dagegen spricht.«

»Wissen Sie was, dann gehe ich in den Keller und hole eine Flasche Cognac.«

Doffy lacht.

»Sie haben Cognac im Keller?«

»Ja, das habe ich. Und dazu noch viel mehr. Aber ich glaube, Sie müssen mich begleiten. Mir wird manchmal etwas schwindelig, und es ist lange her, seit ich zuletzt die steile

Treppe hinuntergestiegen bin, ohne mich auf jemanden stützen zu können.«

Spontan versucht sie, seine linke Hand in ihre zu nehmen. Er zuckt zusammen und reicht ihr die andere Hand.

»Oh, Entschuldigung.«

»Das macht nichts«, murmelt er mit verzogenem Gesicht.

»Haben Sie sich verletzt?«

»Ach, das ist schon lange her.«

Sie sieht ihn mit ihrem aufmerksam prüfenden Blick an. Dicht nebeneinander gehen die beiden die Kellertreppe hinunter, und er spürt, wie ihre körperliche Nähe ihn berührt. M. zeigt ihr alle dort unten gelagerten Schätze, nicht nur die verstaubten Flaschen im Wein- und Branntweinkeller, sondern auch die solide alte Druckerpresse, mit der er seine Lithographien eigenhändig zu drucken pflegte. Mit dem Finger zeichnet Doffy einen Strich in den Staub und fragt:

»Ihre Haushälterin lassen Sie hier wohl nicht herein?«

»Nein, Gott bewahre!«

»Aber hier könnte doch durchaus ein wenig sauber gemacht werden, oder nicht?«

»Wie man's nimmt. Striche in den Staub können Sie hier auf Ekely an vielen Stellen malen. Aber so will ich es haben.«

»Und wieso?«

»Wieso nicht? Es ist mein Haus. Ich könnte den Gedanken nicht ertragen, dass jemand mit Besen und Seifenlauge in meine Arbeitszimmer getrampelt kommt. Überall liegen Drucke und Entwürfe. Gott weiß, was dabei alles beschädigt werden könnte. Fräulein Berg ist eine ausgezeichnete Haushälterin, aber von Kunst versteht sie rein gar nichts.«

»Wenn Sie möchten, könnte ich Ihnen dabei helfen, zuerst etwas aufzuräumen.«

»Aufräumen? Nein, lieber nicht, Dorothy. So, meine Liebe, und jetzt nehmen Sie doch bitte diese Cognacflasche, damit ich sie auf dem Weg nach oben nicht noch fallen lasse. Erlauben Sie, dass ich Ihre Hand nehme? Nur solange wir hinaufsteigen, irgendwie fühlt sich die Treppe etwas steiler an als üblicherweise.«

»Sie leiden unter Schwindelanfällen, sagten Sie?«

»Monatelang hatte ich Schwindelanfälle und eine schwere Bronchitis. Ich dachte schon, es würde niemals nachlassen. Aber sobald die Wärme kam, ging es mir besser. Hier unten im Keller allerdings spürt man noch immer diesen Hauch der Winterfeuchtigkeit.«

Auf der schmalen Treppe befinden sie sich einen Moment lang ganz dicht nebeneinander. Er spürt ihren Duft, der so jung und frisch wirkt. M. bemerkt, dass sich etwas in ihm rührt, was er schon seit vielen Jahren nicht mehr gespürt hat.

Sein Herz beginnt zu pochen. Hört sie es? Nein, das kann sie wohl nicht.

Eigentlich kann er sich so gut wie gar nicht mehr erinnern, wie es ist, auf diese Art berührt zu werden. Mit einem Mal überkommt es ihn, dass er ganz vorsichtig ihr eines Ohr küssen möchte, welches ganz innen einem besonders wohl geformten Schneckenhaus ähnelt.

Sie entzieht sich ihm.

»Was tun Sie denn da?«

»Ich küsse Ihr Ohr.«

»Und weswegen?«

»Weil es mich an eine Konchylie erinnert.«

»Unsinn.«

»Ihr Ohr hat mich völlig verzaubert.«

Einen Moment lang scheint er zu stolpern und lässt sich zu

ihr hinsinken – spürt, wie weich sie ist, wenn er sich an sie lehnt und an ihr festhält, wie gut sie duftet.

»Herr Meister!«

»Ja?«

Gleich darauf haben sie wieder die Tür oberhalb der Kellertreppe erreicht. Was vielleicht zu einem besonderen Augenblick zwischen ihnen hätte werden können, ist schon wieder vorbei. Das muss er begreifen.

»Verzeihen Sie mir, Doffy. Ich habe den Halt verloren, wissen Sie.«

Sie runzelt die Stirn und sieht ihn abweisend an. Ein weiteres Mal murmelt er:

»Mir ist einen Augenblick schwindelig geworden. Ich bitte vielmals um Entschuldigung, Dorothy.«

Sie wirkt entrüstet.

Allerdings geht sie nicht. Sie lässt ihn nicht in Reue und Aufruhr zurück. Stattdessen verdreht sie die Augen, kneift den Mund zusammen und nickt ihm kurz zu. Dies könnte beispielsweise so gedeutet werden, dass sie die Episode auf der Kellertreppe für eine Torheit hält, seine Entschuldigung jedoch, dass ihm schwindelig geworden sei, nur unter großen Zweifeln akzeptiert.

Mehr als das kann er unmöglich verlangen. Nicht nachdem die Situation so wie jetzt geworden ist.

M. und Dorothy gehen zurück zum Tisch.

Draußen hat sich der Niederschlag in Sprühregen verwandelt. Über den Baumkronen am Horizont ist das Aufleuchten ferner Blitze nicht länger zu sehen. Er zieht die Streichhölzer aus der Hosentasche und zündet eine Kerze an, die zwischen ihnen auf dem Tisch steht. Dann nimmt er zwei kleine Gläser aus dem Schrank und bittet sie, ihm beim Öffnen der Cognacflasche zu helfen.

»Dieses Feuerwasser ist gar nicht gut für mich, daher rühre ich es nur selten an. Aber der Form halber finde ich, wir sollten uns nicht näher miteinander bekannt machen und es dann beim Tee belassen.«

»Ja gut, Herr Meister.«

»Meine Hände zittern manchmal etwas. Dürfte ich Sie wohl bitten, die Gläser für uns zu füllen?«

»Wird gemacht.«

»So, und da wir uns jetzt kennen, ist es ja wohl genug mit ›Herr Meister‹ und ›Fräulein Dorothy‹. Prost, Doffy!«

»Prost, Häuptling!«

»Von nun an versuche ich, dich Doffy zu nennen.«

»Glauben Sie, das gelingt Ihnen?«

»Nein, ich werde es bestimmt wieder vergessen, davon bin ich überzeugt. Aber zumindest muss jetzt Schluss damit sein, dass wir die ganze Zeit ›Sie‹ zu einander sagen, nicht wahr?«

»Ja, wir werden sehen. Es ist gar nicht so sicher, dass das auch geht.«

»Auf jeden Fall müssen wir es versuchen. Nicht wahr, Doffy?«

Sie stoßen die Gläser aneinander. Jetzt hat es aufgehört zu regnen, im Sonnenuntergang ähnelt der Westhimmel einem glühenden Morast.

Seinen Vornamen wird sie wohl niemals benutzen, denkt er. Anstatt ›Herr Meister‹ vielleicht ›Häuptling‹ oder Ähnliches, das kann sie gern – aber niemals wird sie so weit gehen und ihn beim Vornamen nennen. Das erschiene ihm auch nicht richtig.

So weit er sich entsinnen kann, hat keines seiner Modelle ihn je mit Vornamen angesprochen. Nicht einmal Ingeborg, damals – nicht die katzenartige Annie, nicht die schlagfertige Frøydis und auch nicht seine heimliche Flamme Birgitta.

Tatsächlich ist es ein ausgezeichneter Cognac, den er dort unten im Weinkeller in dem kleinen Raum hinter der lithographischen Presse gefunden hat. Keineswegs ist es dem Cognac schlecht bekommen, dass er dort so lange gelagert wurde. Auf dem Etikett steht Salignac. Er kann die Marke noch aus der Zeit seines ersten Reisestipendiums erinnern, als er Saint-Cloud und Paris besuchte – vielleicht nicht die teuerste Sorte im Angebot des staatlich-norwegischen Alkoholmonopols, aber definitiv ein Cognac mit ausgeprägtem Aroma und einem Geschmack, der Erinnerungen freisetzt. Eine Weile sitzen die beiden im Schein des flackernden Kerzenlichts und unterhalten sich, ohne das elektrische Licht einzuschalten. Etwas, das sie sagt, verleitet ihn zu einer spontanen Bemerkung:

»Da gibt es etwas Warmes an deinem Wesen, wodurch ich mich jünger fühle, als ich bin. Vielleicht war ich deshalb auf der Kellertreppe so ungeschickt. Ich werde darauf achten, dass sich das nicht wiederholt.«

»Darunter ziehen wir jetzt mal einen Schlussstrich und tun so, als wäre nichts geschehen.«

»Das ist lieb von dir. Was ich auf meine unbeholfene Art zu sagen versuche, ist nur, dass es etwas an deiner munteren und lebhaften Gesellschaft gibt, das einem schwindligen Graubart wie mir einfach das Herz aufgehen lässt.«

»Immer bin ich wohl nicht so munter.«

»Natürlich nicht, aber mir kommt es so vor.«

Sie prosten sich zu. Er fragt:

»Möchtest du etwas mehr?«

Während sie sich weiter unterhalten, nehmen sie beide noch ein Gläschen. Er blickt sie nachdenklich an und sagt:

»Du bist eine, mit der man wirklich reden kann, Doffy.«

»Findest du?«

»Ja, das finde ich. Es ist ein seltenes Geschenk für einen Mann in meinem Alter, wenn er einer jungen Frau begegnet, mit der er nicht nur arbeiten, sondern sich auch offen unterhalten kann. Wenn ich das nächste Mal mit dem Wagen ausfahre, nehme ich dich mit.«

»Wohin denn?«

»Wart nur ab. Du wirst schon sehen. Wollen wir sagen, nächsten Sonntag um zwölf?«

»Das passt gut. Dann vielleicht in Reisekleidung?«

»Nimm lieber ein Sommerkleid, etwas ganz Einfaches.«

Bevor er sie entlässt, schaltet er alle Lichter ein und führt sie auf eine kleine Besichtigungstour in den ersten Stock. Vor dem Bild eines Schnitters, der die Sense parallel zu einer horizontalen Linie im Hintergrund schwingt, murmelt er etwas über Geometrie.

»Was meinst du genau?«

Er zeigt es ihr mit den Händen, eine gebogene Form oben und eine gebogene Form unten. Sie nickt und lächelt erstaunt – als hätte sie etwas Neues entdeckt, was das Malen von Bildern betrifft. Aus irgendeinem Grund macht ihn das glücklich.

Ein Mann, der oben auf einem Wagen die Peitsche schwingt, und ein wieherndes Pferd, das direkt auf den Betrachter zugaloppiert.

Eine Gruppe blaugekleideter Fabrikarbeiter auf dem Weg nach Hause, gesehen aus einer ähnlich bedrohlichen Perspektive.

Ein junges Mädchen, das seine Füße in einer Schüssel wäscht.

Ein blutender Mann auf dem Bett, flankiert von einer nackten, rothaarigen Frau, die seltsam unberührt von all dem Blut wirkt.

Es gibt so viele Bilder, zwischen denen er wählen könnte, doch er begnügt sich damit, ihr nur die zu zeigen, bei denen er Zufriedenheit verspürt, als er sie heute wiedersieht. Stellt sie eine Frage, beantwortet er sie nur selten mit mehr als einem Murmeln oder einem ablenkenden Witz. Hier und da bleibt er stehen und beobachtet sie, während sie sich neben ihm bewegt, und versucht – ausgehend von dem jeweiligen Gesicht, das sie gerade macht – zu deuten, welchen Eindruck das Bild auf sie macht.

Mit dem Arm macht er eine Bewegung in Richtung des Rauchs einer Dampflokomotive, die in einer Winternacht durch den Kiefernwald rattert.

Ein Mann, der am Strand von Warnemünde einen ertrunkenen Jungen in den Armen hält.

Eine rothaarige Frau mit Medusenhaar, die einem jungen Mann in den Nacken beißt.

Der dunkelgrüne Filz auf einem Spieltisch, flankiert von Gesichtern, die den roten und schwarzen Steinen des Roulettespiels aufmerksam folgen.

»Ist das aus Monte Carlo?«, fragt sie vor diesem letzten Bild und wirft einen kurzen Blick auf ihn. Er nickt.

»Haben Sie etwas gewonnen?«

Herr M. schüttelt den Kopf.

»Nur selten. Einmal sah ich so deprimiert aus, dass einer der Angestellten mir auf die Toilette folgte und mir dreißig Franc für eine Zugfahrkarte gab, damit ich mir nicht im Casino das Leben nehmen würde. Es hatte dort schon so viele Selbstmorde gegeben, dass sie fürchteten, ihre Lizenz zu verlieren.«

»Ging es Ihnen wirklich so schlecht?«

»Eigentlich nicht. Aber ich hatte nichts dagegen, das Geld für die Fahrkarte anzunehmen.«

»Sie hatten alles verloren?«

»Nicht mehr, als ich an jenem Tag dorthin mitgenommen hatte.«

»Dostojewski, hat er nicht auf der Hochzeitsreise das ganze Vermögen seiner Frau verspielt?«

»Hat er das wirklich?«

»Das hat mir jemand erzählt.«

»Tja, Dostojewski, es war wohl bestimmt nicht leicht, mit ihm verheiratet zu sein.«

Sie schaut ihn prüfend an und wagt zu fragen:

»Wäre es denn leicht gewesen, mit Ihnen verheiratet zu sein?«

»Nein, das glaube ich nicht.«

»Haben Sie deshalb niemals geheiratet?«

M. verzieht das Gesicht zu einer finsteren Grimasse.

»Es gibt da so einen englischen Ausdruck. ›Nosy‹, sagt man nicht so?«

»Doch, stimmt.«

»Hat Ihnen Ihr Vater nie die Bedeutung dieses Ausdrucks beigebracht, Fräulein Dorothy?«

Doffy errötet. Schon früher hat er sie zurechtgewiesen, aber noch nie so deutlich wie jetzt.

»Entschuldigung, Meister.«

»Schon gut.«

»Meine Zimmergenossin findet wohl auch, dass ich zu viel frage.«

»Ich schätze es sehr, wenn wir uns hier nach der Arbeit ein wenig unterhalten, aber ich darf mir wohl das Recht erbitten, einige Ihrer Fragen nicht zu beantworten, nicht wahr?«

»Selbstverständlich, Herr Meister.«

»Dann danke ich Ihnen für den heutigen Tag, Fräulein Dorothy.«

»Ich bin Ihnen zu Dank verpflichtet, Meister.«

Dass sie erst vor wenigen Minuten mit altem französischem Cognac auf Brüderschaft angestoßen haben, ist wohl bei beiden schon vergessen. Dieses Mal bezahlt er ihr sechs Stunden Arbeit sowie die Anfahrt. So viel möchte sie gar nicht annehmen, aber er gibt sich so halsstarrig, dass sie schließlich einwilligt. Doffy sucht ihre Sachen zusammen und bricht auf. Noch bevor sie durch die Glasveranda nach draußen gelangt ist, hat er sie eingeholt und fragt:

»Haben Sie Angst vor meinen Hunden?«

»Aber nein.«

»Bestimmt nicht?«

»Vielleicht ein bisschen.«

»Das hatte ich mir schon gedacht. Lassen Sie uns den anderen Weg nehmen.«

Jetzt zieht auch er sich kniehohe Stiefel an. Halb unsichtbar leuchten die weißen Frühsommerblumen da draußen in der Dämmerung. Er geht ihr voraus, nimmt den Pfad durch das kleine Wäldchen hinunter zum Nachbargrundstück, dem Gut Hoff – wo unter dem Hofbaum grüne deutsche Panzerwagen stehen.

Der Himmel über ihnen ist wieder klar. Sie reden nicht viel, während sie weitergehen. Als er plötzlich mit einem Fuß auf einer feuchten Baumwurzel ausrutscht und beinahe das Gleichgewicht verliert, fasst sie nach ihm und stützt ihn. Schwer atmend bleibt M. stehen. Mit ihren dunkelblauen Augen schaut sie unter dem blonden Schopf hervor, blickt ihn an und fragt:

»Was ist denn?«

»Nein, es ist nichts.«

»Ist Ihnen schlecht geworden?«

»Nein, nichts dergleichen. Sie dürfen nicht vergessen, dass ich ein alter Mann bin.«

»Möchten Sie, dass ich Sie zurück zum Haus begleite?«

»Nein, kommt nicht in Frage. Aber ich sollte jetzt vielleicht umkehren, hier im Wäldchen ist es so dunkel geworden. Vielen Dank für heute, Dorothy.«

»Ich danke Ihnen, Meister. Dann sehen wir uns am nächsten Sonntag.«

Verlegen reichen sie einander zum Abschied die Hände. Ein Stückchen weiter oben auf dem Pfad dreht er sich um, um einen letzten Anblick von ihr zu erhaschen. Noch immer steht sie da, wo er sie verlassen hat, und sieht ihm nach. Eine Sorgenfalte steht auf ihrer Stirn. Er verzieht das Gesicht und hebt die Hand. Mit einer Miene, die dort im Halbdunkel einem vorsichtigen kleinen Lächeln ähnelt, winkt sie zurück.

Dann dreht sie sich um und geht weiter den Pfad hinunter. Jetzt bleibt er stehen und sieht ihr nach – wie geschmeidig sie sich in der grünen Bluse und den kniehohen blauen Stiefeln doch bewegt – auf dem Weg hinunter zur Lilleaker-Bahn.

10

Weißer Gänsefuß ist ein guter Spinatersatz, wird in der Zeitung mitgeteilt. Auch Sauerampfer, Nesseln, Löwenzahn und Wiesenkümmel sollte man sammeln. Selbst eine Farnart namens Adlerfarn lässt sich verwenden, aber alle diese Pflanzen sollte man pflücken, wenn sie noch jung und frisch entsprungen sind.

Nach einem kühlen Johannisabend mit wütenden Regenschauern und zwei langen Tagen, an denen sie im Lesesaal gebüffelt haben, fahren die beiden Wohngenossinnen an einem sonnigen Tag auf ihren abgenutzten Fahrrädern los, um in Maridalen nach essbaren Pflanzen zu suchen. Auf diesem Ausflug sind sie vor allem mit Pflücken und Aussondern beschäftigt, der restliche Nachmittag geht ans Waschen und Sortieren.

Die warme Abendmahlzeit in der Küche der Vermieterin steht im Zeichen dieser Hamsterfahrt – sie besteht aus Nesselsuppe mit gerösteten Brotwürfeln, danach gibt es einen Salat aus Kichererbsen, Sauerampfer und Löwenzahnblättern.

Wenn die Brennnesseln erst in kochendes Wasser gegeben werden, verschwindet ihre ätzende Wirkung. Auch die jungen Löwenzahnblätter schmecken besser, als Doffy sich das vorher hätte vorstellen können.

Es ist gar kein so schlechtes Gefühl, diese Art von wildwachsenden Pflanzen zu essen, denen keine von ihnen bisher besondere Aufmerksamkeit gewidmet hat. Im Laufe der Mahlzeit beschließen sie, noch weitere Hamsterexpeditionen zu machen, ehe der Sommer zu weit fortgeschritten ist. Manches muss sofort verzehrt werden, der Rest kann zum Trocknen aufgehängt und für Herbst und Winter aufbewahrt werden.

Sie bitten nicht oft darum, in der Küche ihrer Vermieterin kochen zu dürfen. Normalerweise essen sie auswärts, in der Mensa, in Restaurant *Kaffistova* oder in anderen billigen Lokalen in der Stadt. Es kommt auch vor, dass sie eine Mahlzeit sausen lassen. Sie haben einige feste Ernährungsregeln und geben sich alle Mühe, daran festzuhalten – es ist nicht gerade eine Diät, es handelt sich eher um Leitlinien dafür, woran sie sich einigermaßen sattessen können und worum sie lieber einen Bogen machen sollten.

Keine von ihnen ist so sylphidenhaft dünn, wie sie es gern wären. Übergewichtig sind sie nicht, davon sind sie weit entfernt – an ihnen gibt es vor allem Knochen und Muskeln, versichern sie sich gegenseitig, mit einem verlegenen kleinen Lachen vor dem Spiegel. Aber sie müssen aufpassen. Das gilt für sie beide und sie versuchen nach besten Kräften, einander zu helfen, ohne jedoch die Grenzen der anderen zu verletzen.

Im Grunde ist das auch eine Art Gratwanderung.

Im Badezimmer gibt es eine Waage, die sie genau im Auge behalten. Nein, dick sind sie wirklich nicht, sie sind beide stolz auf ihr festes und muskulöses Hinterteil – kein Mannequinkörper, keine Ballerina, aber gesunde und sportliche skandinavische Figuren, vertraut mit Wald und Meer, und auch Bergwanderungen sind ihnen nicht fremd.

So sehen sie in dem hohen Spiegel aus. Und so wollen sie auch weiterhin aussehen, noch als alte Damen.

»Vergiss nicht, der Körper ist der Spiegel der Seele, Dorothy.«

Das hat ihre Mutter ihr in ihrer Kindheit mehrmals gesagt, auf ihre ein wenig feierliche Weise. Es war nicht nur eine Ermahnung, gesund, schlank und durchtrainiert zu bleiben. Es gab noch eine verborgene Botschaft – dass sie, wenn es erst so weit wäre, sich nicht dem Erstbesten in die Arme werfen sollte, der ihr seine Liebe erklärt, sie sollte sich die Sache gründlich überlegen, ehe sie sich einem Mann hingab, und sich am besten natürlich für die Hochzeitsnacht aufsparen.

Letzteres hat sie natürlich nicht getan.

Möglicherweise war es so, als ihre Mutter jung war, aber auch das bezweifelt sie eigentlich. Fest steht, dass nur die wenigsten aufgeklärten Frauen in ihrer Generation es so halten. Es ist ein Menschenrecht, einige Jahre zu experimentieren, ehe man endgültig beschließt, mit wem man möglicherweise den Rest des Lebens verbringen will. So machen es die jungen Männer, und so machen es jetzt auch die jungen Frauen. Darüber haben Doffy und Kari bei Elise Ottesen-Jensen, Katti Anker Møller, Karl Evang und anderen gelesen, die über Fragen der menschlichen Fortpflanzung schreiben, in Zeitschriften und Büchern.

Ja, vielleicht ist der Körper der Tempelbau der Seele – aber auch Tempel brauchen Sonne, Reinigung, Liebe und Pflege, sie dürfen nicht in der Dunkelheit einstauben, so, wie in der alten patriarchalischen Gesellschaft, wo es so viel Aberglauben gab, der die Gedanken von Frauen und Männern fesselte und sie innerlich zerstörte.

Die widerwärtige nazistische Massenbewegung ist nur ein vorübergehendes Hindernis, das während einiger Schicksalsjahre Europa in seine Macht gebracht hat, so sehen sie das. Der Faschismus entspringt den letzten Zuckungen, ehe die neue, vorurteilslose Zeit anbricht – in der nicht-patriarchalische Ideale siegen und Frauen und Männer einander in Offenheit und Vertrauen gegenübertreten können, nicht in Unterwerfung, nicht in irgendeiner Form von schlecht getarnter Sklaverei, sondern als Ebenbürtige.

Wie lange wird es wohl noch dauern, bis diese Zeit anbricht? Es muss sich nicht mehr um sehr viele Jahre handeln – jedenfalls nicht jetzt, wo Deutschland einen Zweifrontenkrieg führt. Bis dahin aber müssen sie sich am geheimen Widerstand beteiligen. Alle müssen nach ihren bescheidenen Fähigkeiten mitwirken, wenn sich die Möglichkeit ergibt – um auf diese Weise die faschistische Staatsordnung zu untergraben, und ansonsten müssen sie durchhalten, so gut sie können, bis das Kriegsglück sich wendet. Denn früher oder später muss es sich doch wenden. Eine andere Möglichkeit ist schließlich eine fast unerträgliche Vorstellung.

Doffy hat natürlich nicht gewagt, das alles in Worte zu fassen, wenn sie ihre Mutter besucht – aber ungefähr so muss es sein, da sind sie und Kari sich einig.

»Hast du zugenommen?«

Diese Frage stammt von Kari. Sie stehen zusammen im Badezimmer. Draußen fällt ein fast unhörbarer Nieselregen.

»Der Waage nach nicht.«

»Ach. Entschuldige. Ich dachte nur …«

»Was denn?«

»Nein, nichts. Darf ich dich zeichnen, ehe wir schlafen gehen?«

»Von mir aus.«

An diesem Abend arbeiten sie bei scharfem Lampenlicht – und experimentieren, um allerlei Schattenwirkungen zu erzielen, in Schwarzweiß, mit Kohlestift und weichem Bleistift.

Keine kommt aus Spießerhäusern, wie die meisten ihrer Mitstudierenden. Sie haben zwar beide strenge und sittsame

Schulen besucht, wo die Grenzen des Erlaubten scharf gezeichnet waren. Aber sie sind keine unreifen Backfische mehr. Jetzt sind sie selbstbewusste Studentinnen, beide bereits bereist, belesen und lebenserfahren. Sie sind längst zu Hause ausgezogen und haben sich auch auf andere Weise von ihren Müttern gelöst.

Nicht zuletzt haben sie im Guten wie im Schlechten ihre ersten Liebeserlebnisse hinter sich gebracht.

Und in beiden gibt es eine innere Wildheit, etwas Luchshaftes, das sie immer zügeln mussten, wie sie meinen, das jedoch die eine in der anderen wiedererkennt, und das dazu beigetragen hat, dass gerade sie zusammengezogen sind – in einer Wohngemeinschaft, die mehr als nur Kameradschaft ist, und die manchmal so eng und dicht wird, dass sie fast etwas Eheähnliches annimmt.

Himmel!

Keine würde Letzteres zugeben. Aber wie könnte man es denn sonst nennen? Es ist jedenfalls mehr als das übliche Alltagschaos wie bei vielen Studentinnen oder Studenten, die ein Zimmer teilen müssen. Es kommt vor, dass sie einander auf die Wange küssen, rasch und verlegen – als sei es etwas Verbotenes, was sie da machen, nämlich auf diese Weise zu zeigen, wie sehr sie aneinander hängen.

Die Söhne der Witwe im Nachbarhaus haben einen Kanarienvogel in einem Käfig.

An einem sonnigen Juniabend hängt die Familie den Käfig an einen Baum vor dem Block und widmet sich Teppichklopfen und Hausputz. Der Vogel hat ein ganz besonderes Lied, deshalb geht Doffy mit dem Skizzenblock nach draußen und setzt sich auf eine Steintreppe in der Lille Frogner allé, um ein Bild von ihm zu zeichnen.

»Schöne Zeichnung«, sagt Kåre, der ältere Bruder, und kommt zu ihr herüber. »Kann ich dir die abkaufen?«

»Ja, gern.«

»Was willst du dafür haben?«

Sie schaut sich um. Es ist niemand in der Nähe. Sie trifft eine rasche Entscheidung und sagt leise:

»Vielleicht eine kleine Aufgabe?«

»Was denn für eine Aufgabe?«

»Das musst du entscheiden.«

Kåre runzelt die Stirn und mustert sie skeptisch. Doffy signiert die Zeichnung mit ihren Initialen und dem Datum, reißt sie aus dem Block und reicht sie ihm.

»Mal sehen«, murmelt er.

Sie nickt. Dann trennen sich ihre Wege.

Es ist wieder Sonntag geworden, und der Maler erwartet Dorothy schon vor der Glasveranda. In seinem Gesicht glaubt sie, ein neues Leuchten zu sehen.

Vielleicht liegt es nur an dem trockenen und warmen Wetter, dass sein Körper weniger steif ist. Möglicherweise bildet sie es sich auch nur ein – dass er sich verändert hat. Zur Feier des guten Wetters trägt Doffy ein einfaches weißes Baumwollkleid, das vorn und hinten tief ausgeschnitten ist, mehr als ihr halber Rücken ist zu sehen. Auf dieser Weise ist die Zufuhr von Vitamin D gesichert, auch wenn eine nicht in Strandkleidung ist.

»Ich habe meinen festen Chauffeur in zwei Stunden bestellt«, erklärt Herr M., als er ihr die Hand reicht. »Wir gehen ein bisschen ins Winteratelier.«

»Ach, das benutzen Sie also auch im Sommer?«

»Ja, es gibt so gutes Oberlicht und niemand kann hereinblicken.«

Sie folgen dem Weg durch das Unkraut, das noch dschungelhafter wirkt als neulich. Er schließt auf und lässt sie eintreten.

Das Haus ist größer, als es aussieht. Sowie ihre Augen sich an das Licht gewöhnt haben, entdeckt sie M.s riesiges Sonnenbild hinten an der einen Querwand. Doffy bleibt mit offenem Mund stehen.

»Haben Sie es zurückgeholt?«

»Nicht doch, Fräulein Dorothy. Ich habe das Bild in mehr als nur einer Version.«

»Ach so. Ja, wenn ich in der Aula nicht an Ihr vor Licht flimmerndes Gemälde aus dem Schärengürtel erinnert worden wäre, dann weiß ich nicht, ob ich mich überhaupt nach Ekely getraut hätte.«

»Warum nicht?«

So gut sie kann, versucht Doffy zu erklären, was bei dem Konzert im Winter passiert ist, wie die Erinnerung an das Sonnenbild sie eingefangen hat und sie gleichsam in eine weniger kleinliche Welt zog, als diesen Elendsbrei aus grünen Uniformen, Hundedreck, gesenkten Nacken, übellaunigen Gesichtern und stechenden Blicken, der an jenem Abend für sie Oslo geprägt hat.

»Die Schicksalssymphonie und die Erinnerung an Ihre Sonne. Das hat mich eingefangen. Sie finden sicher, dass das überspannt klingt.«

»Nein, durchaus nicht. Ich kann gut verstehen, was Sie zu erklären versuchen. In Ihrem Alter hatte ich schließlich einige ähnliche Erfahrungen.«

»Aber Sie haben nicht unter deutscher Besetzung gelebt.«

»Nein, aber man kann dennoch erleben, dass zum Beispiel die bleichen Gesichter und starren Blicke auf Karl Johan etwas Armseliges an sich haben können.«

»Ja, und das haben Sie ja auch gemalt.«

»Man muss seine Bilder darauf aufbauen, was man erlebt. Wissen Sie, manchmal habe ich das Gefühl, dass wirklich jeder Maler werden kann, wenn man nur ein wenig Gespür für Farben hat und ehrlich wagt, seine eigenen Gefühle auszudrücken. Glauben Sie das nicht auch?«

»Leider bin ich mir da nicht so sicher, nein.«

»Vielleicht haben Sie recht. Wenn es wirklich so wäre, gäbe es sicher auch viel zu viele Maler. Hören Sie, ehe wir zu unserem Ausflug aufbrechen, dachte ich, wir könnten hier ein wenig Arbeit erledigen.«

»Ja, Meister.«

»Wenn Sie wollen, können Sie sich dort drüben bereit machen.«

Auch hier im Winteratelier gibt es einen Wandschirm. Dorothy weiß ja, was kommen wird, aber dennoch merkt sie, dass ihre Wangen auch diesmal glühen. M. fügt sofort hinzu:

»Halbakt. Das hatten wir doch so abgemacht, oder?«

»Sie glauben nicht, dass jemand …«

»Nein, da können Sie ganz ruhig sein. Hierher kommt niemand, wenn ich arbeite. Sie können sich ganz sicher fühlen, Fräulein Dorothy.«

Doffy nickt und tritt hinter den Wandschirm. Dann steht sie dort, halb abgewandt, mit langen blonden Haaren, nackten Schultern und nacktem Rücken. Ihr ist ganz heiß vor Verlegenheit.

»Ja, das ist gut. Ich nehme Wasserfarben und mache eine Skizze von Ihnen, von hinten.«

»Sie sind sicher, dass niemand herkommen und hier anklopfen wird?«

»Ja, ganz sicher. Die Leute haben Angst vor den Hunden, wissen Sie.«

»Aber Sie haben doch einen Verwalter, oder?«

»Heute hat er frei, aber er traut sich ohnehin nicht hierher, wenn ich ihn nicht herbestellt habe. Wenn es Ihnen lieber ist, kann ich ja abschließen.«

Sie nickt. Danach, nachdem er sie eingeschlossen hat, kommt der Alte zu ihr und zeigt ihr, ohne sie zu berühren, wie sie stehen soll. Als sie in einem ungeschickten Augenblick seinen linken Unterarm berührt, fährt er zusammen.

»Ach, entschuldigen Sie, Herr Meister.«

»Das macht doch nichts, mein Fräulein.«

M. redet weiter, während er an der Staffelei steht und die Arbeit am Aquarell beginnt:

»Dafür, dass Sie so hoffnungslos unerfahren sind, sind Sie gar kein schlechtes Modell, wissen Sie das? Später in diesem Sommer möchte ich Sie neben meinem Wilden Wein malen.«

»Haben Sie Wilden Wein?«

»Aber sicher – auf der Ostseite der Glasveranda ist er am üppigsten. Im Sommer und Herbst ist er schön.«

»Ja?«

»Im Herbst hat er eine starke dunkle Färbung, rubinrot, blutrot.«

Doffy überlegt einen Augenblick, dann fragt sie:

»Wie auf Ihrem Bild mit dem eifersüchtigen Mann vor dem weißen Haus?«

»Ja, ungefähr so. Sie kennen das Bild?«

»Ich habe eine Reproduktion in einem Buch gesehen.«

»Ach, in einem Buch, das ist ja nicht ganz dasselbe. Ich habe das Bild oben im ersten Stock, ich kann es Ihnen später zeigen.«

»Sie haben hier auf Ekely viele Ihrer eigenen Gemälde, ja?«

»Leider nicht alle.«

»So sehr, wie Sie bewundert werden, müssen Sie doch viel verkauft haben?«

»Ja, natürlich, aber in den letzten Jahren waren es vor allem Graphiken. Ich trenne mich nur ungern von den Gemälden – ich habe schon lange nur noch Portraits verkauft.«

»Aber Sie nehmen noch immer Aufträge für Portraits an?«

»Ausnahmsweise ja. Aber auch dann sichere ich mir eine zusätzliche Version, die hier im Haus bleibt.«

»Aber Herr M., warum ist es so wichtig für Sie, Ihre Bilder hier auf Ekely zu behalten, wo fast niemand sie sehen kann?«

»Meine Gäste hier dürfen sie sehen, meine Freunde dürfen sie sehen, Sie dürfen sie sehen. Aber das Wichtigste ist, dass ich am besten male, wenn ich von meinen früheren Arbeiten umgeben bin. Übrigens habe ich ein Testament gemacht, das es ermöglichen wird, die Bilder aus Ekely nach meinem Tod zu sammeln.«

»Wie soll das passieren?«

»Ich habe einen Plan, aber mehr brauchen Sie nicht zu wissen. Hören Sie, Fräulein Dorothy, ist es unhöflich, nach Ihrem Alter zu fragen?«

»Fast vierundzwanzig.«

»Ach, mehr nicht. Ja, Sie kommen mir sehr jung vor, und zugleich haben Sie etwas Aufgewecktes und Reifes. Eine scharfe Zunge haben Sie noch dazu bisweilen. Das kommt bei Modellen nicht gerade häufig vor.«

Sie wirft ihm einen forschenden Blick zu, ehe sie antwortet:

»Ich will im nächsten Jahr mein Juridicum machen. Ich bin kein Kind mehr, wenn Sie das glauben sollten.«

»Na gut, Fräulein Dorothy. Bald wird der Chauffeur uns abholen. Wir sollten mit dem Aquarell lieber beim nächsten Mal weitermachen.«

Er bietet ihr nicht an, sich das Bild anzusehen, sondern dreht die Staffelei zur Wand um – wie das seine Angewohnheit ist.

Doffy versucht, sich hinter dem Wandschirm zu beeilen. Als sie hervortritt, ist der Alte nicht zu sehen. Sie wandert ein wenig umher, um sich die mehrere Meter großen Bilder anzusehen, die es überall hier im Atelier gibt.

Nach welchem System er sie wohl aufgehängt hat?

Darüber denkt sie einen Moment nach, ohne zu einem klaren Ergebnis zu gelangen. Er scheint sie nicht nach Ort, Zeit oder einem gemeinsamen Thema sortiert zu haben, das sie auf den ersten Blick durchschauen könnte. Aber einfach so spontan kann er sie doch auch nicht aufgehängt haben? Auf jeden Fall macht es auch diesmal einen starken Eindruck auf sie, von seinen Arbeiten umgeben zu sein. Etwas an den kühnen Linien und dem rücksichtslosen Gebrauch der Farbe macht sie ganz benommen.

Vor dem Tor hupt ein Wagen jetzt dreimal kurz.

Doffy läuft hinaus. Noch immer steht die Junisonne hoch am Himmel. Der alte Indianerhäuptling kommt ihr durch ein wogendes Meer aus Unkraut entgegen.

»Sie haben sich Zeit gelassen, als Sie sich angekleidet haben?«, fragt er mit der Andeutung eines Lächelns, dann geht er ins Winteratelier, um Farbstifte und eine schwarze Mappe für den großen Skizzenblock zu holen. »Sicher ist sicher«, fügt er halblaut hinzu und schließt hinter sich ab.

»Bitte, entschuldigen Sie die Verspätung, Herr M. Ich war so vertieft in etwas, das dort drinnen an der Wand hängt.«

»Was war das denn? Ja, das können wir später besprechen, der Chauffeur wartet auf uns.«

Er führt sie vorbei an den eifrig tanzenden Hunden, die sich gegen den Maschendrahtzaun werfen, offenbar in der Hoffnung, mit auf den Ausflug zu dürfen.

»Ein andermal, ihr Lieben«, sagt er zu den kläffenden Tieren, zu denen Doffy, wie sie zugeben muss, noch immer nicht das richtige Zutrauen hat. Dann schließt er das Tor ab und sie setzen sich auf den Rücksitz des Wagens.

»Wohin soll es denn gehen?«

Der Herr von Ekely antwortet nicht sofort, als der Chauffeur fragt, er zeigt nur kurz mit der Faust gen Osten, in Richtung Stadt. Aber als das Taxi sich Hoff nähert, räuspert er sich und ruft:

»Ich glaube, wir machen einen kleinen Ausflug nach Ola Narr. Von da oben hat man einen so schönen Blick über Oslo.«

»Zu Befehl, Herr Kunstmaler.«

Für einen Moment ist es still auf dem Rücksitz. Bei Thunes Fabrik überlegt Herr M. sich die Sache anders.

»Chauffeur?«

»Ja.«

»Würde es Ihnen große Mühe machen, uns stattdessen auf den Ekebergsåsen zu fahren?«

»Nicht doch, das nun wirklich nicht.«

»Was sagen Sie dazu, Dorothy? Zu einem kleinen Sonntagsausflug in das altnordische Eikaberg?«

Dorothy antwortet, während sie auf eine Straßenbahn warten, die scheppernd aus der Schleife bei Skøyen kommt.

»Ich mache überall mit. Sie haben zu entscheiden.«

»Sehen Sie, ich könnte mir vorstellen, es mit einem letzten Bild meiner Heimatstadt zu versuchen. Sie müssen in Ihrem weißen Kleid ganz vorn stehen, und dann noch ein paar andere mittsommerlich Gekleidete vor vielleicht einem lodernden Johannisfeuer und der Stadt als Hintergrund. Aber das muss an einer hochgelegenen Stelle sein, nicht wahr? So habe ich mir das vorgestellt, Johannisabend in Oslo.«

»Zu Johannis hat es geregnet, und außerdem waren Johannisfeuer in diesem Jahr verboten.«

»Nein, das ist nur ein Bild, das ich vor mir gesehen habe. Aber es ist ja nun auch so, dass inzwischen fast alles verboten ist, Tanzabende, Bergwanderungen zu Ostern, Flaggen am 17. Mai und Feuer zu Johannis. Als Nächstes werden sie uns wohl verbieten, im Sommer im Fjord zu baden. Oder was meinen Sie, Herr Chauffeur?«

Der Mann hinter dem Lenkrad lacht leise, bremst für eine Ansammlung von Menschen vor der Frogner-Kirche und fragt:

»Sie sind also gut genug in Form, um zu baden, Herr M.?«

»Meistens zu Hause in der Badewanne. Aber man soll ja niemals nie sagen.«

»Nein, das ist wahr. Ich weiß noch, dass ich Sie im vorigen Sommer mehrmals mit Ihren Skizzenblocks zu den Stränden von Bygdøy gefahren habe.«

»Das trifft wirklich zu, Herr Chauffeur. Hören Sie mal. Wenn Sie inzwischen irgendetwas erledigen können, dann setzen Sie uns doch ganz oben im Valhallaveien ab und lesen uns dann in zwei Stunden wieder auf? Ist Ihnen das recht so, Fräulein Dorothy?«

»Natürlich ist mir das recht.«

»Dann machen wir das so, Herr Chauffeur.«

Sie fahren eine Weile schweigend weiter.

Der Alte reckt den mageren Truthahnhals, es ist deutlich, dass er alle möglichen Einzelheiten, an denen sie vorüberfahren, registrieren will. Doffy schaut auf ihrer Seite aus dem Fenster – und sieht die Kastanienbäume unten in der Sonnenecke der Bygdøy allé und die prachtvolle Blutbuche gegenüber der Universitätsbibliothek. Das alles ist ihr vertraut, aber aus einem Taxifenster sieht es eben doch anders aus.

Dann geht es weiter an den Elektrizitätswerken, der Buchhandlung Qvist, dem Schlosspark und der Victoria terrasse –

wo die deutsche Sicherheitspolizei untergebracht ist und wo sich angeblich ein norwegischer Patriot aus dem Fenster gestürzt und sich auf dem Bürgersteig das Genick gebrochen hat, weil er nicht riskieren wollte, unter der Folter zu reden.

Doffy hat Tränen in den Augen und stellt sich den Augenblick vor, in dem der junge Widerstandsmann die Chance sieht, die Polizisten zu überlisten; wie er sich mit einem Sprung gegen die Fensterscheibe wirft, sich an den Scherben blutig schneidet, mit Hilfe der Schwerkraft den wütenden Uniformierten entkommen kann und danach nur noch wenige Sekunden für ein Vaterunser hat, ehe er auf den Asphalt aufprallt und zum Engel wird.

Tut er das wirklich? Betet er sein Vaterunser und wird zum Engel?

Vielleicht ist das genaue Gegenteil der Fall. Zur Konfirmationszeit, als Doffy ein kleines Silberkreuz um den Hals trug und sich vom Pastor einreden ließ, dass Gott mit allem, was auf der Erde geschieht, eine Absicht hat – auch mit dem, was uns erniedrigend, widerlich und grausam erscheint –, da hatte sie noch diese Überzeugung, dass die Welt nicht schlecht ist, sondern nur unvollkommen. Seither ist so viel passiert, das diesen vertrauensvollen Gottesglauben ihrer Kindheit ins Wanken gebracht hat.

Eine schlechte Welt? Nein, auch das kann sie sich nur mit Mühe vorstellen. Keine schlechte, aber eine törichte Welt voller Dummheit, Lügen, Schmutz, Kleinlichkeit und Brutalität – eine Welt, da die beschränktesten Menschen viel zu oft den Sieg davonzutragen scheinen, eine Welt, in der die Idioten triumphieren und die Klugen und Guten gequält werden.

So sieht sie die Sache jetzt. Nicht immer, vielleicht, aber jedenfalls häufiger als früher.

Der Chauffeur fährt in ziemlichem Tempo durch Gamlebyen, Vålerenga und die Eisenbahnunterführung bei Kværnerdumpa, ehe er in einen niedrigeren Gang schaltet und mit brummendem Holzvergaser im Zickzack den steilen Hang nach Ekeberg hochfährt.

Mitten in der obersten Biegung setzt er sie ab. Der alte Meister macht eine Uhrzeit für die Rückfahrt aus. Dann lässt er sich mit einem Skizzenblock und Farbstiften auf einer Felskuppe ein Stück hinter der Kurve nieder, an einer Stelle mit schöner Aussicht.

»Wie wollen Sie mich?«, fragt Doffy.

»Setzen Sie sich einfach ins Gras, dort am Rand.«

»Hier?«

»Ja, das ist gut. Passen Sie auf, dass Sie nicht hinunterfallen – Sie sehen, dass es steil ist, nicht wahr?«

»Ich bin nicht blind, Meister.«

»Sie verstehen, ich habe selbst …«

»Was denn?«

»Nein, nichts. Sehen Sie da unten den Friedhof? Seit alter Zeit sind dort die Geisteskranken, Armen, Unbekannten und Selbstmörder der Stadt gelandet.«

»Das wusste ich nicht.«

»Mein Vater hat es mir einmal erzählt, und seither haben meine Gedanken bisweilen diese armen Schicksale gestreift. Meine Schwester Laura, die mit dem Nervenleiden, wurde in das Gebäude daneben eingewiesen, das Oslo-Hospital. In vieler Hinsicht war ich wie sie.«

»Wirklich?«

»Ab und zu habe ich das befürchtet. Vor einem halben Jahrhundert habe ich hier etwas erlebt, aus dem ich später ein Bild gemacht habe.«

»Welches Bild denn?«

»Das mit dem Schrei.«

Sie schaut neugierig zu ihm hinüber.

»Das ist hier entstanden?«

»Ich habe hier die Idee gehabt.«

Doffy zögert einen Moment, dann fragt sie:

»Was ist denn passiert?«

»Nichts.«

»Wie denn, nichts?«

»Das ist egal, Doffy. Ich dachte nur plötzlich, dass ich noch einmal herkommen wollte, zusammen mit Ihnen.«

Sie runzelt die Stirn.

»Wie meinen Sie das?«

»Das war nur so ein Einfall. Eigentlich wollte ich an einen anderen Aussichtspunkt, aber dann dachte ich, es könnte eine Herausforderung sein, hier einen Versuch zu machen und zu sehen, was mit dem Motiv passiert. Verstehen Sie?«

»Ich weiß nicht so ganz.«

»Nein, wie sollten Sie das auch verstehen können? Vergessen Sie einfach diese törichten Altmännergedanken, Fräulein Dorothy. Darf ich Sie nun bitten, Ihr Gesicht ein wenig nach oben zu halten ...«

»So?«

»Noch ein bisschen mehr. Lehnen Sie sich einfach zurück und genießen Sie den Sonnenschein. Das ist gut so.«

Er arbeitet zwei Minuten. Dann fragt er:

»Würde Ihr Sommerkleid verdorben werden, wenn Sie versuchten, sich hinzulegen?«

»Das kann ja gewaschen werden.«

»Ja, eben. Dann machen wir einen Versuch.«

»So?«

»Ja, strecken Sie die Arme aus, während Sie den Sonnenschein in sich einsaugen. Versuchen Sie, in dieser Stellung zu bleiben, spreizen Sie die Beine vielleicht ein wenig mehr. Ja, genau. Jetzt haben Sie es, Doffy. Bleiben Sie einfach so liegen.«

Danach arbeitet der alte Meister lange an der Skizze, ohne etwas zu sagen. Sonntagsspaziergänger gehen vorüber und sie scheinen lange Blicke zu werfen – auf sie, die dort in ihrem schlichten weißen Baumwollkleid liegt, und auf ihn, der mit dem großen Skizzenblock dasitzt und sie zeichnet.

Ist es peinlich, auf diese Weise gesehen zu werden? Es macht sie jedenfalls reichlich verlegen. Doffy versucht, ihr Gesicht noch weiter von der Straße wegzudrehen, damit sie nicht wiederkannt werden kann, von Menschen, die bei dem schönen Wetter vorüberkommen – Kommilitonen, Freunde, Verwandte, man kann doch nicht wissen, wer den Sonntag nutzen will, um die Aussicht vom Ekeberg über die Stadt zu genießen. Bisher ist aber noch niemand in der Kurve zum Valhallaveien stehengeblieben, um zu rufen:

»Dorothy!«

Es ist sicher nur eine Angst, die sie überkommt – eine Art Geräuschhalluzination. Dennoch findet sie es unangenehmer, als sie sich das vorgestellt hatte, ihre Modellarbeit außerhalb der schützenden Mauern von Ekely zu betreiben.

Ihr Chef in seinem Mausoleumsbüro in der Quadratur – wenn der jetzt vorbeikäme! Der deutsche Offizier mit den grünen stechenden Augen! Professor K. mit seiner Familie – möge Gott in Seinem hohen Himmel sich ihrer Seele erbarmen!

Doffy erbleicht. Aber Dienst ist Dienst. Jetzt kann sie keinen Rückzieher machen.

Für einen Moment ist sie von widerstreitenden Gefühlen, die in ihrer Brust kämpfen, dermaßen überwältigt, dass sie in der Juniwärme eindöst.

Im Traum befindet sie sich in seinem prachtvollen Sonnengemälde – zunächst damals, als sie es im Konzert vor sich gesehen hat, dann noch einmal, eingeschlossen in dem fensterlosen Winteratelier mit dem Glasdach.

Gleich darauf fährt sie aus dem Schlaf hoch. Wie lange kann er angehalten haben, dieser Zustand der Bewusstlosigkeit mitten am hellichten Vormittag?

Das ist wirklich schwer zu sagen. Doffy reibt sich das Gesicht und versucht verwirrt, wieder zu sich zu kommen. Herr M. sitzt dicht neben ihr und sieht sie an. Verlegen setzt sie sich auf, legt die Arme um die Knie und sagt:

»Verzeihung. Ich war offenbar für einen Moment eingenickt.«

»Das macht nichts, Doffy. Es hat die Skizze sogar noch besser gemacht.«

»Sind Sie schon fertig, Meister?«

»Jedenfalls mit dem Entwurf. Den Rest des Bildes kann ich zu Hause fertigmachen.«

»Habe ich lange geschlafen?«

»Vielleicht eine halbe Stunde? Ich habe mich zu Ihnen gesetzt, damit sie nicht im Schlaf über die Kante rollen.«

»Das hätte ich doch niemals getan.«

»Sicher nicht. Aber es ist schon seltsam, wenn man geschlafen hat und dann so plötzlich aufwacht, kann man durchaus aus dem Gleichgewicht geraten.«

Bei seinen letzten Worten schaudert es ihr und sie benutzt die Gelegenheit, um weiter vom Abgrund und von ihm wegzurutschen. Die Vorstellung, dass der Meister sich so dicht neben sie gesetzt hat, während sie schlafend und schutzlos in dem dünnen Sommerkleid da lag, kommt ihr ein wenig zu intim vor – abermals scheint er eine ihrer Grenzen überschritten zu haben.

Deshalb entscheidet Dorothy sich zum Gegenangriff, indem sie anfängt, ihn nach seinem überaus privaten Geständnis auszufragen, warum sie an diesem Sonntag ihren Ausflug nach Ekeberg verlegt haben.

»Ihr Bild, das niemand vergessen kann, ist also hier entstanden?«

»Mir ist hier jedenfalls die Idee gekommen.«

»Ein Mann, der schreit.«

»Ich habe nicht geschrien.«

»Wer hat denn dann geschrien?«

»Alles hat gebrüllt. Der gewaltige Schrei, der durch die Natur geht, so habe ich das vor mir gesehen.«

»Sie haben den Schrei vor sich gesehen?«

»Ich habe das Bild vor mir gesehen, und so bin ich entkommen.«

»Wem denn entkommen?«

»Dem Sog, Fräulein Dorothy.«

»Sie hatten Angst zu fallen?«

»Ja.«

»Haben Sie sich oft solche Sorgen gemacht?«

»Ach ja. Sie nicht?«

»Ein- oder zweimal vielleicht.«

»Das höre ich gern. Dann haben wir noch eine Gemeinsamkeit, Sie und ich. Ein Schrei durchjagte die blutrote Natur, das habe ich gehört.«

»Und dann haben Sie beschlossen, den zu malen?«

»Ja, aber das war erst später. Ich hatte an diesem Abend einen nervösen Anfall, und danach habe ich mir einen Weg gesucht, in unterschiedlichen Techniken.«

»Einen nervösen Anfall?«

»Ja, so etwas muss das doch gewesen sein. In der ersten Version vom Schrei gab es übrigens einen fetten Mann. Das haben Sie nicht gewusst, was?«

»Nein?«

»Einen fetten Mann mit Hut und einem roten Gesicht. Ja. Und Sie sind übrigens viel zu jung, um zu wissen, wer dieser Mann gewesen sein kann.«

»Wer war es denn?«

»Nein, das ist es ja gerade. Mir kam dieser Einfall, dass ich ihn vielleicht zurückkehren lasse und ihn zusammen mit Ihnen und den Jugendlichen hier auf die Felskuppe setze.«

»Warum denn?«

»Sie zeichnen doch selbst ein bisschen. Haben Sie nie die Versuchung verspürt, Motive aus alten Bildern in neuen Entwürfen auftauchen zu lassen?«

»Das schon, aber …«

»Ja, dann sehen Sie es doch. Im Grunde war ich vom ›Schrei‹ nie so begeistert wie manche andere.«

»Warum sind Sie dann noch mehrmals zu diesem Motiv zurückgekehrt?«

»Das gehört eben zu meiner Methode.«

»Aha. Aber was ist eigentlich Ihre Methode?«

Der alte Maler lacht.

»Das wechselt die ganze Zeit, Doffy.«

Sie sehen einander einen Augenblick lang an, in den Blicken beider liegt etwas Herausforderndes. Dann reicht er ihr die Hand, sie erhebt sich, und sie schlendern über die Wege oben auf dem Ekebergplateau. Unter dem Arm hält er die riesige Mappe. Wie auch sonst bietet er ihr nicht an, sich den Entwurf anzusehen.

Wie seltsam! Wie komisch, dass dieser Großmeister, in seinem Alter, ihr etwas so Persönliches anvertrauen mochte wie er das heute getan hat – einer unfertigen Studentin wie ihr!

Ist es eine Form von Freundschaft, die er ihr anbietet, über alle Altersgrenzen hinweg? Oder will er etwas anderes erreichen, wenn er auf diese Weise um sie herum einen Kranz aus unsichtbaren Bändern flicht?

Sie rechnet im Kopf nach.

Dreiundzwanzig. Achtundsiebzig. Der Mann ist mehr als dreimal so alt wie sie.

Im einen Augenblick hat sie auf diesem Ausflug zum Ekeberg das Gefühl, mit einem asiatischen Weisen zusammenzusein, der sein uraltes buddhistisches Wissen mit ihr teilt – im nächsten überkommt sie die Angst, sie könnte einfach nur ein naives junges Mädchen sein, das dabei ist, sich von Ritter Blaubart in sein Schloss locken zu lassen.

»Sei vorsichtig!«, flüstert eine Stimme in ihrem Kopf. Ihr Schutzengel, vielleicht?

Abermals ist sie überwältigt von diesem Gefühl, dass zwei gegensätzliche Gefühle in ihrer Brust miteinander kämpfen. Ihr Herz hämmert. Der alte Maler sieht sie mit seinem starken blaugrauen Blick an. Wer ist er? Was will er von ihr? Gibt es bei ihm nicht etwas Doppeltes? Haben diese Augen nicht etwas Verschleiertes?

»Ganz ruhig jetzt, Doffy.«

Das sagt sie nicht laut, sie bewegt nur unhörbar die Lippen.

Sie gehen ein Stück weiter. Er bleibt stehen und dreht sich zu ihr um. Für einen kurzen Moment der Panik kommt sie sich vor wie ein junger Hase, starr vor Angst im Gras, unter dem Blick einer Schlange, die den Kopf zum Zustoßen hebt und sie mit hypnotisierendem Blick anstarrt.

Ihr schaudert, sie drehte sich von ihm weg und läuft zum Bürgersteig am Aussichtspunkt bei der obersten Straßenkurve – wo sie sich an das Eisengeländer stellt und auf das Liliputsonntagsleben in der von den Deutschen besetzten Hauptstadt hinabstarrt.

Dann, als der Fahrer bei der Stelle vorfährt, wo er sie zwei Stunden zuvor abgesetzt hat, fahren sie zurück in die Stadt. Doffy erhält einige Scheine in einem Briefumschlag, den ihr Auftraggeber schon vorbereitet hatte. Sie bittet darum, bei einer Taxihaltestelle im unteren Teil von Frogner aussteigen zu dürfen. Sie fühlt sich ein wenig verlegen, bei der Vorstellung, beim Aussteigen von Bekannten gesehen zu werden. Aber auf der Straße steht niemand, der vor Freude oder Erstaunen ihren Namen riefe – und auch niemand, der nachher mit Fragen kommt, wo sie gewesen sei und mit wem sie in diesem Taxi gesessen habe.

An diesem Sonntag im Juni erkennt Doffy, dass ihr ihre Beziehung zu dem alten Meister peinlich ist. Nicht, dass zwischen ihnen etwas Unrechtes geschehen wäre. Das ist es doch nicht. Aber zum ersten Mal, seit sie an jenem Frühlingstag vor anderthalb Monaten den Herrn von Ekely dazu bringen konnte, sie als Modell anzunehmen, macht sie sich Sorgen darüber, was andere vielleicht über sie denken könnten.

Maler und Modell.

Daran sind so viele unterschiedliche Vorstellungen geknüpft. Viel Unsinn. Viel Torheit. Ihr Instinkt rät ihr, sich darüber erhaben zu fühlen. An dummen, beschränkten und primitiven Menschen besteht kein Mangel. Sollen sie sich doch vorstellen, was sie wollen. Sie selbst weiß genau, warum sie den alten Meister aufgesucht hat und was es für sie bedeutet, dass er bereit ist, sie bei seinen Arbeiten zu verwenden.

Aber es soll eben nicht alle Welt erfahren, womit sie an den Wochenenden ihr Geld verdient. Dass Kari es weiß, ist kein Problem. Dass einige wenige andere, die ihr nahestehen, es wissen, ist auch in Ordnung. Aber vielleicht ist es kein Zufall, dass sie zum Beispiel ihrer Vermieterin oder den Kommilitonen an der juristischen Fakultät gegenüber nichts erwähnt hat – und auch nicht ihrer Mutter gegenüber.

Schämt sie sich denn?

Nein, auch das nicht. Sie ist stolz darauf, dass sie den Mut gehabt hat, Herrn M. aufzusuchen.

11

Draußen ist es Hochsommer geworden. An der Ostfront werden eroberte sowjetrussische Panzer gegen die Bolschewiken eingesetzt.

Unter der Rubrik »Verbrauchertipps« weiß eine Zeitungsjournalistin zu berichten, es werde in heimischen Breiten immer üblicher, dass Damen im Sommer Hosen tragen. Was den Vorteil habe, dass man keine Strümpfe brauche und ein Korsett vermeiden könne – und noch dazu sei man eins-zwei-drei angezogen. Als Illustration zum Artikel ist das Foto eines jungen Mädchens in weiten Sommerhosen und leichter Bluse abgedruckt, zusammen mit einem Schnittmuster für die Nähmaschine.

Eine kurze Notiz vermeldet, dass ärztliche Verschreibungen von Sahne, Kakao und Kokosmasse nicht länger ausgestellt werden dürfen – eine weitere besagt, es gebe strenge Vorschriften für den Kauf von Zucker als Bienennahrung. Angesichts der bevorstehenden Lindenblüte seien auf dem Sankthanshaugen Bienenkörbe aufgestellt worden. Der Ingenieur Gottfred Christensen ist vor den langen Bienenkorbreihen der Initiatoren abgebildet.

Ein überlebender norwegischer Marineoffizier wird zu der Schiffskonvoikatastrophe im Nordmeer interviewt. SS-Mannschaftskapitän Ulf Breien berichtet in seiner Kolumne über die Kampfpraxis in der Norwegischen Legion von einem Kameraden, der sich ausgezeichnet hat: »Mit solchen Leuten an der Front hat unser Volk das Recht auf ewiges Leben.« NS-Generalsekretär Fuglesang erzählt von seinem Besuch bei den jungen norwegischen Freiwilligen, die sich zur Ausbildung in Deutschland befinden, und der siebzigste Geburtstag des Südpolbezwingers Roald Amundsen wird mit einem vierspaltigen Artikel gewürdigt. Der deutsche Professor Arnold Waldschmidt schreibt in einem noch größer aufgezogenen Artikel:

Es ist nicht ohne Bedeutung, dass der Name Vigeland von dem Wort Vikingland abstammen soll, denn in den Arbeiten des Bildhauers offenbart sich ein Geist, der in puncto nordischer Ursprünglichkeit und nationaler Ausformung seinen Vorfahren ebenbürtig scheint. Betrachtet man die Werke dieses großen Mannes aus dem Norden, steht man geradezu hingerissen vor einem Ausmaß der künstlerischen Veredelung, die bei weitem übersteigt, was andere bekannte Künstler erschaffen haben.

»Er kann gut formulieren, dieser Professor Waldschmidt«, murmelt Herr M. und beschließt, den Artikel in seinem privaten Zeitungsarchiv schändlicher arischer Tiraden aufzubewahren, zusammen mit Søren Onsagers Rede, die dieser anlässlich der Ausstellung über sogenannte »Entartete Kunst« in der Nationalgalerie hielt.

Ist sein alter Feind Vigeland durch diesen jämmerlichen professoralen Erguss nun endlich auf dem Schutthaufen der Kunstgeschichte gelandet?

Nein, so einfach wird es wohl nicht sein.

Denn erstens ist es gut möglich, dass das arische Gefasel nach Ende des Weltkriegs auf der Siegerseite steht. Und zweitens ist es sehr wahrscheinlich, dass derartige Artikel dem Vergessen anheimfallen, falls die Alliierten den Krieg gewinnen sollten – und dass die norwegischen Behörden auch weiterhin umfangreiche Mittel für Herrenhaus, Mitarbeiter, Altelier, Werkstatt und ein Heer von Steinmetzen verschwenden werden, um Vigelands größenwahnsinnige Parkplanung zu vollenden; während dieselben Behörden ihre Bemühungen, den Maler auf Ekely zu schikanieren und zu quälen, intensivieren werden, indem sie ihn über Jahrzehnte in Form von Steuererhebungen zur Ader lassen und ihm gleichzeitig den Auftrag zur Ausschmückung des Rathauses verwehren.

Manchmal scheint es, als könne ihn allein schon die Erwähnung des Namens Gustav Vigeland vor lauter Gram vergehen lassen. Ein talentierter junger Künstler, das ist er einst durchaus gewesen. Man muss sich nur die im Schlosspark stehende Bronzestatue der frierenden Camilla Collett oder die Darstellung Niels Henrik Abels im Kampf mit dem Drachen ansehen, um daran erinnert zu werden.

Vor langer Zeit hatte der Südnorweger gleich neben ihm ein Atelier gemietet, als sie sich zusammen mit anderen jungen Künstlern in Berlin aufhielten. Damals kam es auch vor, dass sie heimlich Ideen voneinander übernahmen, was bei den meisten, die um ihren Durchbruch als bildende Künstler kämpfen, nicht unüblich ist. Doch nach einem ähnlichen Ausmaß der heimlichen Ideenübernahme und einem ähnlichen Durchbruch, so wie ihn der zielbewusste Südnorweger Vigeland erreichte, wird man wohl lange suchen müssen.

Und wenn man erst einmal derart über die Stränge schlägt – sich an die Meistbietenden verkauft, von seinen Freunden stiehlt, gierig und rücksichtslos wird, sich zu einem Bestandteil der Intrigen der Kulturbürokraten und Kunstkrämer macht – dann geschieht es, dass man von innen ausgehöhlt wird. Was einmal echt und scharfsinnig war, wird verwässert und spekulativ. Was einmal ideenreich und detailscharf war, wird undeutlich und megaloman. Man endet als lokaler

Künstlerpapst, der seinen Assistenten die Drecksarbeit überlässt, hier und dort ein wenig ausbessert, das Werk signiert und dafür Lob, Geld und Einladungen kassiert.

Aber sei es, wie es ist.

Es geht ihn nichts an. Die anderen sollen tun, was sie wollen. In seiner Welt bedeutet Kunst, dass man sein Herz öffnet.

Wer dazu nicht den Mut hat, wird zwangsläufig in die Irre gehen.

Kurz bevor sich Zahnarzt Ek in die Sommerferien verabschiedet, bekommt M. einen neuen linken Eckzahn eingesetzt. Der alte Maler muss sein Lächeln nicht länger hinter dem Handrücken verstecken; er fühlt sich männlicher, wenn er sich nun im Spiegel betrachtet.

Am Wochenende kommt Doffy wie üblich zur Arbeit. Wenngleich der wilde Wein noch immer grün ist, malt M. ihn rubinrot – wie er im Herbst aussieht. Er macht einige Entwürfe für das geplante Gemälde, das sie an der Treppe zur Glasveranda zeigt. Auf dem ersten Bild teilt er sie in zwei Gestalten auf, eine helle und eine dunkle – so wie er es bereits mit dem Maurer und dem Mechaniker in Travemünde, mit der doppelten Faust-Figur in Åsgårdstrand und mit dem weißen und dem schwarzen Pferd im Zweigespann hier auf Ekely getan hat.

Die Dorothy mit dem hellen, offenen Haar trägt eine weiße Hose und ein blaues Oberteil. Sie hat ein paar Äpfel gepflückt, welche sie gerade der dunklen Doffy geben will – die mit aufgestecktem Haar die Verandatreppe herunterkommt und etwas trägt, was einer Dienstbotenuniform oder einem Herrenanzug ähnelt.

Was hat er mit dieser Komposition beabsichtigt?

Er weiß es nicht genau. In seinem Skizzenbuch hat er mehrere Entwürfe, sowohl zu diesem Bild, das sie als Doppelgängerin zeigt, als auch zu dem anderen, entzückenden Bild von ihr – wobei auf einem dieser Entwürfe ein Feuer in den Büschen im Hintergrund ausgebrochen ist.

An diesem anderen Bild arbeitet er äußerst ausführlich. Es ist weniger ein Portrait von Dorothy als viel mehr eine Schilderung seiner Verliebtheit in sie – das Bild wird nahezu gänzlich von dem leuchtenden roten Wein dominiert, der den oberen rechten Teil der Bildfläche einnimmt und bis über die kleine Anhöhe hinausreicht, auf der sie in weißer Hose, blauer Sommerjacke und grünem Pullover steht; das Gesicht im Profil und all dem Roten zugewandt.

Mit ihr zu reden allerdings, vermag er an diesem Julisonntag nicht; zumindest sagt er nicht mehr als das Allernotwendigste. Verzagt und schweigsam steht er da und vergleicht die beiden Kompositionen – nur in den Pausen wechseln sie ein paar Worte, bevor er sich erneut in die Arbeit stürzt; erst das eine Bild und dann das andere.

In der Mittagspause serviert er ihr Tee und Butterbrote – zeigt ihr aber nichts von dem, woran er arbeitet. Sie wird es noch früh genug zu sehen bekommen; und vielleicht verstehen. Ein Dummkopf ist sie nicht.

Beide wirken recht erschöpft, als die drei Doppelstunden vorüber sind. Gegen Ende des Tages holt sie ihre Handtasche und steckt ihm eine illegale Zeitung zu – die sie erklärtermaßen in regelmäßigen Abständen von Bekannten erhält, welche sich mit solchen Dingen beschäftigen.

Es ist die erste illegale Publikation, die M. in den Händen hält. Mit großen Augen liest er ein paar der Schlagzeilen und saugt das Ganze in sich auf. Geradezu innerlich ausgetrocknet fühlt er sich bei diesem Anblick; nachdem das Radio beschlagnahmt wurde und es nicht länger möglich war, die Beethoven-Takte aufzufangen, welche die Nachrichtensendungen aus London einleiten. Es handelt sich um ein Nachrichtenbulletin mit kleinen Notizen und bildlichen Darstellungen, keine eigentliche Zeitung – nur ein A4-Bogen, der anscheinend mit Hilfe einer nicht mehr ganz neuen Matrizenmaschine auf beiden Seiten bedruckt ist. Doch im Vergleich zu all den trüben Ergüssen, mit denen die Tageszeitungen gefüllt sind, kommt es ihm vor, als würde ihm ein Schluck frischen Quellwassers angeboten.

»Geben Sie sie an jemanden weiter, dem Sie vertrauen können, wenn Sie sie gelesen haben«, sagt Doffy, während sie sich zum Gehen anschickt.

Sein Inneres wird von Wärme erfüllt.

Was sie sagt, muss zwangsläufig auch bedeuten, dass sie ihrerseits glaubt, ihm vertrauen zu können. Sein Brustkasten weitet sich angesichts dieser Erkenntnis – er hat das idiotische Gefühl, dass sein Lunge wieder gesund ist und die Bronchitis nicht zurückkehren wird. Das stimmt zwar nicht, er weiß es sehr wohl, aber es ist ein herrliches Gefühl, das ihn hier überkommt. M. dreht sich zu ihr und fragt:

»Sie meinen also, dass ich sie nicht behalten kann?«

»Ein paar Tage schon. Aber wenn Sie alles gelesen haben, möchte ich, dass Sie sie weitergeben. Zurzeit herrscht nämlich Mangel an Papier und Druckerschwärze.«

»Ich kenne doch gar nicht so viele.«

»Ein paar werden Sie doch wohl kennen, oder nicht? Je mehr die Zeitung lesen können, desto besser.«

»Tja, meine Nachbarn hier, aber denen werde ich sie auf keinen Fall geben.«

»Es werden doch wohl nicht alle Quisling-Anhänger sein?«

»Ich weiß nicht, was die sind, *ich* jedenfalls konnte ihnen noch nie trauen. Als es hier noch die Gärtnerei gab und die ganze Gegend ein halbes Jahr nach Jauche stank, da funktionierte es bestens mit der Nachbarschaft. Aber mit einem Künstler am Werk, das war ihnen dann wohl zu viel.«

Doffy sieht ihn grübelnd an.

»Dann vielleicht einer Ihrer Freunde, die zu Besuch kommen?«

»Das passiert nicht mehr so häufig.«

»Aber leben Sie denn völlig isoliert hier auf Ekely, Meister?«

»Nein, nicht völlig.«

»Dann geben Sie mir die Zeitung eben wieder zurück, wenn ich das nächste Mal komme. Ich werde schon jemanden finden, dem ich sie weitergeben kann.«

Als sie geht, schüttelt sie den Kopf. Sie hat ein gefährliches Temperament, diese Dorothy.

Noch am selben Abend – nur wenige Minuten, nachdem sie über den Pfad in Richtungs Hoffsveien davongeeilt ist – bekommt Herr M. überraschenderweise doch Besuch von einem Freund. Pola G., der dänisch-norwegische Sohn des großen Tahiti-Malers, der einst eine scharfsinnige Lebensgeschichte verfasste – zuerst über seinen Vater, und dann über ihn, den Herrn auf Ekely –, macht seine Aufwartung.

Der Hausherr holt eine Flasche Sherry hervor und schon bald kommen die beiden ins Gespräch. Zunächst ist es der Krieg, über den sie sich beklagen, wie schlimm alles aussieht – und wie alles noch viel schlimmer werden kann, wenn der Krieg erst einmal zu Ende ist. Dann nimmt die Unterhaltung eine eher persönlich gefärbte Wendung, und Herr M. fragt seinen jungen Gast:

»Haben Sie in letzter Zeit etwas gemalt?«

»Ja, ein wenig. Und Sie?«

»Nachdem die Deutschen gekommen sind, habe ich nicht viel zustande gebracht. Aber jetzt habe ich ein neues Modell.«

»Tatsächlich, Meister?«

»Ja.«

»Darf ich fragen, um wen es sich handelt?«

»Eine junge Dame kam hierher und bat darum, Modell stehen zu dürfen. Ich brachte es nicht übers Herz, sie abzuweisen. Sie braucht Geld für ihr Jurastudium.«

»Das ist ja ungewöhnlich.«

»Ja schon, aber es stimmt. In einem Jahr ist sie fertig mit ihrem Juridicum, behauptet sie zumindest.«

»Und Sie glauben ihr?«

»Sie ist ein heller Kopf, so viel steht fest.«

»Ich muss schon sagen. Und wie ist es, mit ihr zu arbeiten?«

»Viel besser, als ich zu Beginn gedacht habe. Sie ist ein äußerst charmanter Gast. Sie ging, kurz bevor Sie kamen.«

»Gerade eben?«

»Ja.«

»Schade, dass ich ihr nicht begegnet bin. Haben Sie vielleicht Lust, mir ein paar der neuen Arbeiten zu zeigen?«

»Vielleicht beim nächsten Mal, wenn Sie mich besuchen kommen. Aber Sie können sich gerne die Entwürfe ansehen, an denen ich heute gearbeitet habe.«

Der alte Maler richtet eine Lampe. Dann tritt er an die Staffelei und dreht eines der Bilder in Richtung seines Gasts.

Es ist eine in Öl gefertigte Skizze von Dorothy. Mit forsch gespreizten Beinen steht sie in ihrer hellen Sommerhose vor der Glasveranda und betrachtet den wilden Wein, den er in herbstlichem Rot auf die Leinwand gemalt hat – und der beinahe an glühende Lava erinnert, dort wo er auf der rechten Hälfte der Bildfläche farbenschwer vom Haus heruntergleitet und sich über das Gras verteilt, in dem Dorothy steht.

Die beiden Freunde blicken sich kurz an.

»Na, was meinen Sie?«

»Doch ja, das gefällt mir.«

»Finden Sie nicht, dass sie sich ähnlich sehen?«

»Aber ich kenne sie doch gar nicht.«

»Aber gewiss doch. Sie kennen sie sogar sehr gut.«

»Ach?«

»Sehen Sie denn nicht, dass es Hilde ist?«

Der junge Däne blickt ihn verwirrt an.

»Wen meinen Sie?«

»Hilde Wangel. Finden Sie nicht, dass ich sie gut herausgearbeitet habe?«

»Also, Sie meinen …«

»Ja, nicht wahr? Und hier geht der schwankende alte Baumeister Solness und weiß nicht, was er mit sich anfangen soll.«

Der Gast nickt nachdenklich. M. räuspert sich. Etwas hat sich im Hals festgesetzt. Er möchte korrigieren, was er gerade gesagt hat, findet aber nicht sogleich die richtigen Worte. Denn was er hier hat durchscheinen lassen, stimmt ja nicht so ganz. Dessen ist er sich bewusst.

Hilde Wangel? Es wäre sowohl seinem Modell als sich selbst gegenüber ungerecht, bei dem jungen und leicht zu beeinflussenden Dänen, der ein so großes Interesse an M.s Kunst und Leben gezeigt hat, ein solches Gerücht in Umlauf zu bringen – denn es ist schlechterdings nicht wahr, dass Doffy Anzeichen für irgendeine Verliebtheit in ihn erkennen lässt.

Nachdem er ihm noch zwei weitere Bilder von ihr gezeigt hat, begleitet M. seinen Gast zur Tür.

In der folgenden Nacht liegt der Alte wach im Bett, wälzt sich hierhin und dorthin, ohne eine Stellung zu finden, in der er schlafen könnte. Wenn einer der beiden verliebt ist – so rauscht es ihm durch den Schädel –, dann ist es wohl er selbst und nicht Fräulein Dorothy.

Ist es überhaupt möglich verliebt zu sein, in seinem Alter?

Leider lautet die Antwort auf diese Frage Ja. Jetzt geht es nur noch darum, sich zu tarnen und Doffy nicht merken zu lassen, wie sehr sie ihn verwirrt hat. Und mit »tarnen« meint er nicht nur, seine Gefühle verdeckt zu halten, sondern sie vollständig zu verbergen – so gut, dass Doffy selbst unter Anwendung ihre weiblichen List nicht herausfinden könnte, wie es um ihn steht.

In dieser Kunst ist er sehr geübt. Die Wahrheit ist ja, dass er in all den Jahren – vielleicht schon seit dem Tod seiner älteren Schwester, die erst kurz vorher konfirmiert worden war – von der Schönheit junger Menschen besessen gewesen ist; diesem entzückenden Reiz, der noch immer bei denjenigen zu finden ist, die nicht von diesem idiotischen Streben nach Eigentum und sozialer Stellung, das uns Jahrzehnt für Jahrzehnt ein Stück mehr zugrunde richtet, beeinflusst sind.

Auch er selbst hat sich in diesem jämmerlichen Kampf mehr und mehr besudelt. Kein leichtes Spiel, es nicht zu werden. Dennoch glaubt er, den Jüngling in sich selbst ein wenig vor der Bosheit und Banalität der Welt beschützt zu haben. Im Laufe der Jahrzehnte ist er immer mehr vom Dreck all dieser Lügen und Kompromisse überhäuft worden, die wir einzugehen gezwungen sind, um in dieser schleimigen Welt der Erwachsenen zu überleben – aber der kleine Junge E. ist da irgendwo immer noch vorhanden.

Ohne diesen seelisch unverdorbenen Jüngling in seinem Inneren wäre es ihm nie gelungen – weder zu malen noch zu lieben. Dieser konturlose kleine Junge trägt M.s beste Eigenschaften in sich. Daher muss er ihn auch vor allen anderen verbergen – all denen, die ihn im Laufe eines langes Lebens zu vergiften und zu zerstören suchten.

Im Grunde genommen hat er dieses Leben unter Tarnung schon geführt, seit er ein lungenkranker kleiner Zwerg war. Nur einigen wenigen Menschen wagte er, sich ganz ungeschützt zu zeigen. Nicht oft drängte es ihn nach einer Wiederholung.

Kampfbereit und zugeschlossen
einst ich kam –
Panzer war aus Schreck gegossen
und aus Scham.

Ja, als er jung war, gab es viel von einer Karin Boye in ihm. Auch viel von einer Edith Södergran – und am meisten vielleicht von seiner allzu früh gestorbenen großen Schwester Sofie; die einst an jenem Weihnachtstag zu ihm ins Bett gekrochen kam, damit sie gemeinsam beten sollten, und über die er in jenem Winter in aller Heimlichkeit zu phantasieren begann, nachdem er entgegen den Befürchtungen aller nicht an der Tuberkulose gestorben war.

An jenem Weihnachtsfest hatte der Dreizehnjährige nicht mehr geglaubt, dass er mit seiner schlechten Lunge so lange leben würde, dass für ihn überhaupt je von einer weltlichen Ehe die Rede sein könne. Deswegen hatte er sich – in all seiner Verzweiflung – zu diesen Phantasien über seine große Schwester hinreißen lassen.

Natürlich hatte er tiefe Scham verspürt.

Vielleicht war das die größte all seiner Schandtaten, diese Verliebtheit – jedenfalls eine der größten. Die Angst, jemand könnte herausfinden, dass er begonnen hatte, zärtliche Gefühle für seine Schwester zu hegen, war schwer genug zu ertragen. Dass er sie darüber hinaus ein paar Mal mitten in der Nacht vor seinem geistigen Auge gesehen hatte – wenn sie sich im Badezimmer die Füße wusch, zum Beispiel –, war etwas ganz anderes und Schlimmeres noch dazu; jedes Mal, wenn er nach solchen Phantasien wieder zu sich kam, fühlte er sich wie zerquetscht unter diesem Berg der Schande.

Für alle, die damals von der anderen Seite des Akerselven dort hinzogen, war Grünerløkken eine Art Chicago – ein junger neuer Stadtteil im Werden, geprägt von Kohläckern, neu angelegten Straßen, neu gebauten Mietshäusern, Büschen, Koppeln, Wäldchen und Baugrundstücken.

Nicht zuletzt das Haar seiner großen Schwester hatte es ihm angetan. Diese schönen rötlichen Locken, die das Sonnenlicht manchmal wie Feuer funkeln ließ, und die sich mit ein paar langen Strähnen um seinen Hals gewunden hatten – damals, als er glaubte, sterben zu müssen, und sie in das Jungenzimmer kam, um gemeinsam mit ihm zu beten.

An jenem Tag hatte er es noch nicht bemerkt. Das geschah erst später in der Weihnachtszeit, nachdem die erste Fieberkrise vorüber war. Er wollte seinen Schlafanzug wechseln und entdeckte ein paar der rötlichen Haarsträhnen, die – wie er gleich wusste – von Sofie stammen mussten und ihm sofort bedeutungsvoll erschienen.

Schnell versteckte er sie.

Die Hausgehilfin kam mit dem neuen Schlafanzug und schien nichts bemerkt zu haben. Er verbarg die Haarsträhnen unter dem Kissen. Als er dann später allein war, wickelte er Sofies Haare um seinen Zeigefinger und legte ihre winzige Locke in eine kleine Schachtel, die zusammen mit Farbstiften, Katzengold, ausländischen Münzen und anderen Schätzen in der Nachttischschublade lag.

Es war zu einem Geheimnis zwischen ihnen geworden. Mehr als einmal in jenem Winter kam sie ins Zimmer, um gemeinsam mit ihm zu beten.

Vater unser, der Du bist im Himmel.
Geheiligt werde Dein Name.

Manchmal geschah es, dass sie etwas verzagt darüber sprachen, Sofie und er – wie es wohl sein könnte, ins Himmelreich zu kommen, um dort mit der Mutter vereint zu werden.

Eigentlich fiel es ihm schwer, sich so etwas vorzustellen, doch in einem Traum hatte dieses »Himmlische« eine gewisse Ähnlichkeit mit der Waldlandschaft um den Exerzierplatz in Gardermoen angenommen, wohin der Vater sie im Sommer manchmal mitnahm, wenn er dort einen Auftrag als Stabsarzt auszuführen hatte.

Es gab da etwas an den Nadelbäumen, das er, E., immer gemocht hatte. Viele Jahre später malte er eine Kinderschar, mit den beiden ältesten an der Spitze, auf dem Weg hinein in den Märchenwald.

Diese Malerei basierte auf einer Erinnerung daran, wie er und Sofie die jüngeren Geschwister einmal dort oben beim Exerzierplatz zum Beerenpflücken mitgenommen hatten. Hand in Hand liefen sie zwischen den Bäumen umher, und einen Augenblick lang schien es, als würden sie niemals wieder zu den Erwachsenen zurückkehren wollen. Wunderschönes dunkelgrünes Moos mit kleinen gelben Glöckchen gab es dort, einen leise murmelnden Bach, einen Strauch mit wilden Himbeeren und wogende Hügelchen, in denen es blau in blau schimmerte.

Sie schwelgten darin. Es war nicht nur der Überfluss des Waldes, den sie in sich hineinstopfen konnten, ohne ermahnt zu werden, nicht nur das schräg einfallende Sonnenlicht zwischen den violetten Stämmen der Kiefern, nicht nur die Düfte und die Fingerspitzen, die sich beerenblau färbten – sondern die ganze Stimmung dort drinnen.

In dem Sommer, als er zwölf Jahre alt war, liefen Sofie und er eines Nachmittags ganz allein in den Wald bei Gardermoen, während die Kleinen bei der Tante blieben. Viel weiter als je zuvor wagten sich die beiden in das Grün hinein und verliefen sich schließlich.

Die Sonne ging unter. Es gab ein paar Pfade und einen Bachlauf, den sie wiederfinden mussten. Sie versuchten zurückzulaufen, an den gewundenen Blaubeerhügeln vorbei, in entgegengesetzte Richtung, aber plötzlich hatte die Landschaft etwas Unbekanntes angenommen. Es wurde dunkel.

»Ich habe Angst«, sagte Sofie.

»Es gibt nichts, wovor du Angst haben müsstest.«

»Was, wenn …«

»Denk nicht daran.«

»Aber ich kann nicht anders.«

Eine Weile liefen sie suchend im Halbdunkel umher, ohne auf einen der Pfade zu stoßen. Da nahm sie seine Hand und sagte:

»Fühl nur, wie heftig mein Herz schlägt.«

Wieso hatte sie das getan?

Darüber dachte er nach, wieder und wieder.

War es einfach aus Angst? Aus Gedankenlosigkeit? Gab es etwas, das sie sich zusammengesponnen hatte, weil sie als Kinder einmal dasselbe getan und einander mit Geistergeschichten erschreckt hatten, und sie nun Gespenster, Hexen und Trolle dort im Kiefernwald vor sich sah? Sicher war jedenfalls, dass sie seine Hand genommen und flach auf ihr Herz gedrückt hatte.

»Ja«, erwiderte er leise.

Gerne hätte er mehr als nur Ja gesagt, bekam aber nichts anderes über die Lippen. Er spürte, wie er schwitzte, nicht nur im Nacken, sondern am ganzen Rücken.

Nicht aus Angst, weil sie sich verlaufen hatten, und auch nicht aus Mitleid, weil sie sich im Dunkeln fürchtete. Nein, der Grund für sein Schwitzen war, dass die dreizehnjährige Sofie seine Hand auf ihre Brust gelegt hatte – und dass ihr Brustkasten nicht länger jungenartig flach war, sondern eine winzige Wölbung hinzugekommen war, durch die er ihr Herz deutlich schlagen spürte.

»Spürst du, wie es schlägt?«, fragte sie und sah ihn an, mit ihren dunkelgrünen Augen unter dem wilden roten Haarschopf.

»Ja«, sagte er noch einmal und erwiderte ihren Blick.

Das war eigentlich alles.

Noch eine Weile irrten sie im Wald umher. Doch bevor die Nacht hereinbrach, fanden sie die Stelle am Bach wieder, wo sie den Pfad verlassen hatten – und indem sie dem Bachlauf folgten, konnten sie problemlos zurückfinden.

Nach diesem Erlebnis behielt er Sofie im Auge, von früh bis spät. Es schien, als wäre er von ihr verhext worden.

Ein anderes Wort ließe sich kaum dafür verwenden. Und da es eine Liebe war, die nur im Verborgenen existieren konnte – eine beängstigende und verbotene Schwärmerei –, stand ihm einzig der Ausweg zur Verfügung, ihr nachzuspionieren, genau zu beobachten, wenn es ihr zum Beispiel zu warm wurde und sie ihren Pullover über den Kopf zog, und dann von ihr zu phantasieren; so wie es Jungen in seinem Alter taten.

Er hatte nämlich ein paar gleichaltrige Kameraden in Grünerløkken. Er selbst wuchs in einem strengen, geradezu klösterlichen Zuhause auf, doch was er zusammen mit seinen Freunden erlebte, war nicht immer so klösterlich.

Mit diesen Kameraden konnte er sich unten in den Büschen am Akerselven vergnügt im Bogenschießen üben und um die Rolle des Indianers Hirschfuß oder des Edelmanns Einar

Tambarskjelve streiten; aber diese Jungen konnten auch unglaublich vulgär sein. Es konnte passieren, dass sie einander vage Geschichten über Dinge erzählten, die sie gesehen oder beinahe gesehen hatten, sich gegenseitig erregten und unanständige Dinge miteinander machten.

Das war abscheulich. Zu Beginn hielt er sich fern von diesen Dingen, wurde aber dann doch mitgerissen, denn es gab ja auch etwas Paradiesisches an diesen Widerlichkeiten, mit denen sich die Zwölfjährigen in aller Heimlichkeit und verborgen vor den Erwachsenen zu beschäftigen begannen.

Über Sofie erzählte er nichts – das Wenige, was zwischen ihnen geschehen war, behielt er völlig für sich. Aber es gab immer einen anderen, der von einer Schwester erzählte, die er durch das Schlüsselloch hindurch beobachtet hatte; von den Mädchen im Nachbarhaus, mit denen man im dunklen Keller Versteck spielen konnte; von zwei anderen Mädchen in einem weiteren Nachbarhaus, die sich an einem heißen Sommerabend oben auf dem Dachboden zum Auszieh-Poker hatten überreden lassen; und darüber hinaus eine lange Fortsetzungsgeschichte von einem Liebespaar, das sich unten in den Büschen am Akerselven gern küsste, und an das man sich, lautlos wie ein Indianer, heranschleichen konnte – oft schmusten sie nur, aber einmal waren sie gesehen worden, als sie weitaus mehr taten, als nur zu schmusen.

War all das wahr oder waren es nur schmutzige Jungenphantasien?

Jedenfalls machten diese Geschichten einen großen Eindruck auf ihn. Es war der flüchtige Blick in eine andere Welt als die des streng religiösen Arzthaushalts.

All das schäumte und brodelte in ihm an jenem Weihnachtsfest, als er die Schwindsucht bekommen hatte und sterben sollte.

Eine schreckliche Zeit. Alles in ihm kochte, und er schämte sich sehr, denn immer mehr deutete darauf hin, dass er, E., mit all seinen Zweifeln und seiner heimlichen Unzucht in der Hölle landen würde. Jeden Abend nahm er sich vor, keine hässlichen Dinge mit sich selbst anzustellen, jede zweite Nacht endete damit, dass der Teufel doch seinen Willen bekam – entweder wenn er noch wach war oder wenn er schon schlief. Und Letzteres war nicht weniger demütigend als das Erste.

Zwei Tage vor Weihnachten, kurz nach seinem dreizehnten Geburtstag, war er zunehmend von drei Dingen überzeugt – dass er die Schwindsucht bekommen hatte, dass er zum Tode verurteilt war und dass er nicht in den Himmel kommen würde.

Mehr als einmal kam es in jenem Winter vor, dass er und Sofie gemeinsam beteten.

Die dunkle Glut in ihren Augen, die warmen Hände, der saubere Duft ihres frisch gewaschenen Haars. Die Gewissheit um die Reliquien, die er in ihrem Schrein in der Schublade aufbewahrte, die feuerglänzenden Haarsträhnen, die sie nach diesem überraschenden Besuch an seinem Bett auf dem Schlafanzug hinterlassen hatte. Die Erinnerung an die unschuldige Berührung an jenem Sommerabend im Wald, als ihre Lippen von all den Beeren, die sie vom Weg gelockt hatten, blauviolett geworden waren, und sie sich fast verliefen; bis sie, einander an den Händen haltend, den Bachlauf in der zunehmenden Dunkelheit wiederfanden.

Er überstand die Fieberkrise. Es war eine Überraschung für alle. Nein, offenbar war er doch nicht von den Tuberkeln zum Tode verurteilt worden. Aber natürlich war nichts völlig sicher. Ein plötzlicher Rückfall war denkbar – dafür gab es viele Beispiele. Die Schwindsucht ist eine tückische Krankheit.

Auch am Osterfest beteten sie, seine große Schwester und er.

In seiner Erinnerung muss es gegen Ende der Feiertage gewesen sein, vielleicht war sogar schon der Ostersonntag angebrochen. Jedenfalls waren die beiden allein zu Hause, da alle anderen in die Kirche gegangen waren.

War sie nicht auch krank gewesen? Ja, so war es. Er war den ganzen Winter gezwungen gewesen, sich mit seiner elendigen turberkulösen und bronchitischen Lunge im Haus aufzuhalten; der Arzt hatte ihm strikt verboten, hinauszugehen. Sie war gegen Ende des Osterfests krank geworden, die Erwachsenen vermuteten eine Influenza. So kam es, dass die beiden zur Kirchzeit allein im Haus waren. Er hatte einen heißen Johannisbeersaft mit Zimt bereitet, und dann saßen die beiden im Zimmer der Mädchen und tranken aus den glühend heißen Tassen.

Nachdem Sofie und er über verschiedene Dinge geredet hatten und der heiße Saft fast ausgetrunken war, traten ihr plötzlich Tränen in die Augen, und leise sagte sie:

»Du?«

»Ja.«

»Weißt du, manchmal werde ich so schrecklich unruhig.«

»Wirklich?«

»Ja.«

»Und warum, Sofie?«

Sie schnitt eine Grimasse und erwiderte nichts. Doch dann nahm sie seine Hand und flüsterte so leise, dass er sie gerade noch verstehen konnte:

»Was wäre, wenn wir alle zusammen sterben sollten?«

Damals fand er es töricht, so etwas zu sagen. Sie war die älteste der Geschwister und durfte so erschreckende Dinge nicht äußern. Töricht außerdem, weil es doch eine Selbstverständlichkeit war – wir alle würden doch früher oder später sterben, nicht wahr? Aber sie meinte wohl etwas anderes. Während er ihre leere Tasse nahm und sie zusammen mit seiner eigenen auf das Tablett stellte, sagte er daher nur:

»Alles wird gut, du wirst schon sehen.«

Als er sich wieder zu ihr drehte, waren ihre Wangen tränenfeucht. Er wurde verlegen. Nicht oft geschah es, dass seine große Schwester so offen vor den Jüngeren weinte. Sofie war stolz. Es gab etwas Starkes und Aufrechtes an ihrem Wesen. Gute Bilder konnte sie auch machen. Es gab einige Familienmitglieder, die gerne zeichneten, aber nur sie beide, Sofie und er, hatten sich ein paar wirkliche Kenntnisse angeeignet.

»Ich bin letzte Nacht von einem unglaublich furchtbaren Albtraum erwacht«, flüsterte sie schließlich. »Hattest du nicht auch schreckliche Angst vor dem Sterben, als du im Winter so krank warst?«

»Doch, schon. Aber du hast doch nur eine Influenza.«

»Nicht im Traum. Da kam ein Osterengel und sagte, dass ich bald zu Mama in den Himmel käme und tapfer sein müsste.«

»Was, um Himmels willen, ist ein Osterengel?«

»Er hatte ganz gelbe Federn.«

»War's vielleicht eine Goldammer?«

»Du sollst mit sowas nicht spaßen. Es war ein furchtbar ekliger Traum.«

»Dann denk nicht daran, Sofie.«

»Ich kann aber nicht anders. Fühl doch mein Herz, wie es schlägt.«

Warum sagte seine Schwester das?

Auch diesmal machte es ihn verlegen. Er wollte spontan die Hand ausstrecken und ihr Herz fühlen – so wie sie es getan hatten, als sie noch Kinder waren. Aber etwas hielt ihn zurück.

Peinlich. So erschien es ihm.

Er legte seine Hand auf die Bettdecke. Weiter wagte er sich nicht vor. Da tat sie dasselbe wie im Sommer zuvor – sie nahm seine Hand und legte sie flach auf ihre Brust, dorthin wo das Herz schlägt.

»Spürst du es?«, fragte sie.

Er trug einen dicken Wollschal um den Hals, zwischen seiner Hand und ihrer Brust allerdings war nur eine dünne Schicht Baumwollstoff.

»Ja«, sagte er. »Dein Herz pocht.«

Das war mehr, als er im Sommer über die Lippen gebracht hatte. Aber da war er ja erst zwölfeinhalb gewesen. Jetzt war er dreizehn Jahre und drei Monate alt. Das war ein Unterschied.

Unter ihrem zerzausten roten Haarschopf waren ihre Augen dunkel und verschwommen geworden. Er spürte ihre warmen Finger auf seiner Jungenhand. Nahm die weichen Fasern ihres Nachthemds auf seiner Handfläche wahr. Fühlte ihre Brust, wie lebendig sie war – und den schnell pochenden Herzmuskel direkt darunter.

»Es klopft ziemlich schnell, Sofie. Warum hast du solche Angst?«

»Weil der Osterengel mir zugeflüstert hat, dass unsere ganze Familie an der Schwindsucht sterben wird.«

»Und wann?«

»Bald. Wir werden mit Mama im Himmel vereint sein. Damit hat sie mich auch immer zu trösten versucht.«

»Wie kannst du nur so etwas Idiotisches sagen!«

»Ja, du hast recht.«

»Es war nur ein Traum, Sofie.«

»Ja.«

»Nichts davon wird geschehen.«

»Nein, bestimmt nicht.«

»Glaub mir, Sofie.«

»Ja, ich versuch's.«

»Vergiss den Traum, nichts wird geschehen. Glaub mir.«

»Ja, ich werde es versuchen.«

Dann beteten sie, seine große Schwester und er.

Es war wie im Winter. Am Weihnachtsfest hatten sie zusammen in seinem Bett gelegen und gebetet, jetzt waren sie zusammen in ihrem Bett und beteten. Es geschah nichts Hässliches zwischen ihnen. Nicht am Weihnachtsfest, als alle anderen in der Nähe waren, und auch nicht jetzt, am Osterfest, als sie beide ganz allein zu Hause waren.

Zwar passierte etwas, das vielleicht nicht so gut war, aber davon konnte Sofie nichts wissen, und auch niemand anderer – abgesehen vom lieben Gott, falls die Behauptung stimmte, dass er alles sehen konnte, aber daran zweifelte er sehr; und wenn es wirklich wahr war, dass der HERR alles sehen konnte, so würde das wohl kaum für das zutreffen, was in seinen Kleidern vorging, verborgen vor den Augen der anderen.

Vergib uns unsere Schuld,
wie auch wir vergeben unseren Schuldigern.
Führe uns nicht in Versuchung.

Sie beteten zusammen, mehr nicht. Erst nachdem Sofie im darauffolgenden Herbst gestorben war, küsste er sie auf den Mund.

Schon damals am Osterfest hatte er sie auf den Mund küssen wollen, wagte es jedoch nicht, aus Angst, dass sie beide in der Hölle landen würden, falls etwas Derartiges geschähe, denn trotz allem waren sie ja Geschwister, das durfte keiner von ihnen vergessen.

Dem Anschein nach wurde Sofie wieder gesund.

Sie fuhr fort, sich auf ihre Konfirmation vorzubereiten. Im Laufe des Frühjahrs hatte sie ein paar ganz neue Freundinnen kennengelernt, welche mit kleinen, koketten Sonnenschirmen spazieren gingen und so taten, als wären sie bereits junge Damen.

Einmal wurde er, E., sogar zu so einem Sonntagsausflug eingeladen, mit dem Bus ging es bis oben auf den Grefsenkollen – dort liefen sie mit ihren Sonnenschirmen über die Waldwege, wo es Waldsauerklee und wilde Erdbeeren gab. Später dann verzehrten sie ihren Proviant und spielten Verstecken. Doch da er mit den Mädchen gespielt hatte, wurde er zu Hause in Grünerløkken von seinen Kameraden derart aufgezogen, dass er nie wieder an so einem Ausflug teilnahm.

Im Herbst wurde Sofie erneut lungenkrank.

Als Ende Oktober die Fieberkrise kam, ging es ihr zusehends schlechter.

Später dann – als all das Schreckliche vorbei war und sie reglos dalag; noch bevor die Wärme ihren Körper verlassen hatte – beugte er sich über sie, fühlte nach ihrem Herzen, das nicht mehr schlug, und küsste sie auf den Mund.

Es war ein Kuss, der zu einem Teil von ihm wurde.

Viele Jahre später schrieb er in einem Rückblick auf seine schreckliche Verlobungsgeschichte, dass gleich beim ersten Mal, als sie einander küssten, etwas Eigenartiges an Tulla gewesen sei – dass ihre Lippen unter dem roten Haarschopf bleich und kühl gewesen seien und dass es sich angefühlt habe, als hätte er die Lippen einer Leiche berührt.

Es war Sofie, an die er sich in diesem Augenblick erinnerte.

Hatte er, Herr M., dies alles wirklich vergessen? Sollte es sich seiner Erinnerung auch lange entzogen haben, so kommt es doch jedenfalls in diesem Sommer zurück. Er weiß auch wieso. Weil nämlich er, der müde alte Maler, dumm genug war sich zu verlieben, wird Sofie wieder zum Leben erweckt.

Es schmerzt ihn. Nur allzu gern hätte er es vermieden. Doch nun ist es so gekommen. Was, zum Teufel, soll er nur tun?

»Verfluchter Mist!«

Er holt den größten seiner Hunde und beginnt, mit ihm zu spielen. Anscheinend hilf das ein wenig; die schlimmste Anspannung weicht aus seinem Körper.

Die heißen und trockenen Julitage vergehen, ohne dass Herr M. besonders viel unternimmt. Er überarbeitet ein paar halbfertige Bilder, und schichtet verschiedene Sachen, mit denen er unzufrieden ist, sowie Entwürfe, die die Pferdekur des Winters nicht überstanden haben, ganz unten im Garten zu einem Feuerhaufen auf. Es überkommt ihn eine große Lust, sich von einem Teil des Unrats zu trennen, der sich im Laufe der Jahre auf Ekely angesammelt hat; Briefentwürfe, missglückte Skizzen und literarische Versuche, die unterwegs in die Irre gegangen sind.

Gemäß dem zuletzt geführten Telefonat hat Fräulein Dorothy es vorgezogen, eine Reise an die Südküste anzutreten. Auf Ekely sind nur die Hunde, das Schwein, die trächtige Kuh, die Hühner, der sommersprossige Verwalter, die Haushälterin und er selbst anzutreffen.

Sollte er nicht mit einem Skizzenbuch in das kleine gelbe Haus in Åsgårdstrand fahren?

Für gewöhnlich macht er das um diese Jahreszeit, stets reizt ihn der Gedanke. Doch jetzt im Sommer schafft er es nicht, die Pläne umzusetzen. Nicht einmal das Manuskript, das er seinerzeit mit dem Arbeitstitel »Tagebuch des verrückten Dichters« begann und dessen Entwürfe er in diesem Sommer in einer Kiste auf dem Dachboden wiedergefunden hat, fühlt er sich in der Lage durchzusehen.

Wieso nicht?

Vielleicht fürchtet er sich vor dem, was er dort finden könnte. Möglicherweise ist er dankbar, so viel von dem vergessen zu haben, woran er damals, als junger anarchistischer Ausbrecher, beteiligt war.

Still und leise schleichen wir fort.
Über den Gräbern des Todesengels Hort.

Das war in Paris gewesen, vier grölende Norweger Arm in Arm in aller Herrgottsfrühe auf der altehrwürdigen Avenue de l'Opéra.

»*Du sollst dein Leben aufschreiben*«, forderte sein Lehrmeister Hans Jæger in seiner »Bibel der Anarchie«, und viele Jahre hatte er sich zum Ziel gesetzt, einen Künstlerroman zu schreiben, der ganz direkt und ungeschminkt auf eigenen Lebenserfahrungen beruhte. Nie bekam er dieses Projekt richtig in den Griff – es mangelte an einer zusammenhängenden Erzählung, es gab nur ein paar lose Episoden, Aphorismen und Prosagedichte – wenn er jetzt jedoch einen Blick auf die alten Notizbücher und Schreibhefte wirft, gibt es viel, was noch immer Eindruck auf ihn macht. Unzählige literarische Entwürfe hat er hier liegen, Tausende von Briefen.

Einige Tage sitzt er da und schaut sich handgeschriebene Grüße aus längst vergangenen Zeiten an. Dann reißt er sich zusammen und geht all die neuen Briefe durch, die er bisher noch nicht beantwortet hat.

Jeden Morgen wacht der Meister auf Ekely mit einem seltsamen Gefühl von Vitalität und neuem Lebensmut auf. Geduldig wartet er darauf, dass die ganze Verwirrung in seinem Inneren vorübergeht. Mitunter ist es so – wenn er von schwärmerischen Gefühlen für ein Modell ergriffen wird, muss er nur abwarten, bis etwas passiert, das seine Gefühle wieder erkalten und zur Ruhe kommen lässt.

Manchmal gelingt diese Strategie, manchmal nicht.

Sollte sie ihm nicht gelingen, wird alles nur schlimmer. Was zunächst nur als ferner Streif erscheint, wird zu etwas anderem – was nur ein Funke ist, wird Feuer. Scheußlich ist es, das zu erleben; wunderbar und grausam. Viel zu schwach ist er geworden, als noch einmal von solch einer rasenden Fahrt durch die Stromschnellen mitgerissen zu werden; er sieht es vor sich, diesmal kann es ihn das Leben kosten.

Zweimal lässt er sich von seinem Taxichauffeur hinaus nach Bygdøy fahren, mit Skizzenblock und Farbstiften bewaffnet. Auch in diesem Sommer entstehen ein paar Bilder von den Badenden in der Paradiesbucht. Er selbst jedoch hält sich vom Wasser fern.

Zu Hause auf Ekely nimmt er gelegentlich ein paar kalte Abreibungen; das wirkt erquickend.

Die ersten Kirschen werden reif. Er weist den Verwalter an, die Bäume mit Fischernetzen abzudecken, damit die Drosseln nicht alles auffressen.

»Danach können sie wieder mit der Sense losgehen!«

»Ja, das ist wohl nötig, Herr M.«

»Eines Tages werde ich Sie noch bei der Arbeit mit der Sense malen.«

»Nein, Gott bewahre, Meister.«

Die Haushälterin ist nach Hedmark in die Sommerferien gereist, und einige Tage danach erhält der Maler den Bescheid, dass draußen im Stall das neue Kalb geboren wird.

Der Verwalter hat einen Verschlag mit trockenem Heu ausgelegt. Die Kuh zerrt unruhig an ihren Stricken. Der Maler steht etwas abseits. Was für ein erstaunliches Schauspiel, das sich jetzt abzeichnen wird. Und niemals kann man wissen, ob es gut enden wird oder nicht.

Herr M. tätschelt seine trächtige Kuh. Mit ihren großen Augen sieht sie ihn aufmerksam an und brüllt herzzerreißend. Auch wenn die Wehen, die Dinge im Dunklen ihres Leibs in Bewegung bringen, schmerzhaft für sie sind, bewahrt sie eine erstaunliche Form von Geduld.

Ein ohrenbetäubendes Brüllen!

»Hau!«, entfährt es dem Verwalter.

Mehrere Stunden dauert es an. Um etwas Abwechslung zu bekommen, macht der Maler draußen einen Spaziergang. Er schaut bei den Hunden vorbei, spielt eine Weile mit ihnen und achtet darauf, dass sie bei dieser Hitze auch genügend Wasser haben. Dann nimmt er etwas Gemüse aus dem sonnenüberströmten Küchengarten, spült es draußen unter dem Wasserhahn ab, knabbert an ein paar Mohrrüben und atmet die frische Luft ein – um sich daraufhin wieder in den Stall zu begeben. Das Stöhnen dort drinnen ist kaum auszuhalten.

»Gut, mein Mädchen! Jetzt dauert's nicht mehr lang!«

Der sommersprossige Verwalter im blauen Overall hat Gummihandschuhe angezogen und scheint etwas im Unterleib der Kuh anstellen zu wollen. Der Maler möchte nicht sehen, was der Mann da treibt. Stattdessen konzentriert er sich darauf, der Kuh den Kopf zu streicheln und vertraulich auf sie einzureden. Das trächtige Tier stößt ein hässliches Brüllen aus, und das Weiße in seinen Augen tritt hervor.

M. fragt:

»Herr Verwalter, wäre es nicht vielleicht besser, einen Veterinär zu rufen?«

»Glaub' nicht, dass das nötig ist, Herr Kunstmaler.«

»Sind Sie sicher?«

»Wird schon alles gehen, wie's soll.«

Nach einer weiteren halben Stunde kommt dahinten bei ihr etwas zum Vorschein. Eine kleine Wulst aus etwas Feuchtem und Roten.

»Ich habe schreckliche Angst, dass es mit einer Totgeburt endet«, murmelt der Maler in sich hinein. Bewusst spricht er so leise, dass der Verwalter nichts hören kann. Jetzt ist es ohnehin zu spät, um nach Hilfe zu schicken, denn das blaurote Junge ist auf dem Weg nach draußen. Das große Tier erzittert. Doch seine Augen sind noch immer geduldig. Seltsam! So gut es geht, ignoriert der Maler, was dort am anderen Ende des mächtigen Tierleibs passiert, und redet weiter beruhigend auf die Kuh ein. Glücklicherweise ist er nicht zum ersten Mal in einem Stall anwesend, wenn so etwas geschieht.

»Muuuuääääähh!«, ertönt es von der Kuh – ein ordentliches Brüllen.

»Hau!«, erwidert der Mann im Overall und packt das Kalb mit seinen Gummihandschuhen.

Das große Tier verdreht die Augen. Der Verwalter beginnt zu zerren. Die Kuh stößt ein gewaltiges, stöhnendes Brüllen aus. Der Maler schweigt. Ihm scheint, dass so eine Tiergeburt am ehesten einem tödlichen Unglück ähnelt. Etwas Entsetzlichem, das er einmal im Straßenverkehr gesehen hat und von dem er sich abwenden musste. Teufel auch. Niemals könnte er so etwas malen, auch wenn er sonst häufig versucht hat, dramatische Ereignisse mit dem Pinsel festzuhalten. So eine Geburt hat etwas Großartiges an sich, aber auch etwas ganz

Entsetzliches. Es ist wohl wahr, dass die Natur so beschaffen ist, aber …

Als M. sich wieder umdreht, liegt das blut- und schleimüberzogene Kälbchen bereits im Heu. Wie hässlich dieser knochige Klumpen doch ist! So lange Beine! Kann dieses Geschöpf überhaupt am Leben sein? Die Kuh von Ekely beginnt, das Kälbchen abzuschlecken, sie fährt die lange Zunge aus und nimmt all den Schleim, der das winzigen Knochenbündel bedeckt, in sich auf – berührt das Neugeborene mit der Schnauze und spornt es an.

Dann geschieht das Erstaunliche!

Das kleine Ochsenkälbchen erhebt sich. Es zittert, verliert das Gleichgewicht, fällt hin und kommt wieder auf die Beine – und dann steht es da, aufrecht auf allen vieren. Verblüfft schüttelt der Maler den Kopf.

»Wird es auch wirklich überleben, Herr Verwalter?«

»Was glaubt Herr M. denn selbst?«, erwidert der Mann mit einem Lächeln und macht sich daran, das Neugeborene mit trockenem Heu abzureiben, damit die Wärme in den Körper dringt.

Der alte Maler schickt sich an, den Kampfplatz im Stall zu verlassen, und legt wie ein Rekrut die Hand zum Gruß an die Stirn. Der Mann im blutbefleckten Overall erwidert seine Geste.

Sie nicken einander zu und lächeln sich an. Es ist gut gegangen. Alles ist in Ordnung. In ein paar Tagen werden Kuh und Kalb im Klee herumstapfen, meint der Verwalter und zwinkert ihm vertraulich zu.

Draußen steht die Sonne am Abendhimmel. M. schüttelt sich angesichts all der Dramatik, deren Zeuge er war, und betritt wieder das Hundeareal, um noch ein bisschen mit den Hunden herumzutollen. Eine Weile lässt er sie frei umherlaufen, ohne sie an die Laufleine zu ketten, und besucht derweil seine weißen Italienerhühner. Sie glucksen vor Begeisterung, als er sich unter sie mischt. Sie ähneln seinen alten Boheme-Freundinnen, diese Italienerinnen mit ihren halbwüchsigen Küken. Heißblütig. Munter. Impulsiv. Geschwätzig.

Vertraulich spricht der Alte mit ihnen über Dinge, die er auf dem Herzen hat, erhält glucksende Sympathie zur Antwort, und nimmt im Vorbeigehen ein paar Eier mit sich, die er in die Jackentasche legt. Danach geht er in die Küche, verarbeitet die Eier und das selbstgepflückte Gemüse zu einem Porreeomelett mit Petersilie, dazu Dillkartoffeln vom Tag zuvor, in Scheiben geschnitten und mit Zwiebeln gebraten. Während er sein Essen zubereitet, gerät er angesichts des Neugeborenen erneut ins Staunen – so unglaubliche kurze Zeit nach der Geburt war es imstande, auf eigenen Beinen zu stehen.

Jedes Mal ist es gleichermaßen unbegreiflich, Zeuge dessen zu sein; erst recht, wenn man bedenkt, wie lange ein neugeborener Mensch dazu benötigt.

Während er das Omelett vor dem Anbrennen rettet, fällt ihm seine Mutter ein. Wie viel Schmerz sich doch durchs ganze Leben ziehen kann, wenn man die Mutter verliert und dabei selbst noch nicht erwachsen ist. Wie eine schlecht verheilte Wunde in der Seele fühlt es sich an, noch so lange Zeit danach.

Für gewöhnlich vergeudet er keine Zeit damit, sich der uralten Trauer hinzugeben. Wozu sollte er das tun? Wenn er sich manchmal zu erinnern versucht, hat er völlig vergessen, wie ihre Mutter aussah – er hat Bilder von der Mutter, Sofie und sich gemalt, auf denen nur ein verwaschener weißer Fleck zu sehen ist, wo eigentlich ihr Gesicht sein sollte.

Nachdem Herr M. gegessen und den ganzen alten Abwasch in der Küche gemacht hat, will er sich ins Bett legen, doch plötzlich kommen ihm wieder die Hunde in den Sinn, die immer noch frei umherlaufen.

Er fängt an zu schwitzen.

Du meine Güte, was die wohl in der Zwischenzeit alles angestellt haben? Schnell eilt er in die Dunkelheit hinaus, bläst in die Trillerpfeife und ruft die Hunde zu sich.

Erstaunlicherweise haben sie weder versucht zu türmen, noch ihn in Verlegenheit zu bringen, indem sie die Blumenbeete seiner verhassten Nachbarn durchwühlten. Wie es aussieht, waren die Hunde bei den Waldmäusen unten im Ulmenwäldchen auf Abenteuerjagd. Jedenfalls tauchen sie wieder auf und lassen sich mit ein wenig Mühe für die Nacht im Hundeareal einschließen.

Bevor der alte Maler zu Bett geht, läuft er noch einmal zum Stall hinaus; er hat das dunke Gefühl, dass das kleine Kälbchen vielleicht doch nicht überlebt hat, dass es dort blau und reglos liegt. Umgeben von trockenem Heu schlummern Kuh und Kälbchen dicht aneinandergeschmiegt. Beide heben die Köpfe und blicken Herrn M. vorwurfsvoll an, als er sich zu ihnen hineinschleicht. Er legt den Finger auf die Lippen, streicht der Ekely-Kuh über den Kopf, berührt vorsichtig die Schnauze des Kälbchens und stapft zurück in die Villa.

Gibt es irgendeine Form des ewigen Lebens?

Bevor M. einschläft, grübelt er darüber nach.

Eines der ersten graphischen Blätter, die er damals auf dem Kontinent zeichnete, nannte er ›Das Mädchen und der Tod‹. Die jungen Deutschen waren begeistert; die gesetzteren hingegen wandten sich in Abscheu ab von diesem Bild der nackten und erotisch forschen jungen Frau, die das von Spermien und Föten umgebene Skelett umarmt. Es ist absolut erforderlich, mit einer möglichen Unsterblichkeit zu rechnen, glaubt der Maler; der Lebensgeist muss ja weiter existieren. Diese Fähigkeit, den Körper zusammenzuhalten – die Stoffe gegeneinander auszutauschen – wo bleibt sie nach dem Tode ab?

Nichts vergeht. Nicht ein einziges Beispiel aus der Natur spricht dafür. Der sterbende Körper verschwindet nicht, aus dem vermoderten Leib wachsen Pflanzen, Blumen und Bäume.

12

An einem Sonntag gegen Ende Juli trifft Doffy mitten in einem heftigen Hagelschauer auf Ekely ein.

»Hallo, Doffy«, ruft der alte Meister jovial.

»Hallo, Meister«, antwortet sie und sieht ihn abwartend an.

Während er ihr aus dem Regenmantel hilft, ruft er:

»Der Verwalter und ich haben ein neues Kalb auf die Welt gebracht.«

Sie dreht sich mit einem kleinen spöttischen Lächeln zu ihm um.

»Ganz ohne Hilfe?«

»Ja, sicher.«

»Nicht einmal von der Kuh?«

»Aber nicht doch, meine Liebe.«

»Darf ich das Kalb denn auch sehen?«

»Ja, später dürfen Sie es bewundern. Heute sehen Sie aus wie ein nasses Kätzchen.«

»So komme ich mir auch vor.«

Manchmal sagt er zu Beginn des Gesprächs »Du« zu ihr, andere Male nicht. Es kommt auch vor, dass er anfangs »Sie« sagt und dann später zum »Du« übergeht – oder dass er die ganze Zeit »Sie« sagt oder mehrmals wechselt.

Er ist ja schließlich ein recht zerstreuter Mann und zudem im 19. Jahrhundert aufgewachsen.

Bei der Jahrhundertwende war er über dreißig. Als sie eingeschult wurde, war er um die sechzig – und hatte sein Eremitendasein hier auf Ekely bereits aufgenommen. Der alte Meister möchte gern kameradschaftlich und modern sein, aber es fällt ihm wohl nicht immer so leicht. Obwohl er ein aufmerksamer Mann ist, der versucht, die meisten Entwicklungen im Blick zu behalten, gibt es doch unleugbar etliche Dinge draußen in der Welt, die sich verändert haben, seit er aus dem Tanz ausgeschieden ist.

Der Maler holt für sie ein sauberes Handtuch aus dem Schrank, wo Fräulein Berg solche Dinge für ihn lagert. Doffy geht ins Badezimmer, reibt sich die Haare trocken, kämmt sich und trägt um die Augen herum ein wenig Schminke auf.

»Du bist aber braun geworden«, sagt er lächelnd, als sie wieder zum Vorschein kommt.

Er führt sie ins Zimmer, wo der untere Teil des Fensters verdeckt ist, und macht alles bereit, um mit dem frontalen Akt anfangen zu können. Auch an diesem Tag scheint er mit Aquarellfarben arbeiten zu wollen, nicht mit Öl.

»Ja, ich war zwei Wochen an der Südküste.«

»Und das Wetter war gut?«

»Ja, das kannst du dir ja wohl denken«, sagt sie und streift ihr Kleid ab.

»Halt, bleib so«, ruft er. »Beweg dich jetzt nicht!«

»So?«, fragt sie und hält sich das Kleid über den Kopf.

»Ja, das ist gut«, antwortet er und beginnt mit der Skizze.

Aber nach einer Weile ist er doch nicht mehr zufrieden.

»Nein, hier stimmt etwas nicht«, murmelt er, reißt das Aquarellpapier in vier Stücke und bereitet ein neues vor. »Du musst hinter den Wandschirm gehen.«

»Willst du mich da malen?«

»Vielleicht irgendwann später. Heute will ich, dass du alles ausziehst und danach das Kleid wieder anziehst.«

»Was hast du denn vor?«

»Das spielt keine Rolle. Tu einfach, was ich dir sage.«

»Warum denn?«

»Weil du Modell bist, Dorothy. Wenn du solche Arbeit übernimmst, musst du auch alles tun, was dir aufgetragen wird.«

»Alles?«

»Ja, natürlich nicht alles. Aber jedenfalls alles, was mit der Arbeit als Modell zu tun hat.«

»Was du jetzt willst, gefällt mir nicht so recht.«

»Warum nicht?«

Doffy zuckt mit den Schultern.

»Es spielt keine Rolle«, murmelt sie zögernd. »Entschuldige, ich bin heute einfach schlecht gelaunt.«

Am Ende kommt es genauso, wie sie befürchtet hat. Der alte Meister ist keiner, der die Idee zu einem Bild aufgibt, wenn sie ihm erst gekommen ist; so gut kennt sie ihn jetzt immerhin. Er lässt sie hinter dem Wandschirm hervorkommen, er bittet sie, sich vor ihn zu stellen, er bittet sie, das Kleid auszuziehen, und mitten in allem – als das Kleid auf dem Weg über ihren Kopf ist und sie wehrlos dasteht, die Arme im Stoff verfangen – bittet er sie, in der Bewegung innezuhalten.

»Bleib genauso stehen, Doffy.«

»Muss das wirklich sein?«, fragt sie mit einer Grimasse.

»Ja«, antwortet er. »So will ich dich heute malen.«

»Und wer wird das dann sehen?«

»Niemand. Und für den Fall, dass es doch jemand sieht, kann ich dafür sorgen, dass dein Gesicht nicht zu erkennen ist.«

Sie atmet einige Male tief durch. Es ist eine Methode, um körperliche Schmerzen zu ertragen, das hat Kari ihr erklärt – vielleicht auch eine Methode, die bei seelischen Belastungen hilft? Nach einer Weile fragt Herr M. neutral, während er arbeitet:

»Es hat dir an der Südküste also gefallen?«

»Ja, das schon.«

»Das gute Wetter sieht man dir ja nicht nur am Gesicht an.«

Spontan streckt sie ihm die Zunge heraus. Und er tut es ihr nach! Ein Kinderspiel.

Sie ist stumm vor Erstaunen darüber, wie lang und spitz seine Zunge ist – dann lacht sie, verlegen.

»Nicht doch. Anfangs ist es peinlich, sich ohne Kleider zu sonnen, aber nach zwei Tagen hat man sich daran gewöhnt.«

Er tunkt den Pinsel ins Wasser, trägt neue Farbe auf und sagt:

»In einem Sommer in Deutschland habe ich an so einem Nacktbadestrand gearbeitet.«

»Unter Frauen?«

»Nein, unter Männern. Aber auf Nedre Ramme, da habe ich sonnenbadende Frauen gemalt.«

»Wo ist das?«

»Das ist mein Grundstück, das die Deutschen beschlagnahmt haben, bei Hvitsten.«

»Wie hast du diese Frauen dazu gebracht?«

»Das waren Verwandte eines Modells, das ich damals hatte. Ich habe ihre Gesichter undeutlich gemacht. Dann hatten sie nichts dagegen.«

»Wann war das, Meister?«

»Ach, das ist jetzt eine Weile her. Du hast also an einem Ort an der Südküste Ferien gemacht, wo man ein wenig Privatleben haben konnte?«

»Ja, auf einer Insel im Schärengürtel.«

»Weit draußen?«

»Im offenen Meer. Ich war mit Kari dort.«

»Nur ihr zwei?«

»Wir haben Karis Mutter und Stiefvater besucht.«

»Wer ist das?«

»Der Stiefvater? Der ist Arzt. Sie wollen bis in den Herbst hinein da draußen wohnen, sagen sie.«

»Ja, das ist wie bei meinem Kunsthändler. Er ist auch im warmen Teil des Jahres vor allem in seinem Sommerhaus.«

»Wir wurden auf die Insel eingeladen, um uns um Karis neugeborene kleine Schwester zu kümmern, damit Karis Mutter sich ein wenig erholen könnte.«

»Und ging das gut?«

»Ja, sicher.«

»War das nicht das Baby, das so geschickt pissen kann?«

»Das stimmt, Meister.«

»War es ein schwieriges Kind für euch?«

»Eigentlich nicht. Wir mussten mit Ingvil spielen, ihr die Windeln wechseln, ihr die Flasche geben und sie schlafen legen. Wenn sie weinte, dann haben wir sie im Arm gewiegt und ihr etwas vorgesungen.«

»Ja, die weinen viel, diese kleinen Wesen – das weiß ich noch aus meiner Kindheit.«

»Wirklich?«

»Ja, sicher … es kommt vor, dass ich von damals träume.«

»Wie schön.«

»Ja, das ist schon seltsam. Den ganzen Winter hindurch war es nachts schwarz und tot, aber jetzt träume ich wieder.«

»Von deiner Kindheit?«

»Nicht immer.«

»Was hast du heute Nacht geträumt, Meister?«

Er schneidet eine Grimasse, dann murmelt er:

»Ich glaube, von meiner Schwester.«

»Von der, die gestorben ist?«

»Ja.«

»Was ist in dem Traum passiert?«

»Ach, das kann doch egal sein, Dorothy. Auf der Insel da draußen hat es dir also gefallen?«

»Wir hatten ja Glück mit dem Wetter. Aber diese ganze Natürlichkeit war mir auch ein bisschen peinlich.«

»Du bist doch selbst auch eine ziemlich natürliche junge Frau.«

»Das ist aber nichts im Vergleich zu denen.«

»Die ganze Familie?«

»Ja, das war mein Eindruck.«

»Sind das denn Bohemiens?«

»Nicht so ganz, aber sie sind jedenfalls freimütig. Es gab am Wochenende ein Fest, und Theaterleute waren zu Besuch. Es war auch ein Schriftsteller da, wie heißt der doch noch gleich – der mit der ›Gelben Reihe‹ und mit *Sünder am Meer*? Der ist länger geblieben.«

»Und wurde dann ein bisschen gesündigt, da draußen am Meer?«

Sie sieht ihn kurz an, dann antwortet sie im selben leichten Tonfall:

»Nein, das würde ich nicht behaupten, Meister.«

»Das höre ich gern. Hast du irgendwelche Bücher aus der ›Gelben Reihe‹ gelesen, Doffy?«

»Aber sicher.«

»Da gibt es viele gute Titel.«

»Das finde ich auch.«

»Und ihr zwei habt euch gegenseitig geholfen, beim Kinderhüten, Kochen und Spülen?«

»Das haben wir, ja. Aber wir durften zwischendurch auch mitfeiern.«

»Ich verstehe. Ja, wir können jetzt eine Pause machen, Fräulein Dorothy, wenn es dich müde macht, in dieser Stellung zu bleiben.«

Sofort verschwindet Doffy hinter dem Wandschirm und zieht sich dort an – verlegen über die herausfordernde Stellung, zu der er sie an diesem Sonntag gezwungen hat, und über das persönliche Gespräch, auf das er sich eingelassen hat. Was war das nun für eine freche Bemerkung? Dass man nicht nur an ihrem Gesicht sehen kann, dass sie in der Sonne gewesen ist? Gutgläubig, wie sie ist – und inzwischen daran gewöhnt, für ihn Modell zu stehen, und zwar mit und ohne Kleider –, hat sie sich von ihm bezirzen lassen und einfach über alles Mögliche drauflos geplaudert.

Zu naiv, vielleicht, ein wenig zu vertrauensselig?

Was bildet dieser Narr sich eigentlich ein? Meint er vielleicht, sie sei jetzt abhängig von ihm? Glaubt er etwa, sie könnte keine neue Aushilfsstelle in einem Büro finden?

Nein, der alte Bock soll sich wirklich dabei vorsehen, welche Freiheiten er sich herausnimmt! Wenn er das nicht von selbst begreift, dann ist das sein Pech!

Schwindelanfall auf der Kellertreppe, du liebe Zeit! Sie dazu zu bringen, sich auf Ekeberg in dem dünnen Sommerkleid hinzulegen, und sich dann dicht neben sie zu setzen und sie zu beobachten, als sie eingeschlafen war! Ihr zu befehlen, sich nackt und mit im Kleid gefangenen Armen hinzustellen und dann ihre Körperfarbe zu kommentieren, während sie vor ihm ausgestellt war! Dienst oder nicht – es ist an der Zeit, dem alten Bock einen deutlichen Wink zu geben. Sie muss schließlich ihren Stolz wahren.

Als Doffy hinter dem Wandschirm hervorkommt, hat der Alte wie üblich den Teetisch vorbereitet. Butterbrote sind auch aufgetragen worden, auch wenn ihnen anzusehen ist, dass sie diesmal nicht von der Haushälterin stammen. Sie hilft ihm, Teller und Tassen vom Tablett auf den Tisch zu stellen. Als sie abermals merkt, wie angespannt er wirkt, als sie im

Vorbeigehen seine linke Hand streift, fragt sie – nicht unbedingt, um sich zu rächen, vielleicht, aber jedenfalls, um ihm eine Lehre zu erteilen:

»Was ist eigentlich mit Ihrer Hand passiert?«

»Nichts.«

»Etwas muss es doch sein?«

Auch auf diese Weise kann sie ihm eins auswischen – weil es diesmal sie ist, und nicht er, die vom »Du« zurück aufs »Sie« wechselt.

Aber seine Reaktion ist unerwartet. Zum zweiten Mal streckt der alte Meister ihr die Zunge heraus. Und sie tut es ihm nach – sie zeigt ihm die Zungenspitze, für einen kurzen Moment. Es ist, als wären sie zu zwei halbwüchsigen Jugendlichen geschrumpft, in einem infantilen Scherzspiel. Aber es kann ja wohl doch nicht von einem Spiel die Rede sein, denn gleich darauf murmelt er:

»Da bin ich angeschossen worden.«

»Sie sind angeschossen worden?«

»Ja, aber das ist jetzt lange her.«

Sie schweigen einen Moment, dann fügt er hinzu, mit einer düsteren Grimasse:

»Sie ist jetzt im Frühsommer gestorben.«

»Wer ist gestorben?«

»Die, die mich in die Hand geschossen hat.«

Diesmal schweigen sie ziemlich lange. Sie essen ihre Brote und trinken Tee. Danach holt er die Cognacflasche und füllt zwei kleine Gläser. Wie viel davon, was der Alte ihr erzählt, stimmt überhaupt, und wie viel ist nur Gerede – vielleicht, um sie in Sicherheit zu wiegen, sie zu verwirren oder ganz einfach ihr Herz zu erweichen?

»Prost, Dorothy!«

Sie mustert ihn forschend und nickt. Sie stoßen an. Es

brennt im Hals, denn sie hat einen etwas zu großen Schluck genommen. Doffy hat Tränen in den Augen und schaut für einen Moment zu Boden. Danach fragt sie, zögernd:

»Wo ist das passiert?«

»Was denn?«

»Dass Sie angeschossen worden sind.«

»Ach, das war in Åsgårdstrand … es ist jetzt lange her. Sie haben sicher davon gehört.«

»Nein?«

Dorothy schüttelt den Kopf.

»Nein, natürlich nicht. Das war ja lange vor Ihrer Geburt. Es gab damals unendlich viele Gerüchte, über unser Schussdrama in dem kleinen gelben Haus in Åsgårdstrand.«

»Aber warum hat diese Frau auf Sie geschossen?«

»Ich weiß nicht, was sie wollte. Es war meine Schuld – jedenfalls war es mein Revolver, der dort lag. Vielleicht wusste sie nicht einmal, dass der geladen war, die Arme.«

»Warum war er denn geladen?«

»Ja, das ist eine gute Frage, Doffy, warum war er geladen? Ich war nicht im Gleichgewicht – in den Jahren um die Jahrhundertwende war es am schlimmsten.«

»Und da hat sie geschossen?«

»Tja, was heißt schon geschossen … verstehen Sie, wir waren verlobt, Tulla und ich. Aber dann ging mir auf, dass ich sie eben doch nicht heiraten wollte.«

»Und Sie haben die Verlobung gelöst?«

»Eigentlich nicht einmal da. Ich bin nur vor ihr weggelaufen, wieder und wieder.«

»Wie lange ging das so?«

»Mehrere Jahre.«

»Sie sagen, Sie sind mehrere Jahre lang vor ihr weggelaufen?«

»Ja.«

»Und dann?«

»Dann hörte ich von einem Freund, dass sie in ihrer Verzweiflung versucht habe, sich das Leben zu nehmen.«

»Wie schrecklich.«

»Naja … in Wirklichkeit war das nur eine Falle. Sie hat es immer wieder mit neuen Tricks versucht, mich in ihr Netz gehen zu lassen. Ich bin bei einen furchtbaren Unwetter über den Oslofjord gesegelt, im Glauben, sie mit einer Überdosis Morphium vorzufinden. Aber diese Dosis kann nicht groß gewesen sein, denn ich kann sagen, sie wurde schnell wieder munter.«

»Ja?«

»Wir sind nach Åsgårdstrand gefahren und haben dort zusammen übernachtet, eher wie Bruder und Schwester. Aber am nächsten Abend war schon wieder alles unmöglich, nur Geschrei, Unruhe und Streit.«

»Und da haben Sie den Revolver geladen?«

»Der war schon geladen, für den Fall, dass Einbrecher kämen.«

»Aber wie hat sie ihn gefunden?«

»Der lag auf dem Tisch.«

»Sie hatten ihn auf den Tisch gelegt?«

»Ja, Fräulein Dorothy.«

»Warum denn?«

Der Alte schenkt ihnen abermals aus der Flasche mit französischem Cognac ein, dann sieht er sie an und sagt:

»Wenn ich ganz ehrlich antworten soll, dann wohl vor allem um anzudeuten, dass ich mich lieber erschießen wollte, als sie zu heiraten.«

»Haben Sie das gesagt?«

»Nicht direkt.«

»Sie kann es ja anders verstanden haben.«

»Wie denn?«

»Ach, was weiß ich, Meister. Sagen Sie, haben Sie oder die Frau den Revolver vom Tisch genommen?«

»Das weiß ich nicht mehr.«

»Das wissen Sie nicht mehr?«

»Das Ganze ist ziemlich vage in meiner Erinnerung. Ich habe dem Arzt gesagt, dass ich es war, aber genauso gut kann sie es gewesen sein. Ich wollte sie vor dem Gerede beschützen.«

»Aber Sie hatten sie doch schon ins Gerede gebracht, oder?«

»Wie meinen Sie das?«

»Indem Sie die Verlobung gelöst hatten?«

»Ich habe die Verlobung nie gelöst, ich bin nur vor ihr weggelaufen.«

»Und an dem Abend wollte sie Ihnen drohen?«

»Wir waren alle beide überspannt – und zu viel Cognac hatten wir auch getrunken. Sie hob den Revolver. Ich hielt den Lauf zu, um sie am Schießen zu hindern.«

»Aber dann hat sie doch geschossen?«

»Es kann ein Versehen gewesen sein.«

»Aber das glauben Sie nicht?«

»Man braucht schon Kraft, um mit einem solchen Revolver zu schießen.«

Doffy nimmt sich fest vor, keine weiteren Fragen zu stellen, und schaut zu Boden, verwirrt von diesen seltsamen Dingen, die der alternde Meister ihr anvertraut hat. Aber als sie wieder aufschaut, gibt es etwas in seinem Gesicht, das ihr das Gefühl einflößt, dass er von ihr erwartet, weiter in diesen bemoosten Dingen zu stochern – dass etwas in diesen unglücklichen Augen das Bedürfnis ausdrückt, sich von dieser vierzig Jahre alten Last zu befreien, jetzt, wo seine Verlobte nicht mehr lebt und sich doch nichts mehr ändern lässt.

»Und das haben Sie dem Arzt gesagt?«

»Was denn?«

»Dass sie ganz bewusst geschossen hat?«

»Nein, dem Arzt habe ich etwas anderes gesagt.«

»Warum denn?«

»Weil ich ein Kavalier sein wollte.«

»Sie wollten sie vor dem Gerede der Leute beschützen?«

»Ja, ich fand, ich hätte keine Wahl. Die arme Tulla, ich hatte ihr ohnehin schon genug Probleme beschert. Aber jedenfalls hat es mir eine Möglichkeit verschafft, mich endlich von ihrem Genörgel zu befreien.«

»Das wollten Sie also vor allem, Meister? Sich von ihrem Genörgel befreien?«

»Sie dürfen nicht vergessen, dass wir vier Jahre lang verlobt waren, und die meiste Zeit davon war ich vor ihr auf der Flucht gewesen. Sie war in vieler Hinsicht lieb und reizend, aber die Vorstellung einer Ehe zwischen uns kam mir schließlich vollständig unerträglich vor.«

»Aber was haben Sie dem Arzt denn gesagt? Damals in Åsgårdstrand?«

»Den Ärzten gegenüber habe ich die ganze Zeit behauptet, dass ich den Revolver in der Hand hielt, als er losging, dass viel Schnaps eine Rolle spielte und dass das Ganze ein bedauerliches Unglück war. Ich wurde danach ins Krankenhaus eingewiesen und operiert, während ein ganzes Schock junge Medizinstudenten zuschaute. Aber sie ist nie mehr richtig geheilt, meine linke Hand.«

»Woran zeigt sich das?«

»An den beiden Fingern.«

»Welchen denn?«

»Der mittlere wurde am ärgsten beschädigt.«

»So schlimm sieht er doch gar nicht aus.«

»Können Sie nicht sehen, dass er kürzer ist als die anderen?«

»Doch, schon, aber …«

»Viele Jahre lang habe ich an der linken Hand einen grauen Fausthandschuh getragen. Der wurde zu meiner alten Schande, dieser Fausthandschuh.«

Seine mageren, nervösen Finger sieht Doffy jetzt die ganze Zeit an. Seine fabelhaften Malerhände – die seltsame Fähigkeit, die er entwickelt hat, voll ins Schwarze zu treffen, jedes Mal, wenn er auf etwas zielt.

Ein Maler ohne Finger, was ist das?

Ein Gefühl tiefer Ehrfurcht vor diesen beiden Händen überkommt sie – vor den Narben, den Fingerknöcheln, den Altersflecken, den Sehnen, den Adern und den Leberflecken –, vor allem aber dem kühnen Stilgefühl, das sich in Jahrzehnten der Übungen und der Experimente in ihnen abgelagert hat, vor dem intuitiven Wissen, dessen Träger sie sind, dem Wissen darum, was dazu gehört, Bilder zu machen, die sich in die Menschen bohren, Bilder, die man oft nie mehr vergessen kann, wenn man sie auch nur für einen Moment gesehen hat.

Ja, es ist magisch.

Soll Professor K. doch über dieses Wort spotten, so viel er will. Und ihre Mutter auch. Zaubrisch ist es, dass gute Bilder diese starke Wirkung ausüben.

Diese Hände sind Träger dieser Magie. Wenn seine enttäuschte Verlobte Tulla ihm damals ganz bewusst in die Hand geschossen hat – dann war das wirklich der gemeinste und raffinierteste Akt der Rache, den sie sich überhaupt nur hätte ausdenken können.

Plötzlich beugt Doffy sich zu dem alten Maler vor, nimmt vorsichtig seine linke Hand und küsst sie. Er sieht sie an, mit seinem durchdringenden Blick. Es ist nicht der Blick eines Blaubarts, jedenfalls liegt noch etwas ganz anderes darin, was ihr Herz ganz weich macht.

Herr M. sieht ängstlich aus.

Und es ist durchaus möglich, dass sie ebenso ängstlich wirkt. Zwei Fremde im Leben – der eine achtundsiebzig Jahre alt und berühmt, die andere dreiundzwanzig Jahre und unbekannt – beide gleichermaßen gehemmt unter der selbstsicheren Oberfläche, das alles jagt ihr durch den Kopf. Er fragt:

»Warum haben Sie das getan?«

In ihr erhebt sich die vertraute Stimme, die zur Vorsicht mahnt. Sie wagt, diese Stimme zu überhören und sagt:

»Weil es mir vorkommt, als ob ich Sie liebgewonnen hätte.«

»Wie meinen Sie das?«

»Darf ich Ihre linke Hand berühren?«

Sie merkt, wie er sich instinktiv zurückzieht und die Hand verbirgt.

»Nicht?«

Er runzelt die Stirn und greift sich vorsichtig an die Hosentasche. Er ist jetzt verlegen, das kann sie ja verstehen. Was sie da getan hat, ist ihr selbst peinlich. Sie ärgert sich, weil sie so leicht spontan wird. Was soll er jetzt von ihr denken? Eine Weile – als sie sah, wie gequält sein Gesicht wirkte, als er sie an der Verlobungsgeschichte teilnehmen ließ – empfand sie eine tiefe Zärtlichkeit für ihn.

Sie muss aufhören, sich dermaßen mitreißen zu lassen.

Sie sehen einander wortlos an. Dann zieht er den Umschlag mit ihrem Honorar aus der Tasche und legt ihn auf den Tisch, neben ihr Cognacglas.

»Danke«, sagt sie kurz. Sie steckt den Umschlag in ihre Handtasche, trinkt den letzten Rest Cognac, schaut ihm in die Augen und fragt:

»Wann treffen wir uns das nächste Mal?«

»Es wird wohl Sonntag, um dieselbe Zeit.«

»Was machen wir dann?«

»Das wird sich zeigen. Übrigens, Dorothy, haben Sie vielleicht Lust, Freunde mitzubringen?«

»Was denn für Freunde?«

»Das können Sie entscheiden. Es waren schon lange keine jungen Leute mehr hier auf Ekely. Sie können sie mit Obst und Gemüse herlocken. Ihr könnt so viel pflücken und mitnehmen, wie ihr wollt, aber ich glaube nicht, dass ich ihnen Bezahlung anbieten kann.«

Sie zögert.

»Also, ich weiß nicht recht, Herr Meister.«

»Na gut, dann kommen Sie eben allein und bringen Sie Ihre Freunde ein andermal mit. Im Spätsommer gibt es hier auf Ekely reiche Ernte, und ich weiß nicht, wie ich vermeiden soll, dass etwas verkommt. Angeblich herrscht in Oslo ja Mangel an Nahrungsmitteln. Vielleicht irre ich mich aber.«

»Nicht doch, Meister, das tun Sie nicht. Ich werde sehen, was ich machen kann.«

»Sie dürfen das nicht falsch verstehen, Dorothy.«

»Nein, das tue ich auch nicht.«

»Ich bringe Sie heute nicht zur Straße. Sie finden den Weg doch allein, nicht wahr?«

Sie nickt und holt ihre Sachen.

»Auf Wiedersehen.«

»Auf Wiedersehen, Doffy. Und was das betrifft, worüber wir gesprochen haben, dann sollten Sie wissen, dass ich auch hier auf Ekely Waffen habe, mit denen ich mich verteidigen kann.«

»Was sind das denn für Waffen?«

»Eine Axt und eine Gaspistole.«

»Ach?«

»Beide liegen unter meinem Bett. Gut zu wissen, dass sie da sind, falls ich von Einbrechern überfallen werde. In diesem Haus gibt es große Werte, wissen Sie.«

»Ja, das bestimmt. Dann bis nächsten Sonntag.«

»Bis nächsten Sonntag, Fräulein Dorothy.«

Das Letzte, was sie sieht, ist, dass er sich sein Glas wieder mit Cognac füllt und die rechte Hand zum Abschied hebt. Die linke hat er in der Hosentasche versteckt.

Doffy fühlt sich abwechselnd erleichtert und gedemütigt darüber, was an diesem Tag geschehen ist. Ab und zu hat sie das Gefühl, gleich weinen zu müssen. Als sie durch den Ulmenwald geht, ist sie nicht sicher, ob sie überhaupt wieder herkommen will.

Er kann ein unangenehmer alter Mann sein, das kann er wirklich. Ein großer Maler, aber das ist auch alles. Und wenn er vielleicht auch nicht direkt unsympathisch ist, so macht er jedenfalls einen durch und durch unberechenbaren Eindruck. Schon seit ihrem ersten Besuch hier hat sie Augenblicke erlebt, wo seine Stimmung mitten in ihrem Gespräch umzuschlagen schien – von Wut zu Entgegenkommen, von Freundlichkeit zu Misstrauen –, Situationen, in denen sie nicht sicher war, wie er sich im nächsten Moment verhalten würde. Es ist vorgekommen, dass es sie nervös gemacht hat, mit ihm allein zu sein. Und jetzt das mit »Axt und Gaspistole«? Was zum Teufel hat er wohl damit sagen wollen? War das ein Versuch, ihr Angst zu machen – oder ihr sogar zu drohen?

Wäre es vielleicht das Beste, der Sache ein Ende zu machen? Lieber sofort den Schlusspunkt zu setzen?

Und wenn nicht beim nächsten Mal … dann jedenfalls vor Beginn des Wintersemesters?

Und wen könnte sie denn fragen – wenn es ernst gemeint war, was er heute zuletzt vorgeschlagen hat? Was führt er wohl im Schilde?

In der Straßenbahn öffnet sie den Briefumschlag und wirft einen raschen Blick auf die Geldscheine, dann steckt sie alles wieder in ihre Handtasche. Fahrtkosten und vier Doppelstunden. Das ist mehr, als sie sonst bekommen hat, und so viele Stunden war sie heute doch gar nicht auf Ekely? Versucht er, sie zu bestechen? Versucht er, etwas zu vertuschen? Will er sich rächen? Oder versucht er im Gegenteil, Macht über sie zu gewinnen?

Ein nervöses altes Ekel, das ist er. Ein paranoider Adlermann, mit der widerlichen Revolvergeschichte aus dem Sommerhaus in Åsgårdstrand und der Gaspistole unter dem Bett auf Ekely – ein autoritärer Patriarch, der versucht, ihr weiszumachen, er sei harmlos, während er sie in Wirklichkeit die ganze Zeit mit seinen Raubvogelaugen beobachtet.

Kann sie ihm vertrauen? Warum wirft er ihr diese forschenden Blicke zu? Was will er?

Wenn sie das Geld nicht brauchte, wäre es das Vernünftigste, sofort diese Modellarbeit aufzugeben, und einen möglichst großen Bogen um ihn zu machen.

13

Nach zwei Wochen Sommerferien bei ihrer Familie in Furnes bei Hamar, kommt Fräulein Liv Berg zurück und lässt den alten Maler wissen, dass sie nach den vielen Jahren auf Ekely erwägt, ihre Stellung aufzugeben.

Da sie nicht nur in der Kranken- und Altenpflege bewandert ist, sondern auch alles Notwendige zum Führen eines Haushalts kennt, könnte sie vielleicht reif für eine andere Aufgabe sein, wie sie sagt. Dem Kunstmaler mag es vielleicht nicht bewusst sein, aber es gibt durchaus auch andere Orte, an denen sie arbeiten könnte. All das scheut sie sich nicht, ihrem Arbeitgeber direkt ins Gesicht zu sagen, ohne auch nur mit der Wimper zu zucken.

Herr M. ist entsetzt.

Erst vor kurzem hat er den Verwalter gewechselt. Als wäre dies nicht schon nervenaufreibend genug. Wenn er sich jetzt noch eine neue Haushälterin anschaffen muss, wird das auch sein letztes Bisschen Gemütsruhe ruinieren und seine Nerven vollständig bloßlegen.

Zum Glück erweist sich das Ganze als falscher Alarm. Als er sich beim nächsten Mal mit Fräulein Berg unterhält, schlägt er ihr eine Lohnerhöhung vor, wodurch sie sich bereit erklärt, doch auf Ekely zu bleiben.

Mehr bedurfte es also nicht. Wieso hat er das nicht gleich begriffen? Äußerst erleichtert schreibt er noch am selben Abend seiner Schwester in Majorstuen einen Brief:

Sie bekommt jetzt 150 kr. im Monat. Ja, es sind gewaltige Summen, die ich hier draußen für die nötige Hilfe bezahlen muss. Ich schicke dir bald ein wenig Obst – Es ist gut, Gemüse zu haben, Fisch ist mittlerweile kaum noch aufzutreiben. Frl. B. ist ohnehin keine Fischexpertin, da sie vom Lande kommt – und Fisch muss stets ganz frisch sein.

Als die Dunkelheit hereinbricht, kann der Maler nicht schlafen. Während er ein paar alte handgeschriebene Aufzeichnungen durchgeht, die er zusammen mit den nun zwecks Durchsicht auf dem Nachttisch liegenden Briefbündeln gefunden hat, stößt er auf einen Satz, den er sich laut vorliest:

»Krankheit und Irrsinn und Tod waren die dunklen Engel, die an meiner Wiege standen.«

Ist er somit ein Verdammter – so wie er es sich dann und wann vorgestellt hat?

Drei schwarze Engel – etwas aus der Familie seines Vater und etwas von der Mutter. Doch noch immer ist es diesen Todesengeln nicht gelungen, Macht über ihn zu gewinnen.

Vielleicht hat er sich ja, wie der deutsche Doktor Faustus, in einer Nacht berauschten, jugendlichen Übermuts an den listigen Mephisto verkauft und im Ausgleich dafür die künstlerische Meisterschaft erlangt – diese Vermutung kann sein Vater, der Stabsarzt, vielleicht in dunklen Stunden gehegt haben, und ebenso wenig ist es ausgeschlossen, dass er selbst manchmal so etwas vor sich gesehen hat. Dann allerdings müsste er, der Herr auf Ekely, früher oder später teuer dafür bezahlen.

Möglicherweise ist er selbst nicht nur ein Mensch, sondern zwei verschiedene Männer, die keine wechselseitige Verbindung zueinander haben.

In den Jahren, bevor er in der Kopenhagener Nervenklinik landete, geschah es manchmal, dass er das körperliche Gefühl hatte, neben sich selbst auf der Straße zu gehen. Eine unheimliche Wahrnehmung. Ein Gefühl der tiefen inneren Spaltung – das zum ersten Mal in der frühen Jugend auftrat und ihm seitdem wie ein Schatten gefolgt ist.

Einige Male hat er versucht, dieses Erlebnis malerisch zu schildern. Der Maurer und der Mechaniker in Warnemünde. Faust und sein Doppelgänger in Åsgårdstrand. Das weiße und das schwarze Pferd gemeinsam vor den Pflug gespannt – mit dem strengen Mann an den Zügeln dahinter.

In diesem Fall ist vielleicht er, M., der Mann, der die Zügel hält? Ja, ein rechter Pferdeschinder ist er wohl nie gewesen, und der Mann, den er auf dem Gemälde abgebildet hat, war nicht er selbst, sondern der ehemalige Verwalter; von dem er sich trennen musste, weil er so trübe Ansichten über die Vertreter der neuen Ordnung hegte.

Nach all diesen Spekulationen schläft Herr M. spät am Morgen erschöpft ein. Am nächsten Vormittag ist alles vergessen, und er stürzt sich wieder auf seine Holzschnitte. Ein wahrer Segen, sich mit einer Arbeit beschäftigen zu können.

Was wäre er ohne seine Bilder?

Nichts Besonderes.

Nur ein Narr. Ein Nervenbündel.

Früh im August, als sich auf Ekely eine Gruppe junger Leute aufhält, taucht sein Freund Pola G. auf.

Vom frühen Morgen an ist es ein heißer und stiller Tag gewesen. Doch im Laufe des Nachmittags beginnt ein frischer Wind vom Ford hereinzuwehen. Die jungen Männer rücken ein paar wacklige Leitern zwischen den Bäumen im Obstgarten umher – und helfen einander, die reifen Äpfel von der schwer zugänglichen Baumkrone abzupflücken.

Zwei junge Mädchen in leichten Sommerkleidern entfernen die äußeren Blätter von Kohlrabiknollen, Roter Beete und Kohlköpfen, bevor sie sie zu Bündeln verpacken. Ein paar andere Mädchen pflücken Kirschen, Stachelbeeren, Rote Johannisbeeren und einige andere der in diesem Kriegssommer so seltenen Süßigkeiten; all das, was die alte Handelsgärtnerei an Herrlichkeiten zu bieten hat.

Immer wieder lächeln die jungen Leute einander zu, machen Scherze, albern herum, werden wieder ernst und werfen scheue Blicke hierhin und dorthin. Unten am Pavillon helfen einige mit, die Gemüsebündel und grauen Papiertüten mit Obst und Beeren möglichst gerecht zu verteilen, und darauf zu achten, dass die Beeren in den mitgebrachten Taschen nicht in Bedrängnis geraten und zerdrückt werden. Immer wieder ertönt spontanes Gelächter bei den Mädchen, wenn ein besonders heftiger Windstoß erfolgt, die Baumkronen zum Singen bringt, die Sommerkleider aufbauscht und noch dazu droht, ihre Frisuren durcheinanderzubringen. Die ganze Atmosphäre unter den jungen Leuten ist eine explosive Mischung aus Schüchternheit, Sorglosigkeit, verlegenem Gekicher und lautem Gelächter, die starken Eindruck hinterlässt – zumindest bei den beiden ergrauten Herren, die aufmerksam verfolgen, was um sie herum vorgeht.

»So etwas Ähnliches haben Sie hier bestimmt noch nicht erlebt«, murmelt Herr M. seinem Gast zu und verzieht das Gesicht.

Aus einer Flasche gießt er Apfelwein in ihre Gläser; sie sitzen auf der Außentreppe der Glasveranda und beobachten das rege Treiben in diesem Obstgarten, in dem es sonst immer menschenleer ist.

»Hier auf Ekely noch nie, nein. Haben Sie diese jungen Leute gemalt?«

»Gewiss habe ich das. Die meisten sind Studenten. Jetzt bekommen sie ihren Lohn, weil sie ihre Sonntage geopfert haben, um mir Modell zu stehen.«

»Darf ich mal sehen?«

»Das Bild ist noch nicht fertig.«

»Sie konnten gut arbeiten im Sommer?«

»Das kann ich nicht leugnen.«

»Ja, mir hat gefallen, was Sie mir beim letzten Mal gezeigt haben, Hilde Wangel vor dem rotglühenden Wein. Ist es gestattet, sie kennenzulernen?«

»Das lässt sich sicher einrichten.«

»Und wie geht es dem schwankenden Baumeister Solness heute?«

»Wie Sie sehen, sitzt er hier friedlich auf der Treppe und sieht den jungen Leuten dabei zu, wie sie in den Bäumen herumklettern und Jagd auf die roten Äpfel dort oben machen.«

»Tja, gut dass Sie nicht auf die Idee gekommen sind, da selbst herumzuklettern.«

»Nein, das würde mir niemals einfallen. Noch habe ich nicht völlig den Verstand verloren.«

»Schön, das zu hören, Meister.«

Eine Weile sitzen sie schweigend da und beobachten die Verwüstungen, die die Windstöße im Haar der gut gelaunten Sonntagsmodelle anrichten. Auf den schwankenden Leitern helfen sie jetzt einander, ein paar der Haselnüsse zu ernten. Der neugierige Halbdäne fragt:

»Hilde Wangel, sie muss doch das blondeste der Mädchen sein, nicht wahr?«

»Wie konnten Sie das wissen?«

»Ich habe nur geraten.«

»Ja, aber wie?«

»Mir ist aufgefallen, welche der jungen Damen am häufigsten in Ihre Richtung sah.«

»Tatsächlich. Das habe ich gar nicht bemerkt. Irgendetwas an ihr erinnert mich an die jüngste Krankenschwester in der Klinik von Doktor Jacobson – ich glaube, ich habe Ihnen einmal von ihr erzählt. Fräulein Dorothys Nähe tut mir gut.«

»Wie schön.«

»Tja, das ist nicht nur schön, wissen Sie.«

»Wieso nicht?«

»Überlegen Sie mal, Pola. Ein müder alter Narr wie ich und ein so vitale junge Frau wie sie. Das kann doch gar nicht gehen.«

»Aber wenn sie wirklich in Sie verliebt ist?«

»Ich weiß nicht, was sie ist oder nicht ist. Es war dumm von mir, Ihnen das mit Hilde Wangel zu erzählen.«

»Glauben Sie wirklich? Könnte es nicht sein, dass gerade sie Ihre Nervosität geheilt hat, Meister?«

»Von Heilung kann keine Rede sein. Ein empfindlicher Mensch werde ich wohl immer sein.«

»Aber so gereizt sind Sie doch gar nicht mehr.«

»Ich weiß nicht, was ich dazu sagen soll.«

»Ach, ich weiß noch gut, wie es früher war, hierherzukommen. Sie konnten keinen Satz zu Ende führen, haben sich oft selbst widersprochen – und manchmal war es unmöglich, ein vernünftiges Wort aus all diesen Klagen über Gott und die Welt herauszuhören.«

»So schlimm kann es doch nicht gewesen sein?«

»Doch, glauben Sie mir, so schlimm konnte es sein. Aber jetzt, mitten in dieser Kriegshölle und mit den deutschen Besatzern da unten auf dem Gut Hoff und überall sonst im Land, ist eine erstaunliche Ruhe über sie gekommen.«

»Wissen Sie, warum?«

»Nein.«

»Nun, in den letzten Jahren vor dem Krieg hatte ich wohl nichts anderes als Sorgen im Kopf. Jetzt aber, nachdem die Deutschen gekommen sind, sind all die kleinen Kümmernisse in ihrem dunklen Rattenloch verschwunden und nur das eine schreckliche ist noch übrig.«

»Wie schön.«

»Ja, im Sommer ist es jedenfalls so geworden. Im Winter war es viel schlimmer.«

»Den Winter haben Sie wohl nie gemocht?«

»Ach, wissen Sie, der Winter ist der Tod für jeden Bronchitiker.«

»Immerhin sind Sie achtundsiebzig Jahre alt geworden.«

»Ja, kaum zu glauben.«

»Sie sind ein zäher Bursche, Meister.«

»Tja. Jedenfalls habe ich furchtbare Angst, diesen Krieg nicht zu überleben. Es sieht so aus, als ob er sich noch lange hinzieht.«

»Aber noch immer spielt Eros sein Spiel hier auf Ekely?«

»Das haben Sie gesagt, junger Mann, nicht ich.«

Unten im Obstgarten scheinen die Gäste fertig zu werden, sowohl mit der Haselnussernte als auch mit dem Packen der Taschen. Den ganzen Vormittag hat die Sonne geschienen, doch jetzt sieht es so aus, als hätte der Wind ein paar drohende Regenwolken mitgebracht.

Sobald die Leitern wieder verstaut sind, greifen die drei jungen Männer nach Jacke, Schlips und Hut, die sie im Pavillon zurückgelassen hatten, bevor die Kletterei begann. Der Maler entschuldigt sich und winkt Dorothy zu sich. Leise fragt er sie:

»Könnten Sie vielleicht die anderen nach draußen begleiten und dann noch einmal herkommen?«

»Wollen Sie heute noch arbeiten, Meister?«

»Ja, wenn es sich machen lässt.«

»Aber Sie haben doch Besuch.«

»Er wird bald gehen.«

Sie senkt den Kopf zu einem zögernden Nicken.

Herr M. stellt sich vor die jungen Leute und hält eine kleine Rede, in der er sich herzlich dafür bedankt, dass sie bereit waren, ihren Sonntag für einen uralten Maler wie ihn zu opfern – und seiner Hoffnung Ausdruck verleiht, dass sie alle ihre Taschen mit Äpfeln, Roter Beete, Kohl, Kirschen, Nüssen und all den anderen Dingen gefüllt haben, die sie im frischen Südwind ernten konnten.

Die jungen Leute antworten zunächst mit schüchternem Lachen, danach mit Applaus und Hurra-Rufen. Schließlich stürmt der ganze Trupp an den bellenden Hunden vorbei und verschwindet in Richtung Jarlsborgveien.

Doffy verschließt das Gartentor und kehrt zurück zur Treppe vor der Glasveranda.

»Dorothy, das ist Herr Pola Gauguin. Er wollte Sie so gerne kennenlernen, bevor er uns wieder verlässt.«

»Ach ja! Ihr Buch hat mir gefallen!«, entfährt es ihr spontan – noch bevor sie zu ihm tritt, um ihm die Hand zu reichen.

»Welches denn?«, fragt er und zwinkert ihr zu.

»Das über Herrn M. hier«, sagt sie lachend und blickt den Alten von der Seite an.

»Natürlich«, erwidert Gauguin und behält ihre Hand in der seinen. Einen Augenblick gestattet sie es, bevor sie ihre Hand mit einem schelmischen Lächeln zurückzieht und fragt:

»Ist es wirklich wahr, dass Sie der Sohn des großen Südseemalers sind?«

»Ja, das stimmt. Meine Mutter ist Dänin.«

»Dann sind Sie also in Dänemark aufgewachsen?«

»Ja, erst in Kopenhagen und danach in Oslo.«

»Warten Sie mal. Das bedeutet wohl dann, dass Sie zwar ein skandinavisches Wesen besitzen, aber französisches Blut in den Adern haben?«

»Das könnte man so sagen, mein Fräulein. Und Sie selbst?«

»Norwegisch mütterlicherseits und englisch von der Vaterseite. Es gibt das Gerücht in unserer Familie, dass wir ganz entfernt mit einer der Gemahlinnen Heinrichs VIII. verwandt sind.«

»Ach. Und hat sie die Ehe überlebt?«

»Sie bekam jedenfalls eine Tochter, bevor der König sie köpfen ließ. Ich hatte große Freude an Ihrem Buch über Herrn M. Ich hätte nie gewagt, mich hier auf Ekely vorzustellen, wenn ich es nicht vorher gelesen hätte.«

»Das ist sehr freundlich. Darf ich fragen, was Ihnen besonders gefallen hat?«

»Zum Beispiel, dass Sie schrieben, er sei ein großer Schelm – und ein vollendeter Aristokrat, der gerne nett und freundlich ist, weil es ihn unsäglich quält, wenn er böse wird.«

»Ja, und glauben Sie, dass das zutrifft?«

»Ganz bestimmt. Aber es gibt etwas an ihm, woraus ich nicht so richtig klug werde.«

»Niemand kann ganz klug aus M. werden, das macht ihn ja gerade zu dem Zyklopen, der er in der zeitgenössischen Kunst nun einmal ist. Aber jetzt muss ich aufbrechen. Danke für alles, Meister. Darf ich an einem anderen Tag zurückkommen und Sie wieder besuchen?«

»Dann erkundigen Sie sich aber bitte vorher telefonisch, ob es passt. Ich begleite Sie noch an den Hunden vorbei.«

Draußen am Tor wendet sich der Alte flüsternd an seinen Gast:

»Es hat Ihnen wohl gefallen, Ihren Charme spielen zu lassen, was?«

»Nanu, sind Sie jetzt eifersüchtig, Herr Solness?«

»Nein, ganz und gar nicht. Alles Gute, Pola.«

»Auch für Sie, Meister. Es war schön, hier im Garten von Ekely so viele Menschen zu treffen. Sie ist ja wirklich eine blonde Offenbarung, Ihre Hilde Wangel. Sie müssen mir versprechen, sich in ihrer Anwesenheit anständig zu benehmen.«

»Habe ich mich vielleicht nicht immer anständig benommen?«

»Überwiegend ja. Und versprechen Sie mir, nicht auf Leitern zu klettern, um ihr zu imponieren.«

»Das wird wohl nicht passieren.«

»Bis bald, Meister.«

Pola verschwindet in Richtung Lilleaker-Bahn. Mit einem gereizten Brummen geht der Alte zu den Hunden, tätschelt sie ein bisschen und vergewissert sich, dass sie genügend Futter und Wasser haben. Dann läuft er zurück in den Garten.

Ein paar einzelne Regentropfen fallen vom Himmel, und Herr M. schlägt vor, sich drinnen auf die Chaiselongue setzen. Sie unterhalten sich ein wenig, und schließlich fertigt er eine Skizze an, die sie beide im Spiegel gegenüber zeigt.

Eine ganze Weile arbeitet er schweigend. Dann sagt er:

»Das hier könnten Vater und Tochter sein, im Gespräch vereint, oder wir könnten sagen, dass es sich um einen alten Mann handelt, der sich in ein junges Mädchen verliebt hat. Im Alten Testament kommt so etwas öfter vor, da geschieht ohnehin sehr viel.«

Sie dreht sich zu ihm, blickt ihn an und fragt:

»Haben Sie jetzt angefangen, im Alten Testament zu lesen, Herr M.?«

»Sie etwa nicht?«

»Doch, manchmal schon.«

»Das ist gut, Doffy. Im Alten Testament findet sich eine wunderbar kraftvolle Sprache. Nichts an zeitgenössischer Literatur ist damit vergleichbar.«

»Und noch dazu geht es dabei um Literatur, die zwei oder dreitausend Jahre überlebt hat.«

»Ja, nicht wahr? Ein seltener Fall, bei dem sich die Kraft des Uralten mit dem Neuen und Jungen messen kann. Denn meist ist es ja umgekehrt.«

Erneut entsteht eine Pause. Draußen bricht ein schmaler Streifen Sonnenlicht durch die Regenwolken. Sie dreht sich zu ihm und fragt mit einem zaghaften kleinen Lächeln:

»Denken Sie jetzt an die Literatur oder an das Leben, Meister?«

»Ich denke an beides. Dass sich ein alter Mann in ein junges Mädchen verliebt, ist nichts Ungewöhnliches. Dass sich ein junges Mädchen in einen alten Mann verliebt, geschieht fast nie – aber manchmal passiert es eben doch.«

Sie schweigt und senkt den Blick. Er kann ihre Augen nicht mehr erkennen. Was, in aller Welt, hat er da eben bloß zu sagen gewagt?

Besonders erniedrigend ist noch dazu, dass er einen Schluckauf bekommen hat. Zum Glück sind es keine durchdringenden Laute, sondern nur eine fast unmerkliche Muskelkontraktion, die meist dann einsetzt, wenn er nervös ist.

Im Spiegel bemerkt der alte Maler, dass ihr ein wenig Röte in die Wangen gestiegen ist, ansonsten ist sie wie zuvor.

Auch seine eigenen Wangen haben wohl einen dunkleren Farbton angenommen.

Nach einer Weile wird es ihm zu peinlich, sie beide weiterhin im Spiegel anzublicken, während er gleichzeitig versucht, diesen idiotischen Schluckauf zu verbergen. Verlegen ruft er:

»So, das sollte wohl reichen!«

Jäh erhebt er sich von der Chaiselongue, verbirgt den Skizzenblock in einem der Verstecke, dreht sich zu Doffy und fragt:

»Hast du vielleicht …«

Er unterdrückt den Schluckauf, räuspert sich und fragt: »Hast du vielleicht Lust, das Kälbchen zu besuchen?«

Mit ernstem Ausdruck blickt sie zu ihm auf.

»Gerne, Meister.«

Ihre Wangen haben wieder die gewöhnliche Farbe angenommen. Auch sein Gesicht scheint sich wieder zu normalisieren, während er schnell ins Badezimmer geht und etwas Wasser trinkt. Nachdem er zwei Zahnputzgläser geleert hat, ist sein Schluckauf offenbar fast vorüber. Sie steht draußen auf der verglasten Veranda und wartet auf ihn. Plötzlich entscheidet er sich, ihr gegenüber aufrichtig zu sein. Er schlägt die Augen nieder und sagt leise:

»Meine Mutter kam aus einer Bauernfamilie, willensstarke Leute, aber äußerst anfällig für den Schwindsuchtbazillus. Mein Vater gehörte, wie Sie wissen, einem Dichtergeschlecht an, mit Anzeichen von sowohl Genialität als Degeneration. Ich bin sterbend zur Welt gekommen. Dunkle Engel standen an meiner Wiege und haben mich mein ganzes Leben lang begleitet.«

Sie dreht sich zu ihm und sieht ihn ernst an.

Ausgehend von ihrem Gesichtsausdruck lässt sich unmöglich deuten, ob sie alles verstanden hat, was er sagte. Bis zum Abend sind es noch immer zwei Stunden. Der Himmel hat sich aufgeklärt, der heftige Wind ist abgeflaut. Die Augustsonne steht tief im Westen, hat aber noch immer genügend Wärme in sich. Jedes Mal, wenn ein kleiner Windstoß erfolgt, entstehen zarte Muster aus Licht und Schatten unter dem Blattwerk der Bäume.

Er macht sie darauf aufmerksam. Sie nickt.

Er murmelt:

»Schön, nicht wahr?«

Dorothy blickt zu ihm auf und sagt:

»Ja. Einmal habe ich versucht, so etwas Ähnliches mit Farbstiften zu zeichnen, aber es war viel zu schwierig.«

»Das glaube ich gern. Es wäre wohl einfacher gewesen, eine Filmkamera zu benutzen.«

»Gibt es denn überhaupt etwas, das Ihnen zu schwierig zu zeichnen ist, Meister?«

»Oh ja, da gibt es sehr viel.«

»Was denn?«

»Die Geburt eines Kalbs, zum Beispiel. Das würde ich niemals schaffen.«

»Das hätte ich nie gedacht – dass es in der Kunst etwas gibt, das Sie nicht zustande bringen.«

Er zuckt mit den Schultern. Kommt jetzt etwa der Schluckauf zurück? Nein, es ist falscher Alarm. Er schluckt ein paar Mal, um seine nervöse Kehle zu beruhigen. Während sie dicht nebeneinander im Schatten der Obstbäume stehen und immer wieder ein aufblitzender Sonnenstrahl auf sie fällt, wiederholt sich das, was zum ersten Mal vor zwei Wochen passierte.

Sie nimmt seine rechte Hand in ihre, führt sie zum Mund und berührt sie behutsam mit den Lippen, während sie ihm ein kleines Lächeln schenkt.

»Sie haben gottbegnadete Hände, Meister.«

»Eine gute Hand und eine Krüppelfaust.«

Sie sieht ihn an und greift vorsichtig nach seiner linken Hand. Wie beim letzten Mal zuckt der Alte zusammen. Doch diesmal lässt sie sie nicht los, sondern führt sie zum Mund und küsst sie.

So etwas ist ihm noch nie zuvor passiert.

Ein kaltes Feuer läuft über seinen Rücken.

In seinem Innern verspürt er den Drang, ihr die Hände um den Hals zu legen und sie auf der Stelle zu erwürgen – zu beobachten, wie ihr Gesicht rot und verzerrt wird, wie die Zunge in diesem Todeskampf aus ihrem Mund heraushängt.

All das ist nur eine blitzartige Vorstellung in seinem Kopf. Dann sieht er plötzlich vor sich, dass er groß und steif geworden ist und von hinten in sie eindringt, dass er sie dort unten behutsam berührt, bis sie vor Glück zu stöhnen beginnt, während er gleichzeitig mit rhythmischen Stößen vorrückt, immer wieder und wieder – bis ihn die Erlösung überkommt und er sie mit seinem schwarzen Samen füllt.

Auch diese Vorstellung zuckt blitzschnell durch seinen Schädel.

Lange ist es her, dass er eine Frau auf diese Weise berührt hat, aber er hat nichts vergessen – welcher Mann könnte das? Die Hände in einem gespielten Würgegriff um den Hals eines jungen Mädchens zu legen – das hat er auch schon erlebt; nie allerdings, auch ernsthaft zuzudrücken.

Zum Glück hat er so etwas nie erlebt.

Wohl hat er einige Male die Grenze zur Geisteskrankheit weit überschritten – nicht nur, als er in der Klinik in Kopenhagen landete –, aber glücklicherweise hatte er jedes Mal einen Schutzengel bei sich, der ihn immer rechtzeitig warnte und zurückhielt.

Dieser Schutzengel; ist das seine Mutter? Ist es Sofie?

Vielleicht sind die beiden verschmolzen, irgendwo dort oben im Kristallreich, oder wo sie sich jetzt befinden mögen – in diesem Himmlischen, das er sich immer nur schwer vorstellen konnte, doch an das zu glauben er niemals gänzlich aufhörte, in dem kindlichen und geheimen Teil seiner selbst.

Vielleicht sind die beiden verschmolzen, um für ihn zu beten und den gemeinsamen Schutzengel zu ihm hinunterzusenden, wenn ihm elend zumute war und er am Rande des Abgrunds stand?

Wie eine Gnade erscheint es ihm, dass es sich so verhalten könnte. Etwas Helles und Schönes umgibt diesen Gedanken. Ein paar Sekunden fühlt er sich geradezu glücklich. Seine Nackenhaare richten sich auf. Er erkennt den Umfang der Entscheidung, die zu treffen er beabsichtigt.

Auf seinem Oberkörper breitet sich Gänsehaut aus. Soll er? Nein, es geht nicht. Soll er wirklich?

Nein, um Gottes Willen, komm ja nicht auf die Idee!

Dorothy sieht ihn wachsam an, während sie unter den Baumkronen der Apfelbäume umhergehen. Verlegen erwidert er ihren Blick. Seite an Seite gehen sie zunächst zum Treibhaus und laufen dann auf einem Pfad durch das mannshohe Unkraut zum anderen Ende des Grundstücks.

An der Gesindestube stoßen sie auf den Verwalter, der sich, im Sonntagsstaat, auf dem Weg nach draußen befindet – samt abstehenden Ohren, Mittelscheitel, Sommersprossen und dem sorgsam gekämmten roten Haar.

Der Alte tritt zu ihm und fragt:

»Geht's in die Stadt, Herr Verwalter?«

»Wenn Sie mich nicht brauchen, Herr Kunstmaler?«

»Aber nein, es ist doch Ihr freier Tag. Sie wollen wohl das Leben der jungen Damen in der Stadt ein wenig unsicher machen?«

»Ich will bloß ins Kino.«

»Und mit dem Kalb ist alles in Ordnung?«

»Sicher, Meister. Sie wollen's wohl mal vorzeigen, bevor's geschlachtet wird, äh? Ist da bei seiner Mutter, da vorne auf der Wiese. Kann's Ihnen zeigen.«

Als die beiden schließlich vor dem Kalb stehen, ärgert sich der alte Maler, weil er Fräulein Dorothy und den Verwalter einander nicht vorgestellt hat. Wäre das nicht angebracht gewesen?

Allerdings hat er es deswegen unterlassen, weil er sich plötzlich nicht mehr an den Namen des neuen Bewohners der Gesindestube erinnern konnte.

Völlig ratlos stand er da. Sein Namensgedächtnis ist auch dann noch außer Funktion, als der Verwalter schon längst über den Jarlsborgveien verschwunden ist, und Doffy vor der Kuh steht und mit ihr schmust, um sich danach – sobald sich das große Tier an sie gewöhnt hat – vorsichtig dem scheuen Kälbchen zu nähern. So etwas hat sie schon früher einmal getan, das kann er ihr gleich ansehen. Dass sie so ein Typus ist, hat er ja geahnt.

Dann nimmt der Maler sie mit zu den übrigen Sehenswürdigkeiten in diesem Teil von Ekely. Sie beginnen beim Schwein, das in grunzender Begeisterung über die Aufmerksamkeit in seinem Koben umhertanzt, und setzen ihren Rundgang fort, indem sie die geräumige, drahtbewehrte Einfriedung mit den halbwüchsigen Küken und ihren lebhaften Bohememüttern betreten. Schließlich nimmt er Doffy mit zum Heuboden und dem leeren Stall des weißen Pferds, das mittlerweile in den ewigen Jagdgründen grast. Auf dem Weg hinaus sagt Herr M.:

»Rousseau hab ich ihn genannt.«

»Den Verwalter?«

Er sieht sie lächelnd an und schüttelt den Kopf.

»Und wer ist jetzt Rousseau?«

»Es ist kein Mensch, Doffy.«

»Das Kalb?«

»Nein.«

»Vielleicht einer von Ihren Hunden?«

Sie bewegen sich auf die kleebewachsene Sommerwiese zu. Er sagt:

»Nein, es war mein weißer Hengst, den ich so genannt habe.«

»Wieso das?«

»Haben Sie den letzten Teil von Gullivers Reisen gelesen, in dem Gulliver ins Land der Pferdemenschen kommt?«

»Ich habe wohl nur die Kurzfassung mit den Liliputanern gelesen.«

»Versuchen Sie ruhig, es weiterzulesen. Besorgen Sie sich eine Originalausgabe. Swifts Idee dabei ist, dass den Pferden mehr zu trauen ist als den Menschen – Menschen sind meistens treulos, gierig und unzuverlässig, während Pferde loyal, aufrichtig und treu sind. Genau so habe ich es viele Jahre erlebt.«

»Und jetzt nicht mehr?«

»Es kommt darauf an, in welcher Stimmung ich gerade bin.«

»Und wie ist Ihre Stimmung heute?«

»Heute?«

»Ja.«

Erneut bleiben sie vor dem Kalb stehen. Gleich daneben läuft die Kuh grasend umher, mitten auf der kleebewachsenen Wiese – die durch den Regen noch grüner als gestern geworden ist. Das Kalb versucht es einer Mutter gleich zu tun, doch ohne rechten Erfolg. In heiterem Tonfall erwidert Herr M.:

»Ich weiß nicht, was ich sagen soll, Doffy. Es ist so, als hätte ich mich aus der Distanz heftig verliebt, und dass dieses Gefühl weiter anhält.«

»In Ihrem Alter?«

»Ja.«

»Ich glaube, Sie machen einen Scherz.«

»Da irren Sie.«

»Nun, wie Ihr Freund gesagt hat, Sie waren wohl immer schon ein Spaßvogel.«

»Das mag wohl sein, aber jetzt nicht.«

»Seien Sie vorsichtig mit dem, was Sie sagen, Meister.«

»Ich gebe mir Mühe.«

»Und wer hat dieses Gefühl ausgelöst?«

»Was denken Sie?«

»Vielleicht das Kalb, das geschlachtet werden soll?«

»Nur indirekt.«

»Was meinen Sie mit indirekt?«

»Ich muss zugeben, als Sie im Sommer an der Schärenküste im Süden waren, hat es mich schwer beeindruckt, als ich sah, wie dieses Kalb zur Welt kam.«

»Haben Sie noch nie zuvor ein Tier gebären sehen?«

»Doch, das schon. Auch damals beeindruckte mich das. Diese Naturphänomene können sehr brutal und blutig wirken, sind aber auch sehr ergreifend. Etwas nahezu Religiöses ist damit verbunden. Kennen Sie dieses Gedicht von Bjørnson, das er ›Psalm II‹ nannte?«

»Da bin ich mir nicht ganz sicher.«

M. zögert, versucht sich an die Zeilen zu erinnern – die ihm dann plötzlich einfallen:

Ehre dem ewigen Frühling im Leben,
Der alles durchweht!
Kleinstem wird Auferstehung gegeben,
Die Form nur vergeht.
Geschlecht auf Geschlecht
Müht sich empor zu schreiten;
Art bringt Art hervor
In unendlichen Zeiten;
Welten gehn unter und steigen empor.

Mit ihren offenen blauen Augen sieht Doffy ihn an. Beiden sind Tränen in die Augen gestiegen.

»Das war schön.«

»Ja, ich weiß nicht, wie ich das ausdrücken soll, Dorothy – aber ich glaube, wir verstehen einander auch so.«

Sie schenkt ihm ein kleines schnelles Lächeln und fragt:

»Was versuchen Sie mir eigentlich zu sagen, Meister?«

»Nichts.«

»Ach.«

Einen Moment lang schaut er weg. Die schwarzen Steine oder die roten. Die Farbe des Todes oder der Liebe. Den Unterschied muss man erkennen, nicht wahr? In diesem Augenblick hat er das starke Gefühl, dass der Moment gekommen ist, etwas Handfestes aus diesem vertraulichen Ton zu machen, der im Laufe der Unterhaltung an diesem Sonntag zwischen Doffy und ihm entstanden ist.

Ist jetzt nicht der Zeitpunkt gekommen, einmal nicht zum Opfer seiner eigenen Zweifel zu werden – die ihn in solch entscheidenden Augenblicken stets zurückgehalten haben? Geht es jetzt etwa nicht darum, diese Wankelmütigkeit abzustreifen, die sein Dasein hinter den Dornenmauern von Ekely hat enden lassen, in diesem dornröschenartigen Halbschlaf, der ihn übermannt hat – nicht in der Kunst, in dieser Hinsicht ist es noch immer ziemlich wach – aber im Leben. Im Leben!

»Carpe diem«, fährt es ihm durch den Kopf. Dann fällt er auf die Knie, schlingt die Arme um Doffy und ruft:

»Bitte lachen Sie mich nicht aus, Fräulein Dorothy. Aber ich möchte Sie gerne um Ihre Hand bitten.«

Sie blickt ihn an und fragt:

»Um meine Hand?«

Ihre Stimme klingt ungläubig.

»Ja? Ich bin mir bewusst, dass der Altersunterschied etwas abschreckend wirken kann. Ich verspreche allerdings, dass …«

Doffy durchbohrt ihn mit ihren Blicken und unterbricht ihn mitten im Satz.

»Was für ein Unsinn. Stehen Sie sofort auf.«

Unsicher kommt er wieder auf die Beine.

»Es tut mir leid, Fräulein Dorothy.«

»Es tut Ihnen leid!«

Ihre Augen werden schwarz, sie spuckt ihn an, dreht sich um und läuft wütend von ihm weg – so schnell, dass er keine Chance hat, sie einzuholen.

Mit dem Jackenärmel wischt er ihren Speichel fort.

Das hat nichts zu bedeuten. Er ist schon früher angespuckt worden.

Jedes Mal, wenn er ein Bild ausstellte, das seinen Anforderungen gerecht wurde, spuckten sie ihn an. Ach, an so etwas ist er gewohnt, das hat nichts zu bedeuten. Alles kam wohl etwas zu überraschend für sie, nicht wahr? Wie hätte er das selbst empfunden, als er dreiundzwanzig war und eine dreimal so alte Frau mit einem derartigen Vorschlag gekommen wäre?

Ja, natürlich gibt es da in dieser Hinsicht einen Unterschied zwischen den Geschlechtern, aber trotzdem …

Die Sache ist, dass er zu schnell vorgegangen ist.

Er hat sich mitreißen lassen. Das ist immer bedenklich. Sie braucht Zeit, um sich alles genau zu überlegen. Das versucht er auch, zu verstehen. Sie muss ihre Gedanken ordnen. Schon bald wird sie wieder auftauchen, sodass er das kleine Missverständnis aufklären kann, das durch seinen etwas zu abrupten Ausbruch zwischen ihnen entstanden sein muss.

Musste er denn auch unbedingt auf die Knie fallen?

Was ist er doch für ein Dummkopf!

Ein schwachsinniger Narr! Jetzt kommt auch noch dieser abscheuliche Schluckauf wieder. Rastlos läuft er herum und hält nach ihr Ausschau, während er schluckt und sich räuspert. Nach einer Weile ruft er:

»Fräulein Dorothy?«

Keine Antwort. Er geht ins Treibhaus und dann in den Obstgarten – nichts zu sehen. Schließlich brüllt er in Richtung Ulmenwäldchen:

»Doffy?«

Etwas entfernt beginnen die Hunde zu bellen. Aber bei ihnen ist sie auch nicht, wie sich zeigt. Als er wieder ins Haus geht, findet er ihre Handtasche. Dorothy allerdings scheint Ekely verlassen zu haben. Er zuckt mit den Schultern, stellt sich vor den Badezimmerspiegel, hustet, schluckt, fährt mit dem Kamm durch sein graues Haar und trinkt Wasser aus dem Zahnputzglas – bis sich seine Kehle endlich beruhigt.

Danach sucht er Zuflucht in der Arbeit und beschäftigt sich mit den beiden Entwürfen, die er im Laufe dieses Sonntags bereits begonnen hat. Es geht um zwei Figurstudien unter den mächtigen Bäumen bei den Gartenmöbeln – mit einem mikroskopisch kleinen, blauen Streifen Fjord ganz im Hintergrund.

Ganz in den Vordergrund der einen Komposition hat er eine nachdenkliche Dorothy gestellt, die ein am Rücken weit ausgeschnittenes Sommerkleid trägt und sich mit dem Arm auf dem untersten Treppenpfosten der Glasveranda abstützt. Schräg gegenüber steht ein etwas kleinerer Mann mit Hut, Jacke, weißem Hemd und Schlips. Die übrigen Figuren sind weniger scharf umrissen – eine Gruppe ineinander verwobener junger Mädchen, die die Köpfe zusammenstecken und schwatzen, ein Mann, der sie beobachtet, sowie ein dritter Mann, der am gegenüberliegenden Bildrand allein am Gartentisch sitzt.

›Flirt im Park‹, überlegt er, dieses Bild zu nennen.

Auch in der anderen Komposition befindet sich Doffy im Zentrum des Bildes, während die anderen jungen Leute in Gruppen herumstehen.

»Eros treibt sein Spiel«.

Was kann dieser Erzidiot von Pola Gauguin wohl mit diesem Ausruf gemeint haben?

Er selbst fühlt sich schrecklich leer und einsam. Erst jetzt, so spät am Abend – nachdem sie nicht angerufen hat und er, aus Angst, nur ihre Vermieterin am Telefon zu haben oder so unbeholfen im Gespräch zu sein, dass alles nur schlimmer wird, nicht wagte anzurufen – akzeptiert er widerwillig die Wahrheit.

Er hat versucht, ihr seine Liebe zu gestehen, und das ging, wie es gehen musste, die Tür wurde ihm direkt vor der Nase zugeschlagen. Etwas anderes hätte er offen gestanden auch gar nicht erwartet.

Zum dritten Mal bekommt er einen Schluckauf. Er war so dumm, sich von einer Augenblicksstimmung mitreißen zu lassen und alles auf eine Karte zu setzen. Und damit hat er sie verloren. Er geht zum Spiegel und schlägt, so hart es geht, den Kopf dagegen, in dem Versuch, ihn zu zerbrechen.

Es gelingt ihm nicht.

Nicht einmal dafür ist er stark genug. Nicht stark genug, um zu lieben. Nicht stark genug, um einen Spiegel zu zerbrechen.

Wieder der Schluckauf. Es reizt ihn, ins Badezimmer zu gehen und sich das Gesicht mit dem Rasiermesser zu zerschneiden. Aber auch das macht er nicht. Er trinkt Wasser. Der Schluckauf bleibt.

In der Nacht träumt M., dass er nicht größer als ein Liliputaner ist und von einem Zyklopen verschluckt wird. Aber trotz des immensen Schreckens, den er verspürt, während er im Maul dieses widerlichen Monsters verschwindet, kommt ihm der Gedanke, dass er auf irgendeine Weise auch diese Erniedrigung überleben wird – so, wie er schon früher im Leben viele Demütigungen ertragen hat. Wie Jonas im Bauch des Wals lebt er ein Weilchen da drinnen im Körper des Zyklopen. Eine Stimme flüstert:

»Halte durch!«

Ist es die Stimme seiner Mutter? Oder Sofies vielleicht?

Das Unbehaglichste an diesem Traum ist nicht, dass er von dem Zyklopen verschluckt wird – wie ihm bewusst wird, als er in seinem blaugestreiften und schweißdurchtränkten Schlafanzug jäh erwacht – sondern, dass er nicht mehr in der Lage ist, ihre Stimmen deutlich voneinander zu unterscheiden; obwohl die Mutter ja eine erwachsene Frau war, als sie starb, während Sofie nur ein gerade erst konfirmiertes junges Mädchen war.

Ist es vielleicht eine ganz andere Stimme, die er im Traum gehört hat? Doch anscheinend erkennt er sie nicht genau wieder.

Und dann, als er schließlich – in dem Versuch, die gereizten Nerven zu beruhigen – um fünf Uhr morgens ein warmes Wannenbad nimmt, nur mit einer brennenden Kerze als Gesellschaft, dämmert ihm, dass er nicht mehr in der Lage ist, sich an irgendeine der Stimmen aus seinem pietistischen Arzt-Elternhaus in Grünerløkken zu erinnern, nicht an die des Vaters, nicht an die Stimme von Tante Karen, nicht an die von Andreas und auch nicht die von Laura. Nur die Stimme Ingers vermag er sich ins Gedächtnis zu rufen, wenn er die Augen schließt und versucht, sie vor seinem inneren Auge auftauchen zu lassen.

Ihr Mund ist rot und verzogen. Sie blickt ihn mit schwarzen Augen an und verpasst ihm eine Ohrfeige. Er schreckt zusammen.

»Verräter!«

»Warum schlägst du mich, Inger.«

»Und das fragst du noch?«

Er verbirgt das Gesicht in den Händen. Als er die Augen wieder öffnet, ist Inger verschwunden. Schwerfällig langt er nach dem dampfenden Wasserkessel auf dem Badezimmerboden und füllt noch mehr kochend heißes Wasser in die Wanne.

Zum ersten Mal seit langer Zeit überkommt ihn wieder die alte Befürchtung, dass dies alles ein Theater ist, das er unter Aufbringung aller Kräfte aufrecht erhält, und dass er nicht etwa im Laufe des letzten Tags von einem akuten Anfall des Irrsinns befallen wurde, sondern in Wirklichkeit immer schon der am meisten Unzurechnungsfähige von ihnen allen war – dass zwar Laura diejenige aus der Geschwisterschar war, die in Gaustad und im Osloer Krankenhaus landete, jedoch eigentlich er dort hätte eingesperrt werden müssen.

»Laura?«, fragt er vorsichtig flüsternd in das Halbdunkel des Badezimmers.

Niemand antwortet. Natürlich nicht. Wie sollte es auch? Auch Laura ist ja inzwischen tot – so wie Tante Karen, Andreas, sein Vater, Sofie und seine Mutter. Die Einzigen, die noch leben, sind Inger und er. Während er noch mehr heißes Wasser in die Badewanne füllt, konstatiert er für sich selbst, dass wohl noch vor Beendigung des Weltkrieges nur noch Inger übrig sein wird.

14

Anfangs schämt Doffy sich so sehr darüber, was geschehen ist, dass sie mit niemandem darüber sprechen will. Sie hat Momente, in denen sie vor Wut, Verwirrung und Empörung fast explodiert – aber ihrer Umgebung gegenüber versucht sie, sich nichts anmerken zu lassen.

Das gelingt ihr auch so einigermaßen. Jedenfalls scheinen weder die Vermieterin noch deren Katze irgendeine Veränderung zu bemerken. Und auch nicht die Brüder aus dem Nachbarhaus – die an jenem Sonntag mit auf Ekely waren und die sie mit den abgezogenen Zeitungen versorgen, bei deren Verteilung sie nun mithilft.

Doffy tritt jeden Morgen im Lesesaal an und nutzt die Tage, um das versäumte Pensum aufzuholen. Sie erledigt ihre kleinen Verpflichtungen den illegalen Zeitungsmachern gegenüber, und mit einem kleinen Rucksack fährt sie jeden Tag mit dem Rad zur öffentlichen Bücherei oder zur Universitätsbibliothek, je nachdem, wo sie am leichtesten einen Platz im Lesesaal finden kann.

Wenn Dorothy mit anderen zusammen ist, versucht sie, so zu sein wie immer. Sie bleibt in Bewegung. Sie versucht, sich diese peinliche Episode auf Ekely nicht zu nahe gehen zu lasssen. Das hat er nicht verdient. So ein gerissener alter Mann – das hat er die ganze Zeit geplant, sie auf diese Weise zu überfallen! Das war doch fast schon eine Vergewaltigung! Wenn auch nicht rein körperlich gesehen – obwohl er sich für einen

Moment an sie geklammert und sein Gesicht an ihren Schoß gepresst hat, als er auf die Knie gefallen ist – so war es doch jedenfalls mental und gefühlsmäßig ein Attentat.

Also doch eine Schlange!

Also doch ein Blaubart!

Alle ihre schlimmsten Ahnungen, was den halbverrückten alten Maler anging, trafen zu. Naiv ist sie gewesen, blauäugig und vertrauensselig – aber jetzt hat sie eine ordentliche Ohrfeige bekommen, mitten in ihr gutgläubiges Mädchengesicht. Jetzt hat sie das zwei Mal erlebt. Zuerst mit ihrem Betreuer, Professor K., dann mit dem Großmeister auf Ekely. Was ist denn los mit ihr? Was an ihrem Blick und ihrem Wesen hat im vergangenen Jahr zwei Mal Feuer legen können, zuerst bei einem Juraprofessor mittleren Alters und dann bei einem malenden Greis – Menschen, die mit diesem Teil des Lebens doch längst hätten fertig sein müssen?

Pervers ist das! Widerlich!

Aber sie will mit niemandem darüber sprechen. Das Sicherste ist es, dichtzuhalten. Das Beste ist es, ihre innere Unruhe, Angst und Verwirrung zu verbergen – zu versuchen, den Alltag ganz normal weitergehen zu lassen, ihr Bestes zu tun, um sich nichts anmerken zu lassen. Sie ist zutiefst beleidigt worden, aber sie beschließt, nicht daran zu denken. Einen Bogen um Menschen zu machen, die sie nicht kennt. Ihren Blicken auszuweichen. Wegzuschauen, zu Boden zu schauen.

Das sind einige der Entscheidungen, die Doffy fasst, an den ersten Tagen nach ihrer panischen Flucht aus Ekely – überzeugt, dass sie nie wieder einen Fuß dorthin setzen wird.

»Pfui!«

Sie spuckt aus. Und hat das Gefühl, seinen Greisengeschmack auf der Zunge zu spüren.

Es ist ein Gefühl, bei dem sich in ihr alles umdreht. Der alte Maler hat zwar nie versucht, sich ihrem Mund zu nähern, jedenfalls nicht auf diese Weise. Damals im Dunkeln auf der Kellertreppe, als er vorgetäuscht hat, ihm sei schwindlig, und als er sich ganz eng an sie gedrängt hat, hat er nur ihr Ohr geküsst, nicht ihr Gesicht. Nein, der abstoßende Geschmack auf ihrer Zunge kommt in Wirklichkeit von etwas, zu dem sie selbst die Initiative ergriffen hat – die beiden Male, als sie ihre Lippen auf seine rechte Malerhand gelegt hat, und das eine Mal, als sie das geküsst hat, was er seine »Krüppelfaust« nennt.

Abstoßend ist vielleicht auch nicht das richtige Wort, eher fremd. Ein ungewohnter Geschmack, der aus ihrem Mund nicht ganz verschwinden will, und der jetzt in unregelmäßigen Abständen auftaucht, fast in Form von Halluzinationen.

Nein, sie muss jetzt in ihrem Leben eine neue Seite aufschlagen. Muss vermeiden, gesehen zu werden. Darf Fremde nicht mehr anlächeln. Darf nicht lachen, wenn sie mit Unbekannten zusammen ist. Muss sich so anonym wie möglich verhalten. Aufhören, spontan zu sein. Versuchen, zu denen, bei denen sie sich sicher fühlt, wie immer zu sein – aber allen anderen gegenüber viel vorsichtiger zu werden.

An einem frühen Morgen, als sie mit dem Rad losfährt, gerät Doffy an der Straßenbahnkreuzung beim Skovveien in eine Polizeikontrolle.

Von allen Deutschen in Oslo ist es ausgerechnet der Offizier mit den blonden Haaren und dem aufdringlichen Blick, der mitten in der Schar der Uniformierten steht. Er erkennt sie offenbar, jedenfalls tritt er entschieden vor und gibt ihr ein Zeichen, anzuhalten. Danach packt er ihren Fahrradlenker, schaut ihr in die Augen und beginnt ein leises Gespräch.

»Ach, die melancholische Schönheit. Guten Tag, gnädiges Fräulein.«

»Guten Tag.«

»Ach, Sie sprechen Deutsch?«

»Nicht sehr viel.«

»So sehen wir uns also wieder?«

»Ich verstehe nicht, was Sie meinen.«

»Wirklich nicht?«

Doffy schüttelt abweisend den Kopf.

»Ich glaube bestimmt, Ihr Gesicht zu erkennen.«

»Ach ja?«

»Sie sind Studentin, nicht wahr?«

»Ja, das stimmt.«

»Ich muss Ihre Papiere überprüfen und Ihren Rucksack durchsuchen.«

»Bitte sehr.«

Lange sieht er sich ihr Foto im Studentenausweis an und runzelt die Stirn.

»Sind Sie Engländerin?«

»Mein Vater ist Engländer. Meine Eltern leben nicht zusammen.«

»Ich verstehe. Und Ihre Mutter ist Norwegerin?«

»Ja.«

Der deutsche Offizier schreibt ihren Namen und ihre Adresse in ein Notizbuch, noch immer mit gerunzelter Stirn. Während er ihr Gesicht im Auge behält, wühlt er in ihrem kleinen Rucksack, dann öffnet er einen Reißverschluss und zieht ein fast vollgeschriebenes Heft heraus. Er blättert darin, liest hier und da ein paar Sätze in seinem wenig flüssigen Norwegisch vor.

»Was ist das hier, Fräulein?«

»Vorlesungsnotizen.«

»Was studieren Sie?«

»Jura.«

Der deutsche Offizier schaut rasch zu den anderen an der Straßensperre hinüber und senkt seine Stimme noch weiter.

»Wirklich? Ja, auch ich habe ein Jurastudium hinter mir, aber jetzt bin ich zu dieser Polizeiarbeit weit von zu Hause abkommandiert worden. Sie würden mir eine große Freude machen, wenn sie heute Abend mit mir essen gingen?«

»Ich bin verlobt.«

»Ja, aber trotzdem.«

»Nein, leider nicht.«

Nachdem er ihre Papiere gründlich überprüft und in zwei Fachbüchern geblättert hat, gibt er ihr den Rucksack zurück.

»Überlegen Sie sich das bis zu unserer nächsten Begegnung, Fräulein. Wir könnten ein wenig fachsimpeln, nicht wahr?«

»Das kommt nicht in Frage.«

Doffy presst die Lippen aufeinander und steigt auf ihr Fahrrad.

Der Polizeioffizier schaut mit seinem meergrünen Blick hinter ihr her, tippt seinen Mützenschirm an und lässt sie losfahren. Danach ist sie so nervös, dass ihre Bluse schweißnass wird. Wenn diese Kontrolle am Vortag um dieselbe Zeit stattgefunden hätte, wären in ihrem Notizheft illegale Zeitungen versteckt gewesen.

Sie zittert bei dieser Vorstellung. So unbehaglich ist es Doffy zumute, dass sie den Lesesaal für diesen Tag aufgibt. Stattdessen fährt sie in hohem Tempo ostwärts durch die Stadt in Richtung Ola Narr – um wegzukommen von den Menschen, in das Wäldchen, wo kein Mensch ihre Tränen sehen kann. Vor Angst erbricht sie sich gegen einen Kiefernstamm. Danach verbringt sie den Vormittag damit, auf einer Bank im Botanischen Garten ihr Pensum zu lesen.

An diesem Abend geht sie zum älteren der Brüder im Mietshaus unterhalb der Treppe in der Lille Frogner allé und sagt ihm, dass sie nicht das Gefühl hat, weiter bei der Verteilung der Zeitungen helfen zu können. Kåre und sie machen einen Spaziergang durch die mondlose Dunkelheit und sie erzählt von der Straßensperre an diesem Morgen, von dem deutschen Offizier, der ihr Gesicht erkannt und sich ihren englisch klingenden Namen gemerkt hat. Zum Glück steht auf dem Studentenausweis eine frühere Adresse, aber dennoch …

Sie wandern hoch zur Feuerwache Briskeby. Kåre erwähnt einige illegale Tricks, die sich als nützlich erweisen können – Seitenstraßen zu gehen und den Hauptstraßen auszuweichen, in öffentlichen Verkehrsmitteln als Letzte ein- und als Erste auszusteigen, in der Straßenbahn auf der Plattform draußen zu stehen …

»Solche Kleinigkeiten können im Notfall eine Hilfe sein, nicht wahr? Feste Routine vermeiden, nicht telefonieren, sich immer anders anziehen, im Café sofort bezahlen …«

Dann fragt er Doffy danach aus, was bei der Kontrolle passiert ist. Am Ende lobt er sie, weil sie Kaltblütigkeit gezeigt und sich die ganze Zeit richtig verhalten hat.

»Möglicherweise ist es trotzdem besser, wenn wir dich erst einmal anderswo einsetzen.«

»Wo denn?«

»Die Zeitung muss ja auch hergestellt werden.«

»Ja, das ist klar.«

»Könntest du auf Matrizen Strichzeichnungen machen, was meinst du?«

»Ich glaube schon.«

»Überschriften, Vignetten und solche Dinge, vielleicht ein wenig Maschine schreiben oder Matrizen erstellen? Wir sollten doch bei den Aufgaben ein wenig abwechseln, nicht wahr?«

Sie gehen durch die Gassen in der Nähe der Mädchenschule Nissen, und auf dem Rückweg begegnet ihnen unter den üppigen Alleebäumen in der Gyldenløves gate eine Gruppe deutscher Soldaten. Impulsiv fasst Kåre ihre Hand. Doffy und er gehen dicht aneinandergeschmiegt weiter und spielen ein verliebtes Paar. Sowie die Soldaten verschwunden sind, lassen sie einander wieder los, ein wenig verlegen. Ehe sie sich an diesem Abend trennen, fragt er:

»Wenn du ein paar Entwürfe machen könntest?«

»Was denn für Entwürfe?«

»Titel, im Wind wehende norwegische Flaggen, H 7-Zeichen, Sterne, Karikaturen von Deutschen, geballte Fäuste, nichts Kompliziertes oder Umfangreiches, einfach leichtverständliche und treffende Dinge, die sich leicht auf Matrizen überführen lassen? Ich habe neuen Stoff liegen, und du könntest versuchen, einen Entwurf zu machen.«

»Ich kann es versuchen.«

»Schön. Ich lege es in einem Umschlag in deinen Briefkasten. Wenn es uns gefällt, hast du Anfang nächster Woche eine neue Aufgabe.«

Kari ist noch immer nicht nach Oslo zurückgekehrt.

Die Zimmer wirken leer ohne sie. Auch die Kolloquiumsgruppe fehlt Doffy. Abends versucht sie sich an unterschiedlichen Schrifttypen und kleinen Zeichnungen. Es tut gut, an etwas anderes denken zu können. Ihre Mutter ruft an und fragt, ob Doffy am Wochenende zu Besuch kommen will.

»Aber gern, Mama.«

Die Mutter ist überrascht und froh, weil Doffy – anders als es in letzter Zeit ihre Gewohnheit war – diese Einladung annimmt. Auch zu Hause bei der Familie schafft Doffy es, sich nichts anmerken zu lassen. Sie kann an diesem Samstag ihre schmutzige Wäsche waschen und sie am nächsten Morgen in den sonnigen Wind hängen.

Als die Mutter sie am Sonntagabend zum Bahnhof von Ski bringt und versucht, sie zu einem Gespräch unter vier Augen darüber zu verleiten, wie es ihr in der großen Stadt denn wirklich geht, erzählt die Tochter zuerst von ihrem Besuch mit Kari auf der Insel vor der Südküste – um danach auf ihre Studien im Lesesaal und ihre große Arbeitsbelastung überzugehen. Über die Brüder im Nachbarhaus sagt sie kein Wort – und auch ihre Sonntagsbesuche auf Ekely, ihren Universitätsfeind Professor K. und das Notizbuch des unangenehmen deutschen Offiziers lässt sie unerwähnt. Die Mutter ist ohnehin ängstlich genug, es hat keinen Sinn, sie unnötig zu beunruhigen.

Außer ihrem mit ihren frischgewaschenen Kleidern gefüllten Rucksack nimmt Dorothy eine Tasche mit Gemüse, Obst und Kartoffeln mit in den Zug, so dass sie erst einmal genug zu essen hat.

Nach diesem Wochenendbesuch vergehen noch einige Tage, dann taucht Kari wieder in ihrer Wohnung auf. Während sie in der Dämmerung vor einer Kerze und einer Kanne frischaufgebrühtem Lindenblütentee sitzen, fragt Doffy:

»Hattest du einen schönen Sommer?«

»Ja, du weißt ja, wie es dort draußen ist. Und du?«

Dorothy holt ein Exemplar der illegalen Zeitung hervor, das sie an diesem Nachmittag mit dem Matrizendrucker hergestellt hat.

»Das sieht ja toll aus. Aber …«

Kari zeigt auf zwei Vignetten und murmelt:

»Dieser Strich kommt mir irgendwie bekannt vor.«

»Findest du?«

»Das ist doch wohl nicht von dir, oder?«

Doffy nickt und wischt sich einen Fussel aus dem Augenwinkel.

»Verstehst du, die haben mir eine neue Aufgabe übertragen.«

Kari lächelt ungläubig.

»Illegale Zeichnerin?«

»Das ist doch nur Kleinkram.«

Danach erzählt Doffy, warum sie nicht mehr bei der Verteilung der Zeitung zu helfen wagt. Kari hört mit ernster Miene zu.

»Wie scheußlich, Doffy.«

»Ja.«

»Das bedeutet, dass er deinen Namen notiert hat und weiß, wo du studierst?«

»Ja, wie hätte ich das verhindern sollen?«

»Nein, das war natürlich unmöglich. Wie grauenhaft …«

»Ja, das kannst du wohl sagen.«

Sie reden eine Weile hin und her. Am Ende findet Doffy, es reiche jetzt mit diesem Deutschen – auch wenn er ihr an jenem Morgen wirklich einen Schock versetzt hat –, vielleicht hat er ja wirklich nur ein wenig für ihre angebliche »melancholische Schönheit« geschwärmt, mit seinem stechenden blaugrünen Clownsblick.

Sie lachen ein wenig darüber, und ihre Stimmung schlägt um. Doffy fragt:

»Hast du jetzt die ganze Zeit Kinder gehütet?«

»Mehr oder weniger.«

»Ist das denn auf die Dauer nicht langweilig?«

»Im Grunde nicht.«

»Indianerfarbe hast du jedenfalls bekommen.«

»Ja, wir haben diese Farbe nach und nach alle angenommen. Weißt du was, Doffy, ich will vielleicht Kinderschwester werden.«

»Ach?«

»Sigurd sagt, er findet, ich sollte Kinderschwester werden. Er meint, dass ich mit Kindern so gut umgehen kann.«

»Von dem hab ich noch nie gehört.«

»Sigurd? Du hast ihn doch im Sommer auf der Insel kennengelernt.«

»Ich kann mich an keinen Sigurd erinnern.«

»Jetzt hör aber auf, Doffy. Auf dem Fest, meine ich.«

»Auf dem Fest waren doch bloß alte Leute.«

»So alt ist Sigurd nun auch wieder nicht. Jedenfalls im Vergleich zu deinem Greis auf Ekely, für den du dich jeden Sonntag ausziehst.«

Dieser ziemlich aggressive Ausfall kommt für Doffy unerwartet und trifft sie wie ein Schlag unter die Gürtellinie – für einen Moment verschlägt es ihr vor Empörung den Atem. Gleich darauf versucht sie zurückzukläffen.

Aber ihr Kläffen bekommt keinen richtigen Schwung, denn alles endet mit einem Weinen, das von ganz tief unten aus ihrem Bauch kommt. Karis Augen werden ebenfalls feucht. Sie murmelt:

»Entschuldige, Doffy …«

Bald sitzen sie nebeneinander und lassen ihrem Kummer freien Lauf, alle beide. So ist es zwischen ihnen. Im Weinen finden sie am leichtesten zueinander, wenn es zu einer Verstimmung gekommen ist.

»Doffy, so war das doch nicht gemeint …«

Es dauert einige Minuten, dann ist es vorüber. Doffy und Kari verschwinden im Badezimmer, um ihre Gesichter wieder herzurichten. Als sie sich aus getrockneten Lindenblüten eine neue Kanne Tee gebraut haben und wieder in ihrem Zimmer sitzen, fragt Kari:

»Willst du lieber nicht darüber reden?«

»Ich weiß nicht mehr, was ich will.«

»Fährst du am Sonntag wieder nach Ekely?«

»Ich fahre nie wieder dahin.«

»Nicht?«

»Nein. Ich habe meine Tasche dort vergessen, aber die kann er meinetwegen behalten.«

»Warum denn?«

»Darin liegen nur Schminksachen und sowas, das ist nicht so wichtig. Studentenausweis, Schlüssel und sowas hatte ich in der Jackentasche.«

»Was ist denn passiert?«

»Ach, das kann doch egal sein.«

»Als wir zuletzt über ihn gesprochen haben, hast du gesagt, er sei so rücksichtsvoll.«

»Das ist er auch.«

»Wirklich?«

»Sicher ist er das.«

»Aber wenn er so rücksichtsvoll ist, wie du behauptest, warum willst du dann nicht mehr hin?«

Statt zu antworten, bricht Doffy wieder in Tränen aus. Kari holt Toilettenpapier aus dem Badezimmer. Doffy lächelt verlegen, versucht, sich die Tränen abzuwischen und fragt, schluchzend:

»Du verstehst gar nichts, was?«

»Ich weiß nicht so recht.«

»Aber was glaubst du denn?«

»Ich glaube … nein, es kann doch so viele Gründe dafür geben, dass du nicht wieder hinwillst.«

Kari schenkt ihnen mehr Tee ein. Doffy putzt sich noch einmal die Nase und murmelt:

»Es kommt mir so beschämend vor.«

»Wieso denn? War er zudringlich?«

»Nicht auf diese Weise.«

»Dann nicht. Hat er behauptet, du hättest eine seiner Skizzen gestohlen?«

»Sei nicht blöd. Das würde ich doch niemals tun.«

»Ich weiß, dass du das niemals tun würdest. Aber nach allem, was du erzählt hast, scheint er ein wenig misstrauisch veranlagt zu sein?«

»Da sagst du was Wahres. Weißt du, was er unter dem Bett hat?«

»Nein.«

»Eine Axt und eine Gaspistole.«

»Was hast du denn unter seinem Bett gesucht?«

»Gar nichts, das hat er mir erzählt. Ich glaube, er wollte mir Angst machen.«

»Warum das denn?«

»Keine Ahnung. Vielleicht, weil ich versucht hatte, seine linke Hand zu liebkosen.«

»Ach? Hat ihm das nicht gefallen?«

»Er hat solche Angst, verstehst du.«

»Vor dir?«

»Vor mir, vor der Haushälterin, vor dem Verwalter, vor den Nachbarn, vor allen.«

»Wirklich?«

»Ja, aber er versucht, seine Würde zu behalten, weißt du. Er spielt die Rolle des Grandseigneurs auf Ekely, aber tief in ihm versteckt sich ein furchtbar verängstigtes kleines Kind.«

»Na gut. Aber jetzt bist du diejenige, die sich nicht hinaus nach Ekely traut, um ihre Tasche zu holen?«

»Es ist nicht, dass ich mich nicht traue, es ist etwas anderes.«

»Was denn?«

»Darüber kann ich nicht mehr sagen, es kommt mir so widerlich vor. Was ist denn jetzt mit dir und diesem Sigurd H.?«

»Nichts.«

»Dann nicht. Aber du willst dein Medizinstudium aufgeben und Kinderschwester werden, nur weil er gesagt hat, dass du gut mit Kindern umgehen kannst?«

»Es ist nicht nur deshalb.«

»Warum willst du dann dein Studium aufgeben?«

»Ich bin gern mit kleinen Kindern zusammen. Ich kann dir sagen, fast beneide ich meine Mutter. Eigentlich würde ich auch gern bald Mutter werden.«

»Und mit wem würdest du gern bald Mutter werden, Kari?«

»Erst muss ich ja einen finden, der mir so gut gefällt, dass ich gern mit ihm ein Kind haben möchte. Einen Mann, der dieselben Vorstellungen über Kindererziehung hat wie ich, nicht wahr?«

»Aha. Aber in deinem Leben hat doch nicht gerade ein Mangel an interessierten Männern bestanden.«

»Danke gleichfalls. Aber Verliebtheiten und sowas, das ist das eine. Ein Kind in die Welt zu setzen ist etwas ganz anderes.«

»Ich freue mich zu hören, dass du das begriffen hast.«

»Willst du jetzt ironisch sein, Doffy?«

»Ja, ist doch klar. Sag mal, Kari. Wenn dieser alte Sigurd H., mit dem du im Sommer durchaus Blicke gewechselt hast, das habe ich nämlich bemerkt, sich nun in den Kopf setzen sollte, dass …«

»Dass was denn?«

»Naja, dass es dein Ernst ist.«

»Ja, was dann?«

»Das ist dann deine Sache. Es ist nur, dass … mir ist das alles so schrecklich peinlich.«

Zum dritten Mal an diesem Abend füllen ihre Augen sich mit Tränen. Kari schenkt mehr Tee für beide ein.

»Verstehst du, weißt du, was er gemacht hat, so ganz ohne Vorwarnung? Er hat doch tatsächlich … nein, ich kann das nicht sagen.«

»Doffy – du weißt, dass ich es nicht weitererzähle.«

»Versprichst du mir das? Nein, er hat ein Gedicht von Bjørnson über den Lauf der Generationen aufgesagt, und kaum war er damit fertig, da hat er tatsächlich gefragt …«

Die beiden wechseln einen Blick. Dann prustet Kari los.

»Das kannst du nicht ernst nehmen.«

»Findest du?«

»Er hat sich von der hohen Dichtkunst mitreißen lasssen, nicht wahr?«

»Ja, wenn es nur ein Anfall von Sentimentalität gewesen wäre, dann hätte ich wohl damit umgehen können.«

»Aber woher willst du wissen, dass es nicht so war?«

»Nein, verstehst du, er hat um meine Hand angehalten.«

Kari runzelt skeptisch die Stirn.

»Er hat dir einen Heiratsantrag gemacht?«

»Ja.«

»Hatte er getrunken?«

»Nicht dass ich wüsste.«

»Ja, es wäre ja nicht das erste Mal, dass ein alter Patriarch sich mit einer jungen Frau schmücken möchte. Aber was hast du geantwortet?«

»Ich bin weggelaufen.«

»Ohne zu antworten?«

»Ich habe ihm ins Gesicht gespuckt. Das war ja wohl Antwort genug.«

»Wunderbar, Doffy. Das hätte ich auch getan.«

Auf diese Weise vertrauen sie sich in dieser Nacht einander an. Es geht nicht nur um den Großmeister auf Ekely und die idiotischen Missverständnisse, die sich zwischen Dorothy und ihm ergeben haben, es geht auch um die anderen Männer in ihrem Leben.

»Hättest du mit Kees aus Rotterdam ein Kind haben wollen, wenn der Krieg nicht gekommen wäre?«, fragt Doffy.

»Nein, ich war viel zu jung.«

»Du warst mehrere Jahre jünger als er?«

»Das schon. Ich hatte immer schon ein Auge für eher erwachsene Männer.«

»Sigurd H., was?«

»Der ist nur ein guter Freund.«

»Wirklich? So wie sich das angehört hat, könnte es doch etwas mehr sein.«

»Nicht doch, Doffy. Wir haben nur ein wenig geflirtet.«

»Das kann aber alles Mögliche bedeuten.«

»Das tut es in diesem Fall aber nicht.«

»Dann nicht. Was würdest du sagen, wenn er plötzlich vor dir auf die Knie fiele?«

»Das würde er nicht tun. Es ist vorgekommen, dass er etwas über seine schrecklich traurige Ehe gemurmelt hat, aber das war nur leeres Gerede, es hat nichts bedeutet.«

»Aber versuch trotzdem, es dir vorzustellen.«

»Ich würde einfach nur lachen.«

»Und wenn das nichts brächte?«

»Na, dann würde ich ihm vielleicht ins Gesicht spucken, so wie du deinem alten Maler.«

Erst nach Mitternacht kommen sie ins Bett. Während sie im Nachthemd in der Dunkelheit hinter den Verdunkelungsrollos liegen, fragt Doffy:

»Schläfst du, Kari?«

»Nicht ganz.«

»Du darfst dein Medizinstudium nicht aufgeben, weißt du.«

»Findest du?«

»Natürlich finde ich das. Du wirst eine fabelhaft gute Ärztin, Kari.«

»Warum sagst du das?«

»Weil ich weiß, was in dir steckt.«

»Aber man muss so entsetzlich viel büffeln.«

»So ist es eben, ohne Büffeln geht es nicht. Aber du hast einen hellen Kopf – das weißt du doch, nicht wahr?«

»Im Moment würde ich am liebsten eine Pause in diesem öden Studium machen und etwas ganz anderes tun.«

»Kinderschwester werden?«

»Ja, zum Beispiel. Ich habe das Gefühl, als müsste ich erst mal etwas Praktisches tun und nicht den ganzen Tag im Lesesaal eingesperrt sein.«

»Ja, ich sehe das nicht so.«

»Für dich ist das anders. Nur noch zwei Semester, dann kannst du das Juridicum machen.«

»Ja, vielleicht. Du, Kari?«

»Ja.«

»Ich verstehe nicht, was an mir nicht stimmt.«

»Bei dir stimmt doch alles.«

»Wie kannst du das behaupten? Zwei alte Kerle verlieren den Verstand, zuerst mein Betreuer beim Studium und dann das da auf Ekely. Es ist so unglaublich peinlich! Ich scheine doch total falsche Signale auszusenden!«

»Du bist nur du selbst, Doffy.«

»Verdammt, dann wäre ich lieber nicht ich selbst.«

»Sie sind verwirrt, weißt du, diese Alten.«

»Wieso denn verwirrt?«

»Sie kommen aus einer anderen Zeit, als junge Frauen sich anders verhielten als wir. Sie verstehen das mit der Gleichberechtigung nicht. Sie deuten uns falsch und geben sich alle Mühe, um uns in ihre Macht zu bekommen.«

»Liegt es daran, glaubst du?«

»Ja, du nicht? Aber du, Doffy. Bist du sicher, dass du nicht Ja sagen willst?«

»Wozu denn?«

»Zu Ekely.«

»Aber Kari!«

»Nein, das ist mein Ernst.«

»Kari. Das hätte ich nicht von dir erwartet.«

»Ich verstehe gut, dass du gespuckt hast. Das hätte ich auch getan. Aber versuch doch mal einen Moment, zu überlegen.«

»Nein, Kari.«

»Er hat dir also wirklich einen Heiratsantrag gemacht?«

»So hat es sich angehört.«

»Dann denk an seine Bilder, denk an …«

»Nein, Kari, ich bin nicht zu verkaufen, das weißt du.«

»Wir reden hier nicht über Verkauf, Doffy.«

»Tun wir das nicht?«

»Zwei Jahre deines Lebens, um dich um den gebrechlichen Greis zu kümmern, und dafür bekommst du dann seine Bilder und vielleicht auch ein Kind, einen Erben mit seinen Genen … du hast ihm ins Gesicht gespuckt, aber du hast noch nicht Nein gesagt, Doffy. Versuch doch, es mal so zu sehen, nur als gedankliches Experiment.«

»Das will ich wirklich nicht.«

»Überschlaf es erst mal.«

»Nein, Kari.«

Am nächsten Morgen, als sie sich im Badezimmer die Zähne putzen, liegt vieles von ihrem Gespräch in der Dunkelheit der Augustnacht bereits im Nebel.

Aber Doffy fühlt sich besser. Es hat geholfen, den brodelnden inneren Druck abzulassen, es hat geholfen, sich mit der

Einzigen in Oslo auszusprechen, bei der sie wirklich frei sprechen kann. Auf die Dauer kann es die Nerven ruinieren, sich die ganze Zeit zu verstellen – alle Energie darauf zu verwenden, dass niemand etwas bemerkt, mit Mühe die Maske zu behalten, vom Morgen an, wenn man das Haus verlässt, bis in den späten Abend.

Natürlich hat Dorothy noch immer eine Maske zu bewahren. Sie kommt nicht auf die Idee, ihre tägliche Routine oder ihr Äußeres zu vernachlässigen, ehe sie an diesem Morgen aus der Tür der Lille Frogner allé 8 tritt.

Gegen ihre Gewohnheit trägt sie Tönungscreme und Puder auf, um zu verbergen, dass sie geweint hat. Sie benutzt Lippenstift, Wimperntusche, Lidstift und Rouge. Sie nimmt sich sogar Zeit, um einige Haare auszuzupfen, dort, wo ihre Augenbrauen einander näher kommen, als ihr das lieb ist. Derweil taucht die Katze im Spalt der Badezimmertür auf und beobachtet sie mit ihrem durchdringenden dunkelgelben Blick. Und Dorothy fällt das arme, zum Tode verurteilte Bullenkalb auf Ekely ein, das vielleicht schon seinem Schicksal begegnet ist.

Nach einem schnellen Frühstück fahren die beiden Wohnungsgenossinnen durch schmale Seitenstraßen zur Universitätsbibliothek. Die Nebelschwaden, die an diesem Morgen über dem Osloer Kessel hängen, werden dichter, als sie sich dem Solli plass nähern. In der morgendlichen Hektik sind so viele Straßenbahnen und Busse mit Holzvergasermotor unterwegs, dass sie von den Rädern steigen und das letzte Wegstück auf dem Bürgersteig zurücklegen. Kari murmelt:

»Du brauchst dich ja auch nicht zum Opfer zu machen.«

»Wie meinst du das?«

»Ich weiß nicht so ganz. Versuch doch, ihn unter Druck zu setzen.«

»Aber Kari, was ist denn in dich gefahren? Ich bin doch keine Erpresserin!«

»So war das nicht gemeint. Ich finde nur, du solltest klarstellen, dass du über dein eigenes Leben bestimmst, oder was?«

»Ja, das ist doch klar.«

»Wirklich? Ich bin noch nie sicher gewesen, ob ich es schaffe, in meinem Leben mehr als nur eine Nebenrolle zu spielen.«

»Meinst du?«

»Ja.«

Für einen Moment ist zwischen ihnen alles still. Während sie ihre Räder am Eisenständer an der Ecke der Observatoriegata anschließen, ruft Kari:

»Ich finde auf jeden Fall, du solltest deine Tasche holen.«

»Warum denn?«

»Du traust dich, ihm ins Gesicht zu spucken, aber du wagst es nicht, deine eigene Tasche zu holen?«

»Das tu ich wohl!«

»Wirklich, Doffy?«

»Es ist nicht, weil ich mich nicht traue.«

»Warum denn dann?«

Dorothy gibt keine Antwort.

Sie werfen durch den Nebel einen kurzen Blick auf die abgeschlossenen Räder. Dann gehen sie zusammen durch die schweren Türen zur UB, und von dort die prachtvoll ausgeschmückten Treppen zum Lesesaal hoch – ohne einander anzusehen und ohne an diesem Morgen noch mehr zu sagen.

Ist es doch möglich, dass sie Herrn M. zu hart behandelt hat?

Ein kleiner Zweifel macht sich in ihr ans Werk.

15

Nach den Sommerferien kommt ein neuer Briefträger nach Ekely, an den die Hunde sich anscheinend noch nicht ganz gewöhnt haben – jedenfalls kann es durchaus immer ein wenig Theater am Tor geben, wenn etwas nach Ekely geliefert werden soll. Mit der Post kommt an diesem Augusttag ein Brief aus Engelhaug bei Løten, Provinz Hedmark. Seiner Schwester berichtet Herr M. all das, woran er sich aus den ersten drei Jahren seines Lebens noch erinnern kann – nicht zuletzt die Tiere in Engelhaug. Zwei Tage später beauftragt er seinen festen Taxichauffeur, eine Kiste Obst sowie ein ordentliches Paket mit erstklassigem Fleisch an seine Schwester zu liefern – mit diesem kurzen Begleitbrief:

Liebe Inger. Ja, nun ist das arme Kalb geschlachtet. Es war ein so schönes Thier. Es durfte 14 Tage leben – Das war nicht angenehm.

Jetzt bekommst Du also ein Stück davon zugeschickt und es soll Dir ein gutes Mahl sein. So ist nun mal der Lauf der Natur. Dazu noch ein paar Äpfel.

Doffys Handtasche steht in seinem Schrank. Es ist nicht nötig, dass die Haushälterin sie zu Gesicht bekommt, wenn sie seine Mahlzeiten serviert, deswegen hat er sie weggeräumt. Jedes Mal, wenn er vor dem großen Spiegel steht, weiß er, dass sie da ist – manchmal kommt es ihm vor, als spräche sie zu ihm, geradewegs durch die Spiegelfläche. Früher oder später wird Doffy wohl kommen, um sie zu holen.

Am folgenden Sonntag vermutete er, dass sie wohl wie üblich um die Mittagszeit auftauchen würde. Aber das tat sie nicht, und besonders viel war dazu auch nicht zu sagen. Er muss Geduld bewahren und warten, bis die Zeit gekommen ist.

Was sich in der Tasche befindet, hat er bislang nicht untersuchen wollen.

Es wäre auch unpassend von ihm, in fremden Damenhandtaschen herumzukramen. Dorothy ist zwar eigentlich keine Fremde mehr, aber es wäre so oder so ungehörig.

Wer weiß, was sich darin verbergen mag? Es gibt so viel, was junge Damen vor anderen versteckt halten müssen, sie haben ihre monatlichen Plagen und alles, was dazugehört, sie haben ihr Taschentuch, ihr Schminktäschchen und ihren Taschenkalender, ihr Portemonnaie und ihr Telefonregister, ihre Merkzettelchen, Rezepte, Verschreibungen, ihre Medizin und ihre Quittungen – wohl genügend Geheimnisse ließen sich entdecken, wenn man den Tascheninhalt erst einmal sorgfältig durchsähe, untersuchte und jeden einzelnen Gegenstand einordnete.

Herr M. ist fest entschlossen, so etwas erst gar nicht zu versuchen.

Wenngleich er einräumen muss, mit dem Gedanken gespielt zu haben – denn er ist überaus neugierig, sich ein detailliertes Bild davon zu machen, wer dieses Fräulein Dorothy unter ihrer lebendigen und jugendlich selbstsicheren Oberfläche eigentlich ist. Aber diese Idee hat er sogleich verworfen. Ein guter Pokerspieler ist er nämlich nie gewesen. Sollte Dorothy auftauchen, um ihre Tasche zu holen, dann möchte er am liebsten ein reines Gewissen haben, falls sie ihn fragen sollte, ob er in die Tasche hineingesehen hat.

Doch wird sie sich tatsächlich danach erkundigen? Tatsächlich besteht eine gewisse Wahrscheinlichkeit dafür – angesichts des unbändigen Drangs, ihn nach den seltsamsten Dingen zu fragen, so wie sie es bei früheren Besuchen auf Ekely getan hat. Und falls sie ihn nicht direkt fragen sollte, würde sie feststellen können, dass in den Untiefen dieser Tasche etwas durcheinander geraten wäre – sogar wenn er versucht hätte, alles genauso zurückzulegen, wie er es vorgefunden hat.

Nein, ein perfekter Detektiv wäre wohl nie aus ihm geworden.

Da das Wetter so wechselhaft geworden ist, schaltet er im Winteratelier die elektrische Heizung ein und geht jeden Morgen dort hinein, um zu arbeiten. Um die Mittagszeit kommt er wieder heraus. So vergehen die Tage. Er arbeitet gut und versucht, an nichts anderes zu denken.

»Fräulein Berg?«

»Ja, Herr Kunstmaler.«

»Hat jemand angerufen, während ich im Atelier war?«

»Ich glaube nicht.«

»Und der neue Briefträger, hat er sich wieder von den Hunden erschrecken lassen?«

»Aber nein. Die Post liegt da, wo sie liegen soll, und das Abendessen ist in zehn Minuten fertig.«

»Vielen Dank.«

»Möchten Sie ein Glas Johannisbeersaft vor dem Essen?«

»Ja, da sage ich nicht Nein, Fräulein Berg.«

Er legt Stiefel, Südwester und Regenmantel ab. Dann nimmt er den Saft mit ins Wohnzimmer, holt die Post von der Kommode und setzt sich auf seines Vaters Chaiselongue, mit der er sich stark verbunden fühlt und auf der er häufig übernachtet – weil er in seinem eigenen Bett mitunter nicht gut schlafen kann; die Chaiselongue, auf der er, seit er ein kleiner lungenkranker Junge war, allzu viel Zeit verbracht hat, und die er eigentlich aus tiefstem Herzen hasst.

Wie es wohl wäre, wenn man nicht schlafen müsste! Wenn man die ganze Zeit arbeiten könnte!

Nein, das wäre vielleicht zu viel des Guten. Heute, zum Beispiel, hat er trotz des anhaltenden Regenwetters seit dem frühen Morgen in dem angenehm warmen Winteratelier gemalt, nur von einer kurzen Pause unterbrochen, in der er etwas rohes Gemüse und Obst zu Mittag aß. Noch immer fühlt er sich nicht erschöpft, obwohl er doch kein junger Mann mehr ist.

Allerdings auch in der Nacht zu arbeiten – das wäre möglicherweise eine Herausforderung des Schicksals. Wenngleich es ja durchaus schon passierte, zum Beispiel mit Annie und mit Birgitta, dass er sie zu unmöglichen Zeiten aus dem Nachtschlaf riss, weil ihm plötzlich die Idee zu einer Malerei gekommen war – ihnen seine Instruktionen gab und die Konturen eines Bildes umriss, nur mit ein paar vereinzelten Lampen als Lichtquelle.

Es ist wohl ein Aberglaube sich einzubilden, dass die Sonne am Himmel stehen muss, damit man gut malen kann. Ganz im Gegenteil – einige seiner besten Bilder sind spät am Abend, in aller Herrgottsfrühe oder zu jener Tageszeit entstanden, wenn seine bornierten Nachbarn schliefen, in der Zeit zwischen Mitternacht und sechs Uhr morgens, der Zeit also, die in der Seemannssprache als »Hundswache« bezeichnet wird; wenn kein Unbefugter ihn daran hindern kann, die feuchten Samen seiner Ideen mit ihren zitternden kleinen Schößlingen in das Erdreich der Seele eindringen zu lassen, während er die verschiedenen Möglichkeiten abwägt; bis er sich für die lebenstüchtigste entschieden hat und dabei zusieht, wie der Schößling wächst und noch vor Morgengrauen zu einer ausgewachsenen Pflanze von Bild gedeiht.

Rasch sieht Herr M. die eingetroffenen Umschläge durch. Zunächst will er sie bis auf weiteres zur Seite legen, denn das meiste sieht nach Rechnungen, Mahnbriefen und anderen Unbehaglichkeiten aus – dann jedoch fällt sein Blick auf ihren Namenszug auf der Rückseite eines weißen Umschlags. Er zuckt zusammen, und will den Brief gleich aufreißen, hört jedoch im selben Moment die Stimme der Haushälterin:

»Es ist angerichtet, Herr Kunstmaler!«

»Vielen Dank, Fräulein Berg.«

Er zwingt sich, alle drei Gänge hintereinander aufzuessen, ohne sich dabei die innere Anspannung anmerken zu lassen, die ihn überkommen hat, und ohne zu zeigen, dass er es eilig hat, fertig zu werden. Kurz bevor das Tablett mit dem Nachtisch herausgetragen wird, fragt sie:

»Möchten Sie Kaffee oder Tee?«

»Wollen Sie damit etwa andeuten, dass wir echten Kaffee im Hause haben?«

»Nein, das wäre wohl zu schön gewesen.«

»Gut, dann eben etwas von den elendigen Zichorien.«

Während Herr M. mit der heißen Tasse am Tisch sitzt, kann er durch die Wand hören, dass sie da draußen in der Küche mit dem restlichen Nachtisch beschäftigt ist. Das Ganze ist wie ein abgesprochenes Schattenspiel zwischen den beiden. Er gibt sich die größte Mühe, auf jedem der ihm vorgesetzten Teller so viel zurückzulassen, dass auch für ihre am Küchentisch eingenommene Mahlzeit genügend übrig bleibt. Und dabei bleiben sie, bei allen Mahlzeiten – von Gericht zu Gericht, von Woche zu Woche, von Monat zu Monat, von Jahr zu Jahr.

Er blättert ein wenig in den Zeitungen.

Er benötigt eine angemessene Tarnung, hinter der er sein Gesicht verstecken kann, falls sie unvermittelt zu ihm hereinkommen sollte, um Tasse und Gebäckteller wieder hinauszutragen. Schließlich kann er nicht länger warten, öffnet den Briefumschlag mit dem Federmesser und fischt ihren Brief heraus.

Sein Herz trommelt gegen die Rippen seines mageren Brustkorbs. Er hat das Gefühl, dass ihn alles Mögliche erwarten könnte, Gutes oder Schlechtes – am ehesten wohl Schlechtes, vielleicht, nachdem sie beim letzten Mal so wütend geworden ist. Der Brief ist jedoch in einem ganz und gar alltäglichen Ton abgefasst. Datiert ist er vom 24. August, die Adresse lautet Lille Frogner allé 8:

Lieber Herr M. Ich sende Ihnen ein paar Zeilen, damit Sie verstehen, dass es keineswegs meiner Gleichgültigkeit geschuldet war, dass ich am Sonntag und am Sonntag davor nicht kommen konnte. Tatsächlich habe ich beide Male das Angebot bekommen, Kartoffeln und andere Lebensmittel aus Ski abzuholen – da musste ich natürlich fahren und die Sachen holen. Hier in der Stadt muss man ja unendlich lange anstehen, falls sich überhaupt etwas beschaffen lässt – und dazu habe ich keine Zeit. Den ganzen Tag sitze ich in der Universitätsbibliothek und es gefällt mir da. Welch ein Glück, wieder etwas zu lesen – denn im Büro musste ich oft die Hilfsarbeiten übernehmen – und was einen in keiner Weise fordert – ist sehr ermüdend. Jetzt hingegen – komme ich mir vor wie im Nirvana – die Zeit vergeht mit Seiten, Kapiteln und Büchern – und ich kann die Wochentage kaum noch voneinander unterscheiden.

Ist es nicht schade, dass es immer noch regnet?

Der Brief ist mit ihrem vollständigen, englisch klingenden Namen unterzeichnet – nicht nur einfach mit »Doffy« oder »Dorothy«.

Ein Code demnach. Jetzt gilt es nur, diesen zu deuten.

Vor allem anderen verspürt er eine enorme Erleichterung. Dieser Brief bedeutet, dass sie sich – trotz seiner bangen Ängste – gleichwohl nicht entschieden hat, ihre Hand von ihm abzuziehen. Daher wird sie wohl früher oder später wieder hier auf Ekely auftauchen. Zwar steht dort nicht, wann sie zu kommen beabsichtigt, doch es sollte ihn nicht wundern, wenn sie am nächsten Sonntag um zwölf, zur üblichen Zeit, den Weg vom Ulmenwäldchen heraufgeschlendert käme; Niederschlag hin oder her.

Vier Tage später, am Sonntagvormittag gegen elf Uhr, hat er bereits seinen Korbstuhl auf die verglaste Veranda gestellt. Geduldig sitzt er da und wartet, während er gelegentlich einen Blick auf die regennassen Panzerfahrzeuge draußen vor dem Gut Hoff wirft. In kreisenden Spiralen bewegen sich seine Gedanken hierhin und dorthin.

Wie würde wohl seine Schwester reagieren, wenn Fräulein Dorothy – nach gründlicher Überlegung – seinen möglicherweise etwas zu impulsiven Quasi-Antrag annähme? Herr M. mag kaum daran denken. Auch seine Haushälterin wäre natürlich entsetzt, könnte allerdings im schlimmsten Fall einfach nur kündigen. Eine freundliche und tüchtige Haushälterin wie Liv Berg würde sich jederzeit eine andere Stellung besorgen können. Das hat sie ja selbst erst vor kurzem so beredt zum Ausdruck gebracht.

Nein, am ehesten bekümmert ihn die mögliche Reaktion seiner Schwester.

Würde sie wohl um ihr Erbe fürchten? Ja, auch das wäre

denkbar. Allerdings hat er ihr bereits erklärt, dass er mithilfe eines Notars ein Dokument aufgesetzt hat, welches besagt, dass seine Bilder nach seinem Tod an die Stadt Oslo fallen. Diese Verfügung hat er nicht etwa getroffen, weil er dieser staatlichen Körperschaft, die niemals etwas anderes getan hat als ihn zu quälen und zu verfolgen, eine solch umfangreiche Zueignung gönnt. Seiner Entscheidung liegt eine eher praktische Überlegung zugrunde – er möchte nämlich seine Bilder in einer möglichst kompletten Auswahl für die kommenden Generationen bewahren, und darüber hinaus würde solch ein großzügiges Geschenk die Stadt früher oder später dazu zwingen, ein Kunstmuseum einzurichten, das seinen Namen trägt.

Über diesen Plan hat er Inger informiert. Ungeachtet dessen hat natürlich nicht vor, seine Schwester mit leeren Händen dastehen zu lassen. In seinem Nachlass gibt es auch andere Vermögenswerte. All das hat er schon seit langem gründlich durchdacht.

Seine beiden Schwestern haben aufgrund des geschlossenen Familienpaktes nie geheiratet. Die arme Laura wäre ohnehin mental nicht stark genug für eine Heirat oder die Geburt eines Kindes gewesen, mit Inger allerdings verhält es sich etwas anders – sie ist eine intelligente, anziehende und aufgeweckte Frau, deren Charme die Männer durchaus erlegen waren. Aber Inger hat sich loyal zu ihrem Pakt verhalten. Eine Entscheidung, die sie einiges gekostet hat. Vor allen Dingen muss er unbedingt vermeiden, dass sich Inger und Dorothy persönlich kennenlernen.

Während er an diesem letzten Augustsonntag genau zur Kirchzeit auf der Glasveranda sitzt und seine Gedanken schweifen lässt, entdeckt er etwas, das sich unten beim Ulmengehölz im Nieselregen bewegt.

Vielleicht ein Eichhörnchen, das von Ast zu Ast springt?

Tja. Bis auf weiteres ist nur eine leichte Bewegung im Blattwerk erkennbar. Ein weniger geübtes Auge als das seine hätte wohl überhaupt nichts bemerkt. Er jedoch hat oft genug hier oben in der Villa gesessen und auf seinen Besitz hinausgeschaut, und daher weiß er, dass diese Art von Unruhe in den Blättern der Ulmen nicht dem Wind geschuldet ist, sondern daher rührt, dass sich dort unten etwas Lebendes bewegt.

»Hallo?«

Es gelingt ihm nicht, einen ordentlichen Laut zustande zu bringen. Herr M. erhebt sich vom Korbstuhl, öffnet die Verandatür und ruft mit halblauter Stimme:

»Wer da?«

Es klingt ziemlich albern – wie ein Satz aus einem schlechten Hörspiel im Radio. Stattdessen ruft er, jetzt etwas lauter:

»Ist da jemand?«

Das klingt auch nicht weniger idiotisch. Doch im selben Moment kommt eine Gestalt in Regenmantel und Schaftstiefeln aus der Öffnung des Wäldchens getreten, die mit jugendlicher Stimme antwortet:

»Ich bin es nur, Meister!«

Ein wahrer Freudenrausch durchfährt ihn. Ohne sich um sein Schuhwerk zu bekümmern läuft er die Verandatreppe hinunter, eilt ihr im Regen entgegen und reicht ihr mit schüchternem Lächeln die Hand.

»Willkommen zurück auf Ekely!«

»Ich bin nur vorbeigekommen, um meine Tasche zu holen«, erwidert sie und zieht die Hand rasch zurück.

»Natürlich.«

»Ich habe sie doch hier vergessen, oder nicht?«

»Das ist richtig.«

»Aber lieber Herr M. Ist es Ihnen hier im Gras nicht viel zu feucht?«

»Das spielt doch keine Rolle. Komm herein. Komm herein.«

»Ja, aber nur für einen Moment. Ich kann nicht bleiben.«

»Natürlich nicht. Aber lass mich deinen Regenmantel zum Trocknen aufhängen. Auf dem Herd steht heißes Wasser.«

»Ja, aber ich kann nicht bleiben, verstehen Sie?«

»Ach, was für ein Unsinn, Doffy. Ich lasse dich nicht eher gehen, bis du dein Haar getrocknet und eine Tasse heißen Tee bekommen hast. Sieh, hier ist ein sauberes Handtuch.«

Sie antwortet nicht, zieht sich nur die Gummistiefel aus, betritt das Badezimmer und macht sich zurecht. Als sie mit trockenen und gekämmten Haaren ins Wohnzimmer zurückkommt, hat er bereits Tassen, Teller, Obstplatte, Obstmesser und Teekanne hereingetragen. Verlegen versucht M. eine Unterhaltung über ihren gemeinsamen Lieblingsschriftsteller anzufangen und murmelt:

»In den letzten Wochen habe ich wieder ein paar von Ibsens Schauspielen gelesen.«

»Ach, ja?«

»Wissen Sie Fräulein Dorothy, ich glaube, ich kann mein eigenes Schicksal sowohl in Osvald in den *Gespenstern* wiedererkennen als auch in einigen anderen Schlüsselfiguren des älteren Ibsen.«

»Wem denn, zum Beispiel?«

»Baumeister Solness, um einen zu nennen.«

»Ja, er ist wackelig auf den Beinen, genau wie Sie.«

»Er hat auch Angst davor, dass die Jugend ihn eines Tages in den Schatten stellt.«

»Nun ja, als Sie jung waren, haben Sie die Älteren ja auch in den Schatten gestellt.«

»Eben darum, Fräulein Dorothy.«

»Aber welchen der jungen Maler sollten Sie denn fürchten, Herr M.?«

»Ich ärgere mich wohl eher über diesen Anführer der örtlichen Kamarilla, diesen Henrik Sørensen und seine Fresko-Brüder.«

»Aber Sie wissen doch, dass Sie ein viel größerer Maler sind als irgendeiner von denen.«

»Natürlich weiß ich das, Fräulein Dorothy, aber es tut gut, Sie das sagen zu hören. Übrigens glaube ich, auch in *John Gabriel Borkman* und dem Bildhauer Rubek in *Wenn wir Toten erwachen* Züge meines eigenen Schicksals erkennen zu können.«

»Tja, diese beiden Stücke kenne ich leider nicht.«

»Versuchen Sie, die mal zu lesen. Es würde mich interessieren zu hören, was Sie davon halten.«

»Ich werde es probieren. Vielleicht stimmt es ja, dass Sie etwas von Osvald in sich haben. Aber immerhin schafften Sie es, die Sonne zu malen, und nicht nur davon zu träumen. Und Ihr Vater war wohl auch nicht so niederträchtig, Ihnen die Syphilis zu vererben.«

»Nein, die Syphilis nicht, aber zumindest schlechte Nerven.«

Fräulein Dorothy blickt ihn scharf an, breitet die Arme aus und ruft:

»Aber das lässt sich doch nicht vergleichen. Wer etwa hat keine schlechten Nerven? Auch Hilde Wangel muss sie gehabt haben.«

»Wieso glauben Sie das, Dorothy?«

»So ein verdrehtes junges Ding! Sich an etwas aufzuhängen, was ihr als Kind gesagt wurde, und dann in die Stadt zu fahren in der Absicht, die Ehe eine älteren Mannes zu ruinieren!«

»Ja, aber sie hat sich schrecklich in ihn verliebt.«

»Pah! Soweit ich es beurteilen kann, muss Hilde Wangel wohl hauptsächlich in ihre eigenen Vorstellungen verliebt gewesen sein. Sie kennt den alten Baumeister doch kaum.«

»Ach nein?«

»Nein – und das Wenige, das sie kennt, ist übermäßig stark idealisiert. Wenn Solness nicht gestürzt wäre, hätte es für beide zu einer ernsthaften Enttäuschung werden können. Und vielleicht ahnt es der Baumeister auch schon – vielleicht verliert er deshalb das Gleichgewicht.«

»Eine scharfsinnige Analyse, Fräulein Dorothy. Aber davon mal abgesehen – manchmal kann man sich vielleicht am einfachsten in jemanden verlieben, den man nicht so gut kennt.«

»So sehen Sie das also?«

»Zumindest ist es in meinem Leben oft so gewesen.«

»Ja, aber Sie leben doch so völlig in Ihrer eigenen Welt, Meister. Alle genialen Künstler tun das gewiss.«

»Sie sollten vorsichtig mit diesem Ausdruck sein.«

»Wieso? Ich bin wirklich der Ansicht, dass Sie ein genialer Künstler sind.«

»Vielen Dank, Dorothy, aber Hochmut kommt vor dem Fall, nicht wahr?«

»Nun ja. Ich werde jedenfalls Ibsens reife Dramen lesen, bevor wir uns das nächste Mal treffen. Und ich bin gespannt, wie viel von Ihnen ich darin wiedererkennen kann.«

»Das ist sehr freundlich von Ihnen.«

»Aber etwas ganz anderes: Es sieht so aus, als wären Ihre Strümpfe ganz nass geworden, Meister.«

»Das hat nichts zu bedeuten.«

»Hatten Sie nicht einmal erwähnt, an Bronchitis zu leiden?«

»Aber meist nur im Herbst und Winter.«

»Wir haben bald September.«

»Ja, aber noch ist es ja ganz sommerlich.«

»Hören Sie zu. Wenn Sie nicht sofort Ihre Strümpfe und Pantoffeln wechseln, weigere ich mich, Tee mit Ihnen zu trinken.«

Er mustert sie einen Augenblick und sagt dann:

»Versuchen Sie, mich zu kommandieren, Fräulein Dorothy?«

»Nein, ich gehe einfach. Wenn Sie so freundlich wären, die Tasche zu holen, die ich vergessen habe.«

»Stehe Ihnen zu Diensten.«

Herr M. steht auf, geht zum Schrank mit dem großen Spiegel, schließt ihn auf und holt ihre Tasche heraus.

»Bitte schön, Fräulein Dorothy. Vielleicht schenken Sie uns derweil etwas Tee ein? Ich bin sofort zurück.«

Er geht ins Bad, streift mit einem gereizten Brummen die nassen Sachen ab und nimmt etwas Trockenes aus der Kommode. Das Handtuch, das er ihr gab, um sich damit abzutrocknen, hat sie liegen gelassen – vorsichtig hebt er es auf und hält es sich vors Gesicht.

Es ist derselbe Duft. Kaum zu missdeuten. Zumindest sehr ähnlich. Nicht unbedingt der Nachhall ihres Dufts aus lange vergangenen Zeiten, aber etwas Verwandtes – nicht genau derselbe, doch so ähnlich, dass einem schwindelig werden könnte.

Seine Augen füllen sich mit Tränen.

Was nun? Ist alles verspielt?

»Nur das nicht, verflucht!«

Er hätte es am liebsten herausgeschrien, gebrüllt hätte er gerne – aber das hätte Dorothy missverstehen können. Von nun an gilt es, keinen Fehler zu machen.

Im Laufe des Jahres hat er einige Bücher von Søren Kierkegaard gelesen. In der Lebensgeschichte dieses Mannes hat es immer etwas gegeben, das sein Herz berührte. Nicht nur durch die Geschichte über den Patriarchen Abraham und seinen naiven Sohn Isaak in *Furcht und Zittern* fühlte er sich an die verschiedenen Phasen der Jugend in seinem pietistischen Arzt-Elternhaus erinnert; auch in Kierkegaards unglücklicher Verlobungsgeschichte spürte er einen Hauch des Wiedererkennens – ebenso in *Tagebuch des Verführers* in dem scharfsinnig geschildert wird, wie ein entschlussfreudiger, geradliniger und zielbewusster Mann mit Disziplin und Präzision vorgehen kann, um die Befürchtungen, Widerstände und Vorbehalte einer jungen Frau zu überwinden.

Alles, was er darüber hinaus über Kierkegaard gelesen hat, hat ihn davon überzeugt, dass sich dieser Mann in seinem Innern ebenso schüchtern und verzagt gegenüber den jungen Frauen gefühlt haben muss, wie er selbst es immer tat. Gerade deswegen hat *Tagebuch des Verführers* sowohl seine Neugier als seine Phantasie gereizt – ja, dieses Motiv hat er sogar in eigenen Zeichnungen verwendet, mit sich selbst in der Rolle des Mannes und seinem Modell Ingeborg in der Rolle des jungen Mädchens. ›Der Verführer‹ hat er diese Bilderserie genannt.

Aber jetzt? In diesem entscheidenden Moment des Lebens, in dem er Søren Kierkegaards Autorität und Erfahrung wirklich zur Unterstützung gebrauchen könnte?

Sein Gedächtnis ist leer. Das meiste der Geschichte Isaaks geht ihm durch den Kopf, der Augenblick, als diesem klar wird, dass er seinem Vater nicht vertrauen kann – doch nicht an einen einzigen Trick aus *Tagebuch des Verführers* vermag er sich zu erinnern.

Er hat das Gefühl, dass ein Schluchzen in seiner Brust aufsteigt. Was, in aller Welt, soll er bloß an Zauberkunststücken hervorbringen – damit Dorothy ihn nicht verlässt? Und außerdem kann es durchaus sein, dass sie schon längst verschwunden ist – nachdem sie so deutlich zum Ausdruck gebracht hat, noch eine andere dringende Verabredung zu haben, und er sich hier draußen im Badezimmer versteckt, wie ein Idiot. Er wechselt die Hose, zieht trockene Strümpfe an, holt ein Paar Extra-Hausschuhe hervor, wäscht sich das Gesicht, kämmt sich und geht zurück ins Wohnzimmer.

»Es tut mir leid, dass Sie warten mussten, Fräulein Dorothy.«

»Das macht nichts.«

»Aber hatten Sie es denn nicht eilig?«

»So eilig nun auch wieder nicht. Ich wollte nur klarstellen, dass unsere Arbeit nicht auf dieselbe Art weitergehen kann wie bisher.«

»Das sind ja bedauerliche Neuigkeiten.«

»Sie werden ja wohl begreifen, dass ich nicht länger als Aktmodell für Sie arbeiten kann, nach allem, was geschehen ist?«

»Ja, selbstverständlich.«

»Dürfte ich Ihnen vielleicht einen Vorschlag machen?«

»Aber sicher dürfen Sie das, Fräulein Dorothy.«

Sie blickt ihn abwartend an, kneift schließlich trotzig die Augen zusammen, beugt sich auf ihrem Stuhl nach vorn und sagt:

»Lassen Sie uns sagen, dass Sie mir ein paar Farbstifte und einen Ihrer Skizzenblocks leihen – gerne einen unbenutzten, wie sie dort im Regal stehen.«

»Das werde ich mit Freuden tun.«

Sofort steht er auf und holt die Sachen für sie.

»Danke. Lassen Sie uns sagen, dass ich Sie bitte, hinter den Wandschirm zu treten.«

Er nickt zögernd.

»Ja, gut.«

»Lassen Sie uns sagen, dass ich Sie bitte, hinter den Wandschirm zu treten und all Ihre Kleider auszuziehen, mit Ausnahme des Hemds. Könnten Sie sich vorstellen, das für mich zu tun, großer Meister?«

Er verzieht das Gesicht.

»Was ist das für ein idiotischer Einfall?«

»Es ist kein Einfall. Ich habe mich entschieden, Sie einigen Prüfungen zu unterziehen.«

»Prüfungen?«

»Genau.«

»Und wenn ich nicht bereit bin, mich Ihren lächerlichen Prüfungen zu unterwerfen?«

»Dann gehe ich.«

»Ein Ultimatum, also?«

»Ja, falls Sie wirklich ernst meinen, was Sie neulich gesagt haben. Aber das tun Sie ja vielleicht nicht?«

»Aber sicher meine ich es ernst, Fräulein Dorothy.«

»Nun gut.«

Mehr als das sagt sie nicht. Er starrt sie verärgert an und fragt:

»Sie sind wohl nur darauf aus, Ihren Spaß mit mir zu treiben?«

»Nein, keineswegs. Gehen Sie einfach nur hinter den Wandschirm und machen Sie sich bereit.«

Er antwortet nicht.

Vor vielen Jahren geschah einmal etwas Ähnliches. War es die junge Ingeborg oder das Katzenmädchen Annie? Das weiß er nicht mehr. Vielleicht waren sie es beide, denn sowohl Ingeborg als auch Annie träumten im Geheimen davon, Künstlerinnen zu werden.

Das wurden sie natürlich nie. Modelle entwickeln nur selten malerische Kreativität. Diejenigen, die sich als Modelle verdingen, machen es, weil sie Geld brauchen, weil es ihnen Spaß macht, sich zu zeigen, oder weil es sie innerlich berührt, Teil einer Atelier-Atmosphäre zu sein. Aber nur äußerst selten werden die geheimen Träume wahr, die sie vielleicht von einer selbständigen Laufbahn in der Kunstwelt haben mögen.

Und Doffy? Wozu bittet sie um das? Versucht sie, ihn zu demütigen, einen Narren aus ihm zu machen oder mit ihm zu konkurrieren?

Letzteres soll sie nur gerne versuchen. Aber so wie er damals, nach einigem Hin- und Hergeplänkel, schließlich Ja zu Ingeborg und Annie sagte – als sie, nachdem sie sich ihm hingegeben hatten, darum baten, ihn ohne Kleider zeichnen zu dürfen, anstatt, wie gewöhnlich, er sie –, kann er es nun auch für Doffy machen.

Warum auch nicht? Es kostet ihn ja schließlich nichts. Er tritt hinter den Wandschirm, zieht sich aus und stellt sich vor sie hin.

»Ja, so sehe ich aus«, sagt er und streckt das Kinn vor.

»Wie dünn Sie sind.«

»Finden Sie?«

»Ja. Es tut mir leid, Meister, aber Sie haben wohl etwas vergessen.«

»Was denn?«

»Das Hemd.«

»Ach ja, das Hemd.«

Sie nickt. Einerseits kommt er sich lächerlich dabei vor, all diese Demütigungen zu ertragen. Andererseits jedoch glaubt er, dass dies möglicherweise seine einzige Chance sein könnte – dass die alles entscheidende Schlacht heute stattfindet, und dass es riskant wäre, sich nicht in all das Sinnlose zu fügen, das sie sich offenbar für ihn ausgedacht hat.

Er geht zurück hinter den Wandschirm. Als er wieder dahinter hervorkommt, macht sie genau das, was er bereits vorhergesehen hat. Sie bittet ihn, zu ihr zu kommen, sich aufzurichten, das Hemd über den Kopf zu ziehen und so in dieser Position zu verharren, wie festgefroren. Sie greift nach einem der Farbstifte und beginnt das Bild zu umreißen.

Auch das lässt er über sich ergehen. Warum auch nicht? Jetzt ist er Tölpelhans – die Königstochter und das halbe Königreich erwarten ihn, wenn er nur die Geduld aufbringt, sich diesen unsinnigen Prüfungen zu unterwerfen.

»Jetzt bist du an der Reihe, Doffy«, sagt er, als sie nach einigen Minuten Arbeit an der Zeichnung so weit gekommen ist, dass sie ihm eine Pause bewilligt.

»Was meinst du?«, fragt sie.

»Wenn du willst?«

»Wenn ich was will?«

»Ich hätte gerne die Erlaubnis, dich ebenso zu zeichnen.«

Dorothy ist einen Augenblick still und nickt dann wortlos. Sie tritt hinter den Wandschirm, zieht zögerlich ihre Sachen aus, Schicht für Schicht, legt sie ordentlich auf einen Stuhl und kommt nur mit dem Kleid und nichts darunter wieder hervor.

Draußen vor dem Fenster – das im unteren Bereich abgedeckt ist und die Einsicht verhindert – fällt der stürmische Regen in kleinen trommelnden Tropfen herunter.

Sie macht es so wie beim letzten Mal.

Er zeichnet sie, während sie das Kleid über den Kopf streift.

Dann – nachdem er eine Weile an der Skizze gearbeitet hat und sie, wie er selbst einige Minuten zuvor, rein physisch erkennen lässt, die Position nicht viel länger halten zu können – überkommt ihn eine ungeheure Lust. Bevor M. auch nur darüber nachdenken kann, was er als Nächstes tun soll, scheint er bereits zu Doffy gegangen zu sein und sie umarmt zu haben, ohne zu zögern oder zu zittern. Wo kommt sie her, diese plötzliche Entschlossenheit? Er ist es nicht gewohnt, sich auf diese Weise zu verhalten.

Sie erstarrt.

Ganz reglos steht sie da.

Er zwingt sie nicht.

Irgendetwas scheint sie beide zu erfassen.

Ihre Hände sind noch immer im Kleid gefangen – was es einfacher macht, sie behutsam umarmt zu halten, sie unter Aufbietung aller Zärtlichkeit sanft auf die Chaiselongue zu legen. Aber sogar nachdem sie das Kleid abgestreift und die Hände frei hat, leistet sie keinen Widerstand, sie ruft nicht um Hilfe und tadelt ihn nicht, während er langsam und tastend versucht, ihr ganz nahe zu kommen.

Ganz im Gegenteil nimmt sie nach einem Augenblick seine Hand in ihre und legt sie vorsichtig auf ihre linke Brust.

»Spürst du, wie mein Herz schlägt?«, flüstert sie.

»Hast du Angst, Doffy?«

»Ja.«

»Du brauchst keine Angst zu haben.«

Draußen nimmt der Regen zu.

Der alte Maler versucht sie zu lieben, ohne dass es ihm ganz gelingen will, und dann ist es vorbei.

16

Danach liegen sie nebeneinander, während ihr Puls hämmert.

Doffy erinnert sich vage daran, etwas darüber gelesen zu haben, dass ältere Männer auf diese Weise umkommen können, in den Armen junger Frauen, weil ihr Herz dieser Anstrengung nicht mehr gewachsen ist. Bei ihm war es aber nicht so. Langsam kehrt alles andere im Zimmer zu ihr zurück – die Bilder an den Wänden, die zeigerlose Standuhr, die Bücher, die Malutensilien, der Flickenteppich …

Er nickt ein.

Sie selbst fühlt sich hellwach.

Verwirrt mustert Doffy sein schlafendes Gesicht.

Ein unbehagliches Gefühl steigt in ihr auf. M. hat mein Vertrauen missbraucht, deshalb hat er auch mich missbraucht, fährt es ihr jählings durch den Kopf. Aber hinter dieser Besorgnis wegen des Beschämenden, das hier geschehen ist, fühlt sie sich zugleich durchströmt von warmen Gefühlen für den alten Indianerhäuptling auf Ekely. Ihr ganzer Leib scheint zu glühen.

Wie?

Wer ist er?

Wer ist sie selbst?

Doffy steht auf, zieht sich an und tritt mit verschränkten Armen vor das Fenster.

Nach und nach drängt sich die Nachmittagssonne durch Spalten in der Wolkendecke. Der restliche Regen schlägt mit einem trommelnden Geräusch gegen die Fensterscheibe. Sie öffnet das Fenster und lässt für einen Moment ihre Gesichtshaut in diesen kleinen Tupfen aus Feuchtigkeit baden.

Dann legt sie die Fensterhaken wieder vor.

Langsam erwacht Herr M. zum Leben.

Im Schein des Sonnenregens steht Doffy am Fenster und beobachtet seinen schmalen Blick, der jetzt aus der Tiefe des Schlafes zurückkehrt. Diese graublauen, fragenden Augen des alten Malers – etwas in ihr ist zutiefst hingerissen von ihnen, doch zugleich verspürt sie eine tiefe Angst vor der hypnotischen Stärke, die darin liegt.

M. steht auf und tritt neben sie. Leise sagt sie:

»Du musst wissen, dass das hier nicht weitergehen kann.«

»Aber jetzt kennen wir uns doch besser. Wenn du willst, kannst du hier auf Ekely wohnen.«

»Nein«, antwortet sie.

»Warum nicht?«

»Das geht nicht, das musst du doch verstehen.«

Im Ulmenwald ist das eine Ende des Regenbogens gelandet – das andere scheint irgendwo hinter den Panzerfahrzeugen auf Gut Hoff zu verschwinden. Herr M. geht nachdenklich mit seinen Kleidern hinter den Wandschirm und deutet danach an, dass er in Arbeitslaune ist.

»Draußen ist jetzt so schönes Licht, Doffy. Könntest du dir vorstellen, jetzt für mich zu stehen?«

»Ja, das kann ich wohl.«

»Ich möchte dein Gesicht malen.«

»Nur das Gesicht?«

»Ist das nicht genug?«

»Doch, natürlich.«

An diesem Nachmittag, in dem sonnenfeuchten Licht, das durch das Fenster fällt, macht er seine erste Portraitskizze. Es ist ein Bild, in das er all seine Hingabe zu legen scheint, denn auf diesem Entwurf gibt es in ihrem Gesicht eine ganz besondere Glut – etwas Leuchtendes, das nicht nur vom Wetter draußen kommt, sondern auch von innen. Es ist aber trotzdem kein idealisiertes Portrait. Das Modell ist zum Beispiel nicht mit weniger runden Wangen oder nicht so sonnenbraun dargestellt, als es der Fall ist, wie Doffy feststellt, als sie kurz einen Blick auf die Staffelei wirft, während er im Badezimmer verschwunden ist.

Gegen fünf bereitet er ein Schinkenomelette zu, das sie gemeinsam verzehren. Während des Essens erwähnt M. abermals den freiwillig eingesperrten John Gabriel Borkman – und das, was sich zwischen dem alten Bildhauer Rubek und seinem jungen Modell Irene abspielt, als sie sich viele Jahre später noch einmal begegnen, im allerletzten Schauspiel, das Ibsen noch schreiben konnte.

Abermals verspricht sie ihm, diese beiden Stücke zu lesen. Das ist aber auch das Einzige, was sie verspricht. Sie sagt nichts über seinen jämmerlichen Pseudo-Antrag, nichts über die Möglichkeit, gemeinsam auf Ekely zu wohnen.

»Nein, das kommt überhaupt nicht in Frage«, ruft sie, als er noch einmal versucht, dieses Thema zur Sprache zu bringen.

»Haben Sie Angst, ich könnte noch einmal um Ihre Hand bitten?«

»Ja, das habe ich.«

»Aber warum haben Sie davor solche Angst?«

»Weil ich das Gefühl habe, dass Sie nichts begriffen haben. Ja, ich habe mich unter Vorbehalten bereiterklärt, noch für kurze Zeit für Sie zu arbeiten. Aber das nur unter der Bedingung, dass es zwischen uns nichts anderes geben kann als Sympathie und Freundschaft, verstehen Sie?«

»Ja, sicher. Sympathie und Freundschaft, das klingt doch gut.«

»Sonst nichts. Keinen Kuss aufs Ohr. Keine Leidenschaft. Kein ›Du‹. Keine Aktbilder. Keine Berührungen. Verstehen Sie?«

»Ja, ich verstehe vollkommen.«

»Ich mag Sie wirklich gern, aber ich habe auch Angst vor Ihnen. Verstehen Sie, Herr M.?«

»Nicht ganz. Warum haben Sie Angst?«

»Sie besitzen eine starke Persönlichkeit – stärker als meine. Was heute passiert ist, möchte ich lieber vergessen. Glauben Sie, dass das möglich ist?«

»Was denn?«

»Sich dazu zu zwingen, etwas zu vergessen, das geschehen ist?«

»Das weiß ich nicht, Dorothy.«

»Ich werde es jedenfalls versuchen, sonst wird es schwer für mich, noch einmal herzukommen. Können Sie mir im Gegenzug versichern, dass es von nun an keinerlei physischen Kontakt mehr zwischen uns geben wird?«

»Ich verspreche alles. Dorothy. Wie Sie wissen, arbeite ich an einem Gesichtsportrait, es wäre doch traurig, wenn ich das nicht vollenden könnte.«

»Ja, das wäre traurig. Und jetzt auf Wiedersehen, Meister.«

»Auf Wiedersehen, Fräulein Dorothy.«

Dann zieht sie die Gummistiefel an. Als sie geht, reicht er ihr einen Umschlag mit dem Honorar für zweimal vier Doppelstunden plus Fahrt und murmelt:

»Am nächsten Sonntag um die gleiche Zeit?«

Sie nickt. Dann ist sie verschwunden.

Von den Fenstern der Lilleaker-Bahn und dann der Straßenbahn in Frogner sieht Doffy, dass an vielen Stellen Plakate aufgehängt worden sind, mit Bildern der beiden gesuchten Terroristen, die einige Tage zuvor das Attentat auf das Hauptquartier der Staatspolizei in der Henrik Ibsens gate durchgeführt haben. Für weiterführende Auskünfte ist eine Belohnung von hunderttausend Kronen ausgelobt.

»Genug, um etliche Inseln vor der Südküste zu kaufen und auf jede Haus, Anleger und Bootsschuppen zu setzen«, ruft Kari, als sie abends im Dunkeln darüber reden.

»Kennst du sie?«, fragt Doffy.

»Nein, du?«

»Da steht, dass es Seeleute sind, und dass sie im Spanischen Bürgerkrieg gekämpft haben.«

»Mein Vater war bei Solidaritätsveranstaltungen für die Spanienkämpfer.«

»Was hat er dort gemacht?«

»Er hat Gedichte vorgetragen und sein Freund hielt einen Appell. Fährst du am Sonntag wieder nach Ekely?«

»Ja, das hat sich so ergeben.«

»Was ist das für ein Gefühl?«

»Ich weiß nicht so recht. Er arbeitet jetzt an einem Bild meines Gesichts. Wir diskutieren über Ibsen, die Kunst und den Widerstandskampf.«

»Nicht schlecht, Doffy. Ich bin stolz auf dich.«

Verlegen schlägt Doffy die Augen nieder. Die erotische Begegnung zwischen ihr und dem Alten auf Ekely, die an diesem Sonntag stattgefunden hat, erwähnt sie nicht.

Kari und sie liegen im Nachthemd in der kompakten Dunkelheit des Zimmers und reden miteinander, Stunde um Stunde. Wenn eine von ihnen Angst hat, kommt es ein seltenes Mal vor, dass sie im selben Bett einschlafen. Diese gemeinsamen Nächte sind auf eine gewisse Weise schön, schenken Geborgenheit, sie ähneln nichts, was sie in ihrem Leben bisher erlebt hat, denkt Doffy.

Am nächsten Morgen ist sie ausgeruht, als sie erwacht.

Unter der Dusche denkt sie nicht an den alten Maler, sondern daran, was aus den beiden Spanienkämpfern werden soll, die bei dem Sprengstoffattentat auf das Hauptquartier der Staatspolizei die führende Rolle gespielt haben. Murmelnd betet sie zu dem gerechten Gott ihrer Kindheit, dass niemand, der Versteck oder Fluchtweg der beiden Widerstandsmänner kennt, sich von den hunderttausend Silberlingen verlocken lassen soll, zum Denunzianten zu werden.

Von Kåre, dem älteren Bruder aus dem Nachbarhaus, hat sie einiges darüber erfahren, wie man im besetzten Oslo mit Hilfe von Menschen, die sich damit auskennen, sein Aussehen verändern kann – eine Methode ist es angeblich, durch Glyzerininjektion ein unkenntliches Gesicht zu erhalten, weniger dramatische Wege sind falsche Ausweise, ein anderer Kleidungsstil, gefärbte Haare und Ähnliches.

Würde sie ihr Aussehen verändern können, wenn die Polizei auf sie Jagd machte?

Das weiß sie wirklich nicht. Auf keinen Fall würde sie es wagen, an irgendeinem Sprengstoffattentat mitzuwirken. Aber zum Glück würde auch niemand auf die Idee kommen, sie dazu aufzufordern. Doch so, wie die Zustände in ihrem Heimatland nun sind, reicht es, mit etwas Illegalem ertappt zu werden, um in einer Situation zu landen, die mit Folter, Gefängnis und Lager enden kann, wenn man nun eben Pech hat. Der Trick dabei, im Verhör zu lügen, ist, nur ein Detail zu verändern und sich ansonsten an die Wahrheit zu halten – meint Kåre.

Wenn man dabei bleibt und an seiner ursprünglichen Aussage nichts ändert, hat man gute Chancen.

Dorothy trocknet sich ab, wirft einen forschenden Blick auf ihr Spiegelbild, wickelt sich in ein Badetuch und geht in ihr Zimmer, dort stupst sie behutsam die noch immer schlafende Kari an und murmelt ihr ins Ohr:

»Zeit zum Aufstehen, meine Süße!«

Vor den Verdunkelungsrollos wartet ein neuer triefnasser Tag.

17

Das Regenwetter will sich lange nicht geben, und der alte bronchitische Husten kommt zur großen Enttäuschung des Malers schleichend zurück.

Auch noch andere Dinge quälen ihn, sodass er gezwungen ist, die sonntägliche Verabredung abzusagen. Er erhält einen Brief von Fräulein Dorothy, in dem sie ihm gute Besserung für die Halskrankheit wünscht und außerdem über Ibsen-Figuren, die »zerrissen vom Schicksal« sind, sowie über »den blutwarmen Leib« bei Irene in *Wenn wir Toten erwachen* schreibt.

Ihr Brief hilft, so scheint es, dass er wieder zu Kräften kommt. Nach einigen Tagen, die er unter Einnahme von Doktor Schreiners Bronchitismitteln sowie den heißen Bouillons und Gemüsesuppen von Fräulein Berg im Innern des Hauses verbringt, ruft M. Dorothy an, und sie vereinbaren einen neuen Termin.

Das warme und trockene Wetter ist wieder zurückgekehrt und ähnelt einem Indian Summer. Gleichzeitig sind die Tage inzwischen kürzer geworden, mit lichtlosen Straßen, Verdunkelungsvorhängen und einer Ostfront, die sich in der Gegend nahe des großen Stroms Wolga unendlich oft vor- und zurückzubewegen scheint – dazu ständig neue und verwirrende Zeitungsmeldungen über die tatsächlichen Geschehnisse.

Als Dorothy auf Ekely eintrifft, klagt Herr M. darüber, dass die Zeitungsberichte einander zu widersprechen scheinen, dass an bestimmten Orten erfolgte Siegesmeldungen wenige Tage später in Form von militärisch umstrittenen Gebieten wieder auftauchen und dass es überaus schwierig ist, sich ein klares Bild über den Frontverlauf zu machen. Dorothy verfügt über andere Quellen und steckt ihm eine illegale Schrift zu, die sie hinter der Bindung eines Hefts mit Examensaufgaben in ihrer Tasche versteckt hat.

»Hier können Sie alles nachlesen«, sagt sie und unterstreicht, dass jede dieser Zeitungen von mindestens drei vertrauenswürdigen Personen gelesen und dann weitergegeben werden sollte, sobald man sich das Geschriebene zu eigen gemacht hat.

»Ja, die letzte Zeitung habe ich Pola gegeben«, erwidert der Alte verlegen, als sie ihn mit diesem forschenden, etwas abwartenden Blick ansieht.

»Gut. Ich wusste doch, dass Sie jemanden finden würden, dem Sie vertrauen können.«

»So ist es.«

»Hier auf Erden ist es wichtig, ein paar Freunde zu haben, denen man vertrauen kann, meinen Sie nicht?«

»Doch ja, das lässt sich wohl nicht abstreiten.«

Nachdem er das Portrait mit ihrem halb ernsten und halb lächelnden Gesicht vollendet hat – den Blick schräg nach unten gewandt, von ihm weg, und mit einem schattenartigen dunkelgrünen Hintergrund ganz unten rechts im Bild, als Kontrast zu all dem Licht, das von links hereinfällt –, besteht sein nächstes Projekt in dieser hochdruckartigen Periode mitten im September darin, sie an einem glühend heißen Tag in ihrem weißen Sommerkleid zwischen den Blumen und Büschen im Garten zu malen, nahe der Gesindestube und den Kiefern, mit einem großen Kürbis in den Händen.

Dann – nachdem er einen Entwurf von ihr in dieser Position gemacht hat, ohne damit gänzlich zufrieden zu sein – machen sie eine gemeinsame Pause.

Sie fragt:

»Was halten Sie von dem neuen Titelkopf der Zeitung?«

»Eindringlicher als der letzte.«

»Die ganzen Zeichnungen habe ich gemacht.«

»Wirklich?«

Sie nickt. Er nimmt das Ganze etwas genauer in Augenschein.

»Sie haben eine sichere Hand, Fräulein Dorothy.«

»Ach, das ist ja ganz primitiv, das kann man mit einer Schablone anfertigen.«

»Es geht ja gerade darum, die Möglichkeiten desjenigen Mediums auszunutzen, mit dem man ständig beschäftigt ist.«

Unvermittelt lächelt sie, und in ihm steigt eine ruhige innere Freude auf, angesichts der positiven Wirkung, die seine Worte auf ihre Stimmung ausüben.

An diesem Sonntag beginnt M. mit zwei Malereien, in deren Zentrum jeweils der gut gewachsene Kürbis in Doffy Händen steht.

Als der alte Maler einige Zeit später einen Blick auf diese beiden Kompositionen wirft, auf denen Dorothy mit diesem weiten Rückenausschnitt inmitten der tief grünen Ekely-Landschaft steht, wird ihm plötzlich klar, dass dieses ganze Arrangement mit seinem unerfüllbaren Traum, dass sich vielleicht doch etwas mehr zwischen ihnen hätte entwickeln können, zu tun hat.

Der Kürbis ist nur eine Metapher. In Wirklichkeit dreht es sich um zwei – vielleicht etwas unbeholfen inszenierte – Schwangerschaftsbilder. Das Unbeholfene hat mit ihrer Position zu tun. Sie hält den Kürbis nicht dicht an den Körper gedrückt, sondern ein wenig von sich weg; beinahe wie einen Globus oder vielleicht eine Art Geschenk?

Für wen?

Für die Bäume? Für die Erdgöttin? Für Ekely? Oder vielleicht für ihren müden alten Indianerhäuptling?

Dieser Septembervormittag, an dem er sie mit dem Kürbis in dem Wäldchen unterhalb der Gesindestube posieren ließ, war der letzte warme Sonnentag, den die beiden in diesem Sommer gemeinsam verbringen sollten.

Im Dezember feiert der Maler seinen neunundsiebzigsten Geburtstag. Einige Freunde kommen zu Besuch – und es kommt zu einer kleinen Vorstellung; eine junge Künstlerschar, die Herrn M. eine Huldigung darbringt. Er ist tief bewegt. Etwas Derartiges hätte er sich niemals vorstellen können.

Auf dem militärischen Felde ist absehbar, dass sich die germanische Kriegsmaschinerie festfährt, sowohl im Wüstenwind Nordafrikas als auch drüben, am eisbedeckten Wolgafluss. Dies kann möglicherweise bedeuten, dass das Kriegsglück der Deutschen nachlässt, dass der große Krieg eine andere Wendung nimmt – und dass der Plan dieses erfolglosen österreichischen Malers, sich die Welt untertan zu machen, im tiefen russischen Winter stecken bleibt.

Für Herrn M. allerdings würde dies keinen großen Unterschied bedeuten. Der Krieg hat schon viel zu lange gedauert. Noch bevor er zu Ende geht, wird sein müder Greisenkörper die Erdoberfläche verlassen haben. Davon ist er inzwischen überzeugter als je zuvor.

Im Frühjahr erhält er Post von Fräulein Dorothy. In einem Brief vom 26. April, mit dem Absender Lille Frogner allé 8, heißt es:

Lieber Herr M. (…) Bitte nehmen Sie meinen etwas verspäteten Ostergruß entgegen – aus irgendwelchen Gründen sind Sie nämlich in letzter Zeit so oft in meinen Gedanken und Träumen aufgetaucht, dass ich Lust hatte, Ihnen meine besten Wünsche zu senden. Ich hoffe, es geht Ihnen gut!

Mir selbst ist momentan äußerst elend zumute – heute in einer Woche muss ich zum Juridicum antreten – und bin doch leider völlig unvorbereitet! Wie sollte es anders sein – es rächt sich?

Trotz ihrer Angst, nicht genug gebüffelt zu haben, gelingt es Dorothy, ihr letztes juristisches Examen abzulegen. Einige Monate später erscheint sie zum üblichen Zeitpunkt, sonntagmittags um zwölf Uhr, wieder auf Ekely.

Fast ein Jahr ist vergangen, seit sie einander zuletzt gesehen haben. Er hat sich um seine Dinge gekümmert, und sie war mit ihren Angelegenheiten beschäftigt. Eigentlich hat er im Laufe dieser Monate nicht so viel gemalt. Zwei Entwürfe für die Portraits älterer Herren, die dafür gut bezahlen, das ist alles.

Nebenher arbeitet er an ein paar Graphiken. Doch hauptsächlich ist er damit beschäftigt, alle Briefe und Aufzeichnungen durchzusehen, die ihm in die Hände fallen.

Herr M. befürchtet, dass die Deutschen erneut die Beschlagnahme von Ekely planen, und hält es daher für notwendig – bevor diese Katastrophe eintrifft – alles sorgfältig durchzugehen, peinliche, unvollendete und unnötige Dinge wegzuwerfen und das Übrige zu sichten und zu ordnen.

Eine anspruchsvolle Arbeit, die ihm kaum Zeit für anderes lässt.

Allerdings gibt es auch etwas Versöhnliches an der Durchsicht all dieser alten Papiere – von denen er noch viel mehr in einer alten Kommode findet, die in einem beinahe vergessenen Winkel auf dem Dachboden steht. Entgegen seiner Neigung, dies immer zu glauben, ist es gar nicht wahr, dass die meisten Menschen in seiner Umgebung nur darauf aus waren, ihm zu schaden und ihn zu vernichten. Nicht weniger beeindruckt ist er von den Briefen Tante Karens und seiner Schwestern. Weit geringer als er sich eingebildet hat, finden sich hierin Intrigen und Böswilligkeit. Im Grunde genommen sieht es so aus, als hätten sie, trotz ihrer eigenen schwierigen Lebenssituation, in den ganzen Jahren versucht, ihn aufzumuntern und zu unterstützen – beispielsweise auch zu jener Zeit, als er dort unten auf dem Kontinent beinahe an Absinth und Verfolgungswahn zugrunde ging.

Nein, ein unkomplizierter Bruder ist er wohl nie gewesen. Wobei allerdings niemand aus der Geschwisterschar als einfach gegolten hat.

Als Dorothy im Frühherbst erneut auf Ekely erscheint, ist er so sehr in die besondere Atmosphäre der familiären Korrespondenz vertieft, dass er sie zunächst gar nicht wiedererkennt und den unwirschen Ausdruck aufsetzt, dessen er sich zur Verteidigung gegen Fremde für gewöhnlich bedient. Es dauert nur zwei Sekunden, doch diese Sekunden sind lang genug, sodass er bemerkt, wie schwer getroffen sie wirkt.

»Er ist senil geworden«, scheint es für einen winzigen Moment in ihren dunkelblauen Augen aufzublitzen. M. registriert jedenfalls, dass die vor ihm stehende junge Frau etwas Derartiges denkt – was dazu führt, dass er plötzlich das Scharfsinnige, Neugierige und Offene an ihr wiedererkennt und begreift, wer sie ist. Spontan läuft er zu ihr, umarmt sie und ruft:

»Doffy! Willkommen zurück auf Ekely!«

Dann verbringen sie fast den ganzen Tag zusammen.

Zum Mittagessen bereiten Fräulein Dorothy und Herr M. einen Obstsalat aus Äpfeln, Beeren und Nüssen aus dem Garten, mit frischer Schlagsahne. Als er die dicken Äpfel mit dem langen scharfen Messer aus der Küchenschublade zunächst halbiert und danach viertelt, lacht sie und sagt:

»Sei vorsichtig!«

»Pas de problème!«, erwidert er mit einem spitzbübischen Lächeln.

»Je ne veux pas avoir du sange aux mon fruit«, antwortet sie daraufhin in nicht ganz einwandfreiem Französisch, um zu zeigen, dass sie das Spiel mitspielt.

Er sieht sie an und entgegnet:

»Bien sûr, mon amour.«

Auf diese Weise flirten sie miteinander, vorsichtig – doch so, dass der vertrauliche Ton aus dem Jahr zuvor wiederaufkommt, während sie mit Silberlöffeln, Dessertschalen, Obstsalat und Schlagsahne auf der untersten Treppenstufe vor der Glasveranda in der Sonne sitzen.

Gleich hinter ihnen wächst der wilde Wein.

Als sie sich anschickt aufzubrechen, überschüttet er sie mit Geschenken – ein großer Herbststrauß, den sie zusammen im Garten gepflückt haben und den er sie drängt, mit nach Hause zu nehmen, eine wahre Flut aus roten Äpfeln, eine signierte Zeichnung – und hilft ihr beim Tragen, während sie ihre alte Abkürzung durch den Wald nehmen. An einer engen Stelle, im Schatten einiger alter Ulmen, wo sie weder vom Gut Hoff noch von Ekely aus gesehen werden können, bleibt er stehen und küsst sie aufs Ohr. Sie entzieht sich ihm und sagt:

»Das ist gegen unsere Abmachung.«

»Ich weiß, aber du hast so schöne Ohren.«

»Das ist egal.«
»Sie erinnern mich an Konchylien.«
Behutsam schiebt sie ihn weg.

In diesem Herbst geschieht etwas. In einem letzten Brief vom 23. September schreibt Dorothy Herrn M. aus Jessheim in Akershus, dass sie es abgelehnt habe, sich in die Stammrolle des so genannten »Anwaltsverbandes« – ein Gremium der neuen Ordnung – eintragen zu lassen.

Es ist nicht sicher, dass das Ministerium weitere Schritte unternimmt – aber in einer Zeit wie der unseren sollte man sich ja auf alle Möglichkeiten vorbereiten und Vorsichtsmaßnahmen ergreifen (…) Nun riskiere ich jedenfalls aufgrund meiner Unbekümmertheit zu Zwangsarbeit verurteilt zu werden – und da kam mir mein Motto »Periculum in mora« wieder in den Sinn (…) Ich schicke Ihnen ein Buch, das ich Ihnen zum 80. Geburtstag schenken wollte.

Kurz darauf flieht sie nach Schweden; so wie es sein Freund Rolf S. bereits vor einem halben Jahr getan hat. Herr M. versucht, über die angegebene Adresse in Jessheim Kontakt mit Doffy aufzunehmen, doch am Telefon wird ihm mitgeteilt, dass sie abgereist sei und es leider keine Möglichkeit gebe, eine Nachricht zu übermitteln.

Diese Leute in Jessheim können ja auch nicht wissen, ob sie ihm gefahrlos Auskünfte erteilen dürfen. Möglicherweise denken sie, er ist ein anderer als der, für den er sich ausgibt – dass er vielleicht ein Spion, Denunziant oder Polizeispitzel ist. Soweit er weiß, werden die Telefonverbindungen von der Staatspolizei, dem deutschen Sicherheitsdienst oder Vertretern der örtlichen Sturmabteilung überwacht. Da kann es gefährlich werden, Ausdrücke wie »über die Grenze« oder »Flucht nach Schweden« am Telefon zu erwähnen. So viel weiß er immerhin, auch wenn es niemanden mehr gibt, der ihm illegale Zeitungen zusteckt.

An diesem Nachmittag geht M. in den Garten hinaus und pflückt einen Strauß Herbstblumen, den er mit sich in die Küche nimmt.

»Die sind für Sie, Fräulein Berg.«

»Aber wieso das denn?«

»Eigentlich wollte ich Ihnen zu Ihrem Geburtstag im Mai gratulieren, doch das habe ich dummerweise vergessen.«

»Aber das ist doch viel zu viel.«

»Keineswegs, Sie sind ja schließlich mein dienstbarer Geist. Sagen Sie, haben Sie nicht auch den Eindruck, dass das Kriegsgeschehen da draußen eine andere Wendung nimmt?«

»Wir müssen dem Schicksal vertrauen, Herr Meister.«

Sie lächeln einander schüchtern an und wechseln ein paar Worte über den Speiseplan der nächsten Tage.

Im Dezember wird der Hausherr auf Ekely achtzig Jahre alt.

Der Fotograf Væring wird herbeigerufen, um anlässlich des Ereignisses ein Portrait anzufertigen. Herr M. nimmt im Korbstuhl vor dem Schreibtisch Platz, mit Telefon und all dem anderen Durcheinander – nahe bei der Türöffnung zum Nebenzimmer, unterhalb ein paar seiner Lieblingsbilder, die in Reihen zu dritt und viert übereinander an der Wand hängen.

Er legt die Hände auf die Knie.

Der Fotograf drückt ab. Zum ersten Mal seit dem Schießunfall in Åsgårdstrand vor über vier Jahrzehnten, hat M. beide Hände auf einer offiziellen Fotografie zur Schau gestellt.

Sein Leben ist weit fortgeschritten.

Die Feier zum Achtzigsten ist etwas bescheidener als das Geburtstagsfest im Vorjahr.

Zahlreiche Briefe, Blumen, Geschenke und Grüße treffen ein, sogar von Menschen, die er gar nicht zu kennen glaubte – doch der einzige Gast ist sein Leibarzt, Doktor Schreiner, mit dem er im Laufe der Kriegsjahre enge Freundschaft geschlossen hat.

Einen Teil des Tages verbringt M. mit der Anfertigung eines neuen Holzschnitts in Verbindung mit dem alten »Kuss«-Motiv – dieses Mal auf naturbelassenem Hintergrund – einer Scheibe aus Kirschholz, auf der die Jahresringe deutlich hervortreten und zu einem ausdrucksvollen Teil des Bildes werden. Sobald der Holzschnitt fertig ist, vervielfältigt er ihn auf seiner eigenen Presse, oben in der Küche im ersten Stock. Dem Alten geht es soweit ganz gut.

Am 19. Dezember explodiert ein deutsches Munitionslager in Filipstad. Große Teile der Stadt geraten in Brand, wie es scheint – jedenfalls ist in den Stadtvierteln Ruseløkken, Skillebekk und Skøyen ein Flammenmeer erkennbar. Bis tief in die Nacht hinein geht Herr M. immer wieder nach draußen, beobachtet den Versuch der Feuerwehr, die Brände unter Kontrolle zu bekommen, und fürchtet die ganze Zeit, dass dies misslingen könnte – dass sich das Feuer bis nach Ekely ausbreitet und dass alles, was er hier an Arbeiten versammelt hat, im Höllenschlund der Flammen endet.

Erst in den Morgenstunden wird das Feuer gezähmt. Im Laufe der Nacht hat sich Herr M. eine hässliche Erkältung zugezogen, die wiederum die alte Bronchitis zu neuem Leben erweckt.

Es wird Weihnachten.

Er erinnert sich an die drei aufreibendsten feierlichen Ereignisse in seiner Kindheit und Jugend – zuerst das, als er im Alter von fünf Jahren seine Mutter verlor, dann das, als er dreizehn war und alle fürchteten, er würde der Schwindsucht erliegen, und schließlich das, als er vierzehn war und sie gerade seine Schwester Sofie begraben hatten. Jetzt ist bald er an der Reihe, von Herrn Gottfried Tod geholt zu werden.

Zum Neujahrsfest geht es ihm etwas besser. Er beschließt, ein neues graphisches Portrait von Hans Jæger anzufertigen. Das scheint ihm richtig. Kein anderer – nicht die Lehrer auf der Kunstschule, nicht seine höchst bewunderten Vorbilder in der Literatur oder der Bildenden Kunst – hat ihm als junger Mann so viel bedeutet. Kein anderer half ihm ebenso, sich von dem unbarmherzigen pietistischen Erbe seines Zuhauses loszureißen, all dem, das er loswerden musste, um überhaupt mit irgendetwas beginnen zu können, das er sich erträumte, im Leben vielleicht zu erreichen. Dies ist der letzte Widerstandsakt gegen seinen Vater Abraham, der bereit gewesen war, Jæger – und somit ihn selbst – für unendliche Ewigkeiten in der Hölle brennen zu lassen, ohne ihm sogar nach den ersten zehntausend Jahren so viel als auch nur einen Funken Gnade zu erweisen.

Während er an dem Jæger-Bild arbeitet, verspürt er wieder die Bitterkeit gegenüber seinem Vater, aber auch Mitleid – weil sich der freundliche und fürsorgliche Armenarzt von einem so rachsüchtigen religiösen Glauben hatte blenden lassen. Hans Jæger wurde damals zu einem älteren, offenherzigen Freund, an den er sich in schweren Stunden lehnen konnte. Ein Modell der anderen Art. Kein Ideal, das keineswegs. Der Mann hatte mit genügend eigenen Problemen zu kämpfen. Doch immerhin wurde Jæger, mit all seinen Fehlern, so etwas wie ein Ersatzvater für ihn; jemand, den er in den hilflosen Aufbruchsjahren sehr gut gebrauchen konnte.

Mitte des Monats verschlechtert sich Herrn M.s Lunge. Früh am Morgen des dreiundzwanzigsten Januar ist er so schwach, dass er sich im Bett nicht umdrehen kann, geschweige denn aufstehen.

Zu seiner Haushälterin sagt er:

»Ich hätte es gerne, dass du mich wäschst.«

»Ja gut, Meister.«

»Den ganzen Körper, wenn ich dich darum bitten darf.«

»Das geht schon in Ordnung.«

»Du hast mit so etwas doch Erfahrung von früher, oder?«

»Das stimmt, Herr M.«

Sie holt zwei Schüsseln mit warmem Wasser und zwei Waschlappen. Schwer wie er ist, schafft sie es mit einiger Mühe, ihm beim Ausziehen des Schlafanzugs zu helfen. Mit einem Waschlappen, den sie in warmem Wasser anfeuchtet und mit Seife aufschäumt, wäscht sie ihn am ganzen Körper. Dann nimmt sie einen neuen Waschlappen, taucht ihn ins Wasser und wäscht die Seife überall wieder ab.

Früher wäre ihm so etwas peinlich gewesen, doch jetzt nicht mehr. Er fühlt sich wie ein kleines Kind, das versorgt wird. Es kommt ihm vor, als wäre er wieder in Løten, umgeben von den Menschen dort. Dass er so lange gelebt hat – und dabei doch in eine von Nervenkrankheiten geplagte Familie hineingeboren wurde und bei der Geburt ein so kleiner Wurm war, dass seine Taufe zu Hause stattfinden musste!

Wie ein Triumph erscheint ihm das. Des Lebens Rache am Tod. Seine Revanche bei allen, die Hässliches über ihn dachten. Sein Sieg, des Lebens und der Kunst Sieg über alle, die ihn in diesen Jahren gequält, geärgert, schikaniert und verfolgt haben.

»Ihr Echsen und durchtriebenen Gauner, ich decke eure widerlichen Ränkespiele auf – sodass ihr selbst zu Gefangenen werdet und ich es bin, der euch bestraft!«

Wütend murmelt er in sich hinein.

»Was für eine Schlangengrube das Leben doch gewesen ist!«

Alle Feinde sieht er vor sich. Die hinter ihm her waren, als er ein Junge war. Und danach all die anderen, die die Verfolgung übernahmen. Witzzeichner! Zeitungsredakteure! Die bürgerliche Schickeria und die vornehmen Kristiania-Damen! Seine hinterlistigen Boheme-Freunde! Vampire und Intriganten! Die Vigeland-Clique und die Sørensen-Mafia! Finanzbeamte und Schildbürgernachbarn!

Sie alle erscheinen ihm im Schlaf – und ähneln einem riesigen Kraken mit geschwungenen Fangarmen, die ihn an etwas erinnern, das er vor langer Zeit in einem Witzblatt gesehen hat; er kämpft mit diesen Fangarmen und für einen Moment fühlt es sich an, als würde er von diesem Untier übermannt.

Doch gerade als der Krake ihn verspeisen will, ist der Albtraum vorüber und die Fangarme lösen ihren Griff. Es ist wie in den Abenteuerfilmen, die er auf seinen Reisen in den fremden Großstädten gesehen hat, oder wie in den Märchen, die sein Vater erzählte, als die ganze Geschwisterschar dicht an ihn gedrängt auf der Chaiselongue saß. Genau in dem Augenblick, in dem du sterben sollst, wirst du trotzdem gerettet.

Er erwacht. Seine linke Hand ist unter ihm eingeklemmt. Er zieht sie zu sich heran und berührt sie vorsichtig mit den Lippen.

Wie verabredet kommt Doktor Schreiner zum Mittagessen.

Der Patient wird abgehorcht und untersucht. M. setzt sich im Bett auf, und die beiden älteren Herren essen gemeinsam. Zwar hat er keinen rechten Appetit, doch Doktor Schreiner bittet die Haushälterin, ein wenig Zuckerei zu bereiten, und das bekommt er herunter.

M. döst ein. Ein eigenartiger Frieden überkommt ihn. Ein Bild nach dem anderen sieht er vor sich, wie in einer Art innerem Karikaturenheft – sein ganzer Lebensfries, all das, was miteinander verbunden ist. Als er wieder erwacht, sieht er die junge Ingeborg mit den dunklen Waldseeaugen vor sich. Sie ist nackt. Es kommt ihm vor, als kröche sie aus dem Bild an der Wand heraus und in sein Bett hinein.

Das ist gut.

Kurz darauf ist es Sofie, die in seinem Bett ist.

Gemeinsam beten sie:

Vergib uns unsere Schuld,
wie auch wir vergeben unsern Schuldigern.
Denn dein ist das Reich und die Kraft und die Herrlichkeit
in Ewigkeit. Amen.

Er hört ihre Stimme, murmelnd versucht er, dem Gebet zu folgen. Gleich darauf ist sein Bett leer; jetzt ist es die Haushälterin, die neben ihm sitzt und ihm durch das Vaterunser hilft, vom Anfang bis zum Ende.

Als er das nächste Mal erwacht, steht das Mittagessen bereit. Er schafft es nicht, etwas davon zu sich zu nehmen.

»Welcher Tag ist heute?«, fragt er.

»Der dreiundzwanzigste Januar«, antwortet sie.

»Und das Jahr?«

»1944.«

»Ist der Krieg vorbei?«

»Nein, noch nicht.«

»Dauert es noch lange?«

»Das glaube ich nicht.«

Was ist nur mit Fräulein Berg los?

Spricht sie plötzlich etwa wieder den alten Hedmarks-Dialekt? Sie hat doch immer Kauderwelsch geredet. Oder ist das nur eine akustische Halluzination, dass sie genauso redet, wie sie damals in Løten geredet haben?

Die Tränen überkommen ihn. Übersensibel ist er immer gewesen. Sentimentalität, Gefühlsduselei und Melodrama – was wären seine Bilder im Grunde ohne dies gewesen?

Ja, er wurde ein Skandalkünstler, das musste er werden. Das Gemälde aus dem französischen Syphilis-Hospital – die Mutter, die ihr infiziertes Neugeborenes auf dem Schoß hält –, in diesem Motiv findet sich ein Anklang seines eigenen Lebens. Sicher war auch etwas von ihm in diesem Kind mit den großen ernsten Augen.

Er jedoch überlebte.

Wurde nicht geisteskrank.

Landete nicht in einem Heim oder einer Pflegeanstalt. Nein, sie konnten ihn nicht brechen.

Ehre dem ewigen Frühling im Leben,
Der alles durchweht

Erneut laufen ihm Tränen über die Wangen.

Es ist das linke Auge.

Immer war dieses am schnellsten gerührt. Er nimmt ein Taschentuch und wischt sich über das Gesicht. Er möchte der Haushälterin lieber nicht zeigen, dass er geweint hat. Im Traum fühlt es sich an, als wäre er zurück in Hedmark, bei den Menschen in der Gesinde- und in der Ammenstube, bei seiner Mutter, die alles durcheinander sprach und nur dann zum Krakerøy-Dialekt wechselte, wenn sie sich gegen etwas ereiferte; beim Pferd, beim Schwein, bei den Kälbchen und den neugeborenen Kätzchen, mit denen er spielen durfte.

M. blickt auf seine Hände. Er weiß, dass er Ekely jetzt verlassen wird. Er fühlt sich bereit, von Herrn Tod abgeholt zu werden.

»Es ist nur ein Übergang, sagte der Fuchs, bevor ihm das Fell über die Ohren gezogen wurde!«

Das war damals in der Gesindestube in Løten – er erinnert sich an das Gelächter und die Stimme.

Als er auf seine linke Hand hinunterblickt, sieht es aus, als lägen dort so etwas wie ein paar lange Fäden. Ein paar davon sind feuerrot, andere weiß, wieder andere ganz schwarz. In einem Moment wirken sie wie Teile eines Würfelspiels auf grünem Filz, im nächsten ähneln sie langen, wogenden Frauenhaaren.

Er erwacht aus dem einen Traumzustand und fällt in den nächsten. Dann sieht er die Wandbilder vor sich, die ihn hier im Zimmer umgeben. Seit Ewigkeiten kennt er sie, jedes kleine Detail, jede Linie und jeden Pinselstrich. Er muss die Augen nicht öffnen, um sie zu sehen. Wieder schläft er ein. Wie aus weiter Ferne hört er die Stimme seines dienstbaren Geists:

»Meister?«

»Ja?«

Mehr bringt er nicht über die Lippen.

Vielleicht hätte er etwas mehr sagen sollen?

Nein. Sie ist dort irgendwo in der Nähe. Er ist nicht allein.

Eine Weile döst er vor sich hin, dann verschwindet er in dem lichten Land, auf das er schon immer so gespannt war – ob wohl jemand darin ist oder ob dieses helle Licht überall nur eine physiologische Illusion ist, ob das Kristallreich, in das er jetzt kommt, so ist, wie er es sich lange vorgestellt hat, ob es vielleicht die Flammen der Hölle sind oder die glänzenden Sonnenstrahlen im Beerenwald bei Gardermoen, oder ob es dieses Himmlische ist, von dem sein Vater so besessen war, und wo sich die Familie dereinst wiedertreffen sollte.

Es erscheint nicht nur leicht, sie wiedersehen zu sollen, solch eine strebsame Familie, in die er hineingeboren wurde. Doch jetzt gilt es erst einmal festzuhalten, was eigentlich geschieht, für den Fall, dass er Lust hat, ein Bild davon zu machen. Es ähnelt einem Sonnenaufgang, so kommt es ihm vor. Ein schönes Motiv. Das muss er wirklich versuchen zu malen, und anders als beim letzten Mal.

Ein Licht, das ihm aus allen Winkeln entgegenstrahlt, und dann eine Stimme, die etwas sagt, das er nicht verstehen kann.

Was ist das für eine Stimme?

Ist es die Haushälterin oder der Arzt? Ist von der anderen Seite jemand aus der Familie gekommen, um ihn abzuholen? Oder ist es vielleicht Mephisto, der in seinem unsichtbaren roten Umhang aufgetaucht ist, um seinen Teil der Abmachung einzufordern?

Erstaunlicherweise verspürt er keine Angst. Das ist das Letzte, was M. wahrnimmt – dass es hell ist, dass er das gerne gemalt hätte und dass er sich nicht länger ängstlich fühlt, sondern gesammelt und ruhig.

Anmerkung des Autors

Die Freundin, die während der Besatzung ein Jahr lang mit Doffy in der Lille Frogner allé zusammenwohnte, ist meine Mutter Kari.

Weder Kari noch Doffy leben noch. In Arne Eggums Buch *Edvard Munch og hans modeller 1912–1943* gibt es zwei Fotos der jungen Doffy. Aber auf ihren eigenen Wunsch wird sie dort und in der übrigen Munch-Literatur nur als »die junge Jurastudentin« bezeichnet.

Obwohl dieser Roman ein Fundament aus biographischem Material hat – Briefe, Fotos und Skizzenbücher sowie die von Edvard Munch während der Besatzungszeit gemalten Bilder –, ist das vorliegende Buch vor allem ein erdichteter Roman.

E. H.

Glossar

Abel, Henrik (1802–1829), norwegischer Mathematiker. Der nach ihm benannte Preis wird noch heute für herausragende wissenschaftliche Leistungen auf dem Gebiet der Mathematik verliehen. Viele mathematische Strukturen tragen seinen Namen. Gustav Vigelands Skulptur des Mathematikers steht im Osloer Schlosspark.

Boye, Karin Maria (1900–1941), schwedische Lyrikerin. Sie engagierte sich stark für pazifistische Bewegungen. Ihr Werk, in dem sie sich mit gesellschaftlichen Konventionen einerseits und den widerstreitenden individuellen Wünschen und Träumen andererseits auseinandersetzte, repräsentiert alle geistigen Ströme der Moderne. Boye übersetzte T.S. Eliot ins Schwedische. Peter Weiss setzte ihr in seinem Roman *Ästhetik des Widerstands* ein literarisches Denkmal. 1940 erschien Boyes futuristischer Roman *Kallokain* (deutsch von Helga Clemens, Kiel: Neuer Malik Verlag 1984).

Collett, Camilla (1813–1895), norwegische Autorin, Journalistin und Frauenrechtlerin. Ihr Roman *Amtmandens Døtre* (1854–55, deutsch 2000, *Die Töchter des Amtmanns*, Übers.: Berit Klein) gilt als erster moderner Roman in der norwegischen Sprache und zudem als erstes literarisches Dokument der entstehenden norwegischen Frauenbewegung. Ihr von Gustav Vigeland gestaltetes Denkmal steht im Osloer Schlosspark.

Gauguin, Pola (1883–1961), Sohn des französischen Künstlers Paul Gauguin und der Dänin Mette-Sophie Gad. Pola Gauguin lebte überwiegend in Kopenhagen und Oslo. Er war selbst als Künstler tätig, arbeitete aber auch als Kunstkritiker und verfasste Biographien über Künstlerpersönlichkeiten wie Christian Krohg und Edvard Munch.

Grieg, Nordahl (1902–1943), norwegischer Schriftsteller, entfernter Verwandter des Komponisten Edvard Grieg. Überzeugter Kommunist, der einige Jahre in Moskau verbrachte, Unterstützer der Moskauer Prozesse, Kriegsberichterstatter im Spanischen Bürgerkrieg. An Bord einer britischen Maschine 1943 über Kleinmachnow bei Berlin abgeschossen.

H 7, Anspielung auf den norwegischen König Haakon VII. (1872–1957, König von 1905–1957), der die Zeit der Okkupation im britischen Exil verbrachte, wurde während dieser Zeit zum Symbol des Widerstandes gegen die deutsche Besetzung Norwegens. H 7 als Inschrift an Hauswänden, auf Flugblättern usw. diente als Aufruf zum Widerstand. Auch eine Sabotagegruppe in Oslo nannte sich H 7.

Hagerup, Inger (1905–1985), norwegische Schriftstellerin und Lyrikerin. Sie war überzeugte Kommunistin und Atheistin, lebte mit ihrem Mann während des Zweiten Weltkriegs in Schweden und verbrachte ihre letzten Lebensjahre in Fredrikstad. Das Zitat in Kapitel 4 ist die erste Strophe eines Gedichts (»Aust-Vågøy«) von Inger Hagerup, es gibt eine deutsche Übersetzung in: *Ausgewählte Gedichte*, übers. von Annette Rodenberg, Berlin: Elfenbein Verlag 2005. Der auch in Deutschland erfolgreiche Jugendbuchautor Klaus Hagerup ist ihr Sohn.

HAMSUN, KNUT (1859–1952), bedeutendster norwegischer Romanautor des 20. Jahrhunderts, Literaturnobelpreis 1920. Hamsun, der sich in jungen Jahren als Anarchist bezeichnete, vertrat später zunehmend konservative Ansichten, unterstützte Quisling, auch wenn er nie in dessen Partei eintrat, und riet seinen Landsleuten, sich nicht gegen die deutsche Besatzung zu wehren. Nach seinem Gut Nørholm bei Grimstad an der norwegischen Südküste der »Alte von Nørholm« genannt.

HOEL, SIGURD (1890–1960), norwegischer Schriftsteller, stark beeinflusst von Sigmund Freud, enger Mitarbeiter von Wilhelm Reich in dessen Osloer Exilzeit, war Mitglied verschiedener kommunistischer Gruppen. Sein 1927 erschienener Roman *Syndere i Sommersol* (deutsch, 1932: *Sünder am Meer*, Übers.: Heinz Caspari) galt damals wegen sexuell freizügiger Szenen als skandalös. Nach den Moskauer Prozessen wandte Hoel sich vom Kommunismus ab. Musste vor den Nazis ins schwedische Exil fliehen. Als Verlagslektor war er maßgeblich verantwortlich für die »Gelbe Reihe« des Gyldendal Verlags, in der eine Anzahl späterer moderner Klassiker (u.a. Franz Kafka, Ernest Hemingway, F. Scott Fitzgerald) erstmals in norwegischer Übersetzung erschien.

IBSEN, HENRIK (1828–1906): Im Roman erwähnte Stücke von Ibsen und Personen aus diesen Stücken: *Gespenster*, 1881; *Baumeister Solness*, 1892; *Wenn wir Toten erwachen*, 1899.
Pastor Manders: Gestalt aus *Gespenster*, heuchlerischer Prediger, Vertreter der bürgerlichen Doppelmoral.
Osvald: Gestalt aus *Gespenster*, wehrt sich gegen die bürgerliche Doppelmoral, erkrankt an der von seinem Vater ererbten Syphilis, die er nie bekommen hätte, wenn nicht eben diese Doppelmoral herrschte.

Hilde Wangel: Gestalt aus *Baumeister Solness*, verlangt von dem alternden Solness, der sie einst bedrängt hat, dass er seine Versprechen von damals wahr macht.
Bildhauer Rubek: Gestalt aus *Wenn wir Toten erwachen*, alternder Künstler, der einer jungen Frau einst ein Versprechen gegeben hat, das sie nun einfordert.

JÆGER, HANS (1854–1910), norw. Autor, Bohemien und Bürgerschreck. Sein Freund Munch portraitierte ihn mehrmals, das berühmteste Bildnis stammt aus dem Jahre 1906. In ganz Europa einflussreich war seine *Bibel der Anarchie* (1906).

Krotkaja (Die Sanfte), 1876 erschienene Erzählung von Fjodor Dostojewski.

ØVERLAND, ARNULF (1889–1968), norwegischer Schriftsteller, zentrale Figur in den norwegischen Dichterkreisen in der Zeit zwischen den Weltkriegen. Øverland hatte starke Sympathien für den Kommunismus, wandte sich jedoch wegen der Politik Stalins vom Kommunismus ab. Øverland war auch Gegner des Nationalsozialismus und wurde aufgrund von Gedichten, die er für den norwegischen Widerstand während der deutschen Besatzung des Landes verfasste, 1941 ins Konzentrationslager Sachsenhausen verschleppt. Nach Ende des Krieges war er ein wichtiger Akteur im so genannten norwegischen Sprachenstreit.

ONSAGER, SØREN (1878–1946), norwegischer Maler, Professor an der Osloer Kunstakademie, von 1941–1945 Direktor der Nationalgalerie. Onsager sympathisierte stark mit dem Nationalsozialismus und kuratierte 1942 die Ausstellung »Kunst og ukunst«, die nach deutschem Vorbild die expressionistische

Kunstströmung zu verunglimpfen suchte. Nach dem Krieg wurde er wegen Landesverrat angeklagt und inhaftiert, starb aber, bevor ihm der Prozess gemacht werden konnte.

Quisling, Vidkun (1887–1945), norwegischer Politiker, Mitbegründer (1933) der faschistischen Partei »Nasjonal Samling« (»Nationale Einheit«), die nach dem Vorbild der NSDAP in Deutschland aufgebaut war. Unter deutscher Besatzung war Quisling von 1942 bis 1945 norwegischer Ministerpräsident. Wurde im Mai 1945 festgenommen und fünf Monate später wegen Hochverrats hingerichtet. Der Begriff »Quisling« gilt heute international als Synonym für Kollaboration und Verrat.

Södergran, Edith (1892–1923), finnlandschwed. Schriftstellerin, war von Symbolismus, Futurismus und Expressionismus beeinflusst und gilt als Begründerin des finnlandschwedischen Modernismus. Zentrale Figur der modernen schwedischen Lyrik.

Vigeland, Gustav (1869–1943), gilt als bedeutendster norw. Bildhauer. Vigeland stammte aus armen Verhältnissen, verfolgte seine künstlerische Karriere jedoch sehr zielstrebig. Schon früh portraitierte er zahlreiche einflussreiche Persönlichkeiten und konnte sich in fortgeschrittenem Alter, unter anderem für die Realisierung seines Skulpturenparks in Oslo, großzügige öffentliche Mittel sichern, was viele andere Künstler als ungerecht empfanden. 1895 lebte Vigeland für vier Monate in Berlin und hatte dort ein Atelier neben Edvard Munch. Während der deutschen Besatzung in Norwegen und nach Vigelands Tod wurde seinem späten Werk häufig eine Nähe zu nationalsozialistischem Gedankengut nachgesagt. Belege für eine faschistische Gesinnung fanden sich allerdings nie.

Wergeland, Henrik (1808–1845), norwegischer Dichter der Spätaufklärung und Romantik. Neben seiner schriftstellerischen Tätigkeit betrieb er auch historische und linguistische Studien. Er studierte Theologie, interessierte sich schon früh für die Geschichte und Kultur Norwegens und befürwortete, insbesondere was die sprachliche Entwicklung anging, eine Loslösung vom kulturellen Einfluss Dänemarks. Er setzte sich für Volksaufklärung ein, stiftete Bibliotheken und mischte sich in zahlreiche politische und gesellschaftliche Diskurse ein. Er gilt als Pionier in der Entwicklung des norwegischen literarischen Erbes und als Vorreiter der modernen norwegischen Kultur. Wird als einer der bedeutendsten Lyriker Norwegens betrachtet. Wergeland war der Bruder von Camilla Collett, der wichtigsten norwegischen Autorin des 19. Jahrhunderts.